国家级一流本科专业建设成果

Intelligent Digital Advertising Effectiveness Survey Methods

主编 马中红

数 智 广 告 传 播 系 列 教 材

数智广告效果调查方法

杨正 著

苏州大学出版社
Soochow University Press

图书在版编目（CIP）数据

数智广告效果调查方法 / 杨正著. -- 苏州 : 苏州大学出版社, 2025. 7. --（数智广告传播系列教材 / 马中红主编）. -- ISBN 978-7-5672-5282-0

Ⅰ. F713.8-39

中国国家版本馆 CIP 数据核字第 2025736Q7D 号

SHUZHI GUANGGAO XIAOGUO DIAOCHA FANGFA

责任编辑：杨　柳	**装帧设计**：吴　钰
出版发行：苏州大学出版社	**网　　址**：http://www. sudapress. com
社　　址：苏州市十梓街 1 号	**邮　　箱**：sdcbs@ suda. edu. cn
邮　　编：215006	**开　　本**：718 mm×1 000 mm　1/16
印　　刷：苏州工业园区美柯乐制版印务有限责任公司	**印　　张**：16. 5
版　　次：2025 年 7 月第 1 版	**字　　数**：254 千
印　　次：2025 年 7 月第 1 次印刷	**定　　价**：58. 00 元

图书若有印装错误，本社负责调换

苏州大学出版社营销部电话　0512-67481020

苏州大学出版社天猫旗舰店　https://szdxcbs. tmall. com

总序 General preface

广告的演进史，本质是人类传播技术的革命史。从青铜铭文到印刷海报，从广播电视到数字屏幕，每一次媒介迭代都在重塑广告的基因。今天，我们正站在范式迁移的临界点——数智技术已从传播工具进化为广告生态的操作系统，它不仅重构了广告的认知逻辑、产业形态与价值内核，更在广告传播学领域掀起一场静默的革命。“数智广告传播系列教材”的诞生，有望在这场颠覆性变革中为学习者绘制知识蓝图，搭建通往未来的能力之桥。

一、认知升维：从单向灌输到动态共生

传统广告的线性传播链正在瓦解。当弹幕实时改写视频叙事，当直播间的用户反馈秒级重塑产品话术，广告传播已演变为多节点、可逆的交互网络。用户不再是传播链条的终点，而是网络中的活性节点——既是消费者，也是生产者与重构者。

内容生产领域同样经历基因突变。生成式 AI 承担了信息型文案、多模态素材的批量生产，人类创意者则蜕变为“提示词工程师”与“伦理校准者”。传统的“简报—创作—修改”的线性流程，被“人机并行创作—实时测试—动态优化”的循环回路取代。创意价值从内容本身迁移至人机协同规则，提示词库、伦理协议、风格数据集成为核心资产。

效果评估体系更是迎来范式革命。传统媒体曝光量，如千人成本（Cost Per Mille，CPM）、总收视点（Gross Rating Point，GRP）仅能回答

"广告被多少人看见"，而情感计算技术通过追踪用户从情感共鸣到消费决策的全链路行为，将"广告如何改写用户行为 DNA"可视化。这种评估范式的内核，是将广告科学从渠道中心主义转向用户行为学。

二、产业裂变：技术重构竞争生态

当传统 4A 广告公司还在雕琢文案修辞时，技术型科技公司已经在用算法重绘"广告战场"。谷歌 PMax 通过强化学习动态调配全渠道预算，其核心竞争力并非创意，而是跨平台用户行为预测模型——它能预判大学生深夜刷视频时的速食冲动，或在通勤邮件中植入咖啡广告的精准时机。Meta Advantage+则将效率推向极致：每日生成 10 万级广告素材，通过"曝光—停留—转化"数据实时淘汰劣质创意，践行着残酷的"广告达尔文主义"。

AI 创业公司则在垂直领域对广告展开精准爆破。某科技公司的"创意中台"将汽车广告降维为数据填空，只要输入汽车参数，AI 便自动输出设计素材、合规报告与跨渠道适配方案。Jasper AI 更以每分钟百条文案的速度，实现 50 个语种的实时本地化，甚至能将中文谐音梗转化为西班牙双关语。当创意价值从艺术性转向算法效能，传统创意溢价被彻底解构。

品效合一的生存压力更在催生服务模式的进化。现在电商平台直播间必须同步实现话题热搜—品牌声量、秒级转化—即时收益、用户沉淀—私域资产三重目标，关于如何应对这些挑战，我们将在本系列教材中尽可能地支招。因为我们深知，当下的广告教学对广告人才的培养要求已非昔日掌握单一技能即可，而是要让他们成为杂交的、复合型的人才。广告文案创作须掌握用 SQL（Structured Query Language，结构化查询语言）查询用户画像；广告设计指导须懂得调校 Disco Diffusion 参数；广告战略总监须手握三棱镜——一端折射生成式 AI 技术潜力，一端映射 GDPR（General Data Protection Regulation，《通用数据保护条例》）伦理边界，一端聚焦品牌资产沉淀。而且，我们也看到广告行业一些新兴的职业角色，如"广告数据清洗师""AI 广告提示工程师"等正在向我们招手，他们亟须通过广告教育加以培养。广告从业者的能力基因正在被重构。

三、人文警醒：算法狂欢中的价值锚点

在此剧烈变动之中，我们一定要清醒地意识到技术赋能的另一面是深不见底的伦理深渊。当算法能精准操纵情感、数据可殖民人性，AIGC（Artificial Intelligence Generated Content，人工智能生成内容）正消解原创，广告业面临前所未有的价值失重危机。

数据霸权最为突出。企业通过社会网络分析构建的360°用户画像，已形成数字化的“圆形监狱”——一种全景监控结构。典型案例中，某母婴品牌在捕捉到“产后抑郁”搜索记录后，持续推送“宝宝湿疹严重后果”等焦虑广告，通过“攻击”脆弱心理获取消费流量。更隐蔽的压迫在于阶层固化算法——用户点击一次低价商品，即被永久标记为价格敏感群体，从此被高端信息“流放”。

情感操纵同样触目惊心。短视频平台通过“无限下滑—随机奖励”机制，利用多巴胺分泌规律制造成瘾性，使用户沦为“生化反应的奴隶”。而创意异化危机已在艺术领域爆发：Midjourney 批量生产的赛博图像导致符号的同质化、滥俗化，某4A 公司的人类创意团队因降格为“提示词微调员”而自嘲为“艺术民工”。

本系列教材始终将批判性思维贯穿数智变革全过程，将伦理警醒转化为可操作的基建系统，贯穿从认知到实践的全链条。认知层面，我们强调增设伦理警示案例；工具层面，设计研究方法如内置伦理检测插件对数据加密处理；制度层面，我们呼吁建设人机协同机制，明确权责边界、创作版权等。

四、锻造广告体系化知识地图

本系列教材以“理论—技术—战略—创作—评估—实践”七个维度为轴线，试图构建数智广告人才的能力金字塔。这一体系绝非机械的能力拼盘，而是有机融合的认知生态系统——每一维度既独立支撑特定能力，又与其他维度深度融合，形成推动人才进化的知识齿轮组。

一是理论理解和应用能力，这需要重构数智时代的认知坐标系。《创意、视觉、营销、传播——理解广告》作为基础性教材，承担认知升维的核心使命。当传统广告理论在算法冲击下摇摇欲坠，该书以“营销”与

“传播”的本质嬗变为锚点，重建数智广告的哲学思维，既解构技术迷思，揭示程序化购买背后的权力重组，破除技术中立的幻觉，又重新阐述传播本质，将广告从单向说服重新定义为意义共建网络。学生在此获得的关键思维能力是在ChatGPT生成的海量文案中，识别哪些触及了传播本质——建立品牌与人的价值共鸣，而非信息噪声的堆砌。

二是技术认知能力。《数智媒体艺术》是破除技术恐惧症的“解毒剂”。当NFT（Non-Fungible Token，非同质化代币）、生成式AI、全息投影等术语成为行业壁垒，这本教材以艺术实践为“手术刀”，细腻地“解剖”了技术黑箱的运作机理，并从技术民主化实践和技术合法性思辨的角度强化学生认知；在NFT艺术确权实验中，学生既学习区块链的加密原理，也辩论数字藏品的文化亵渎风险——如AI生成“赛博佛像”对宗教神圣性的消解。这种认知的价值在《数智品牌营销》中被再次强调，当策划奢侈品NFT联名时，学生能精准调用区块链的智能合约机制设计分成规则，而非空谈“元宇宙营销”。

三是品效协同的战略思维能力。在碎片化、实时化的数智战场，《数智品牌营销》侧重于锻造学生的决策预见力，包括但不限于如何量化用户从好奇、共鸣到行动的情感转化效率，用于指导直播间秒级调整话术；通过Gucci×Superplastic案例，解构品牌调性契合度与用户共创深度的跨界公式；模拟AIGC内容的风险与收益平衡，制定人机权责分配协议。这些方法和模型的价值在于将战略从经验玄学转化为可计算的科学。

四是基因重组式的内容创造力。《数智广告文案创作》是突破媒介边界的创意突变场。当传统广告文案技巧在弹幕、直播、AIGC冲击下失效，这本教材重建了广告文案创作的方法论，如提出“人机协同创作的五阶模式”，对提示词设计、伦理校准、风格加密进行全流程规范，确保ChatGPT生成的万条文案保留人性温度；强调弹幕叙事语法和新符号系统，将碎片化互动转化为品牌故事线；对跨媒体故事架构进行设计，使“短视频悬念+直播揭晓+社群二创”构成完整的叙事链，使碎片化传播凝聚为情感洪流。

五是效果洞察能力，打破直觉思维限制，转向科学实证。《数智广告效果调查方法》提供了科学决策的标尺。当行业深陷数据过载而洞察短缺的泥潭，这本教材构建了两套实证体系：一是显微镜式的，可通过眼动仪和脑电图的微观控制实验，量化广告中婴儿笑脸出现 0.5 秒对购买冲动的具体影响；二是雷达网式的，利用社会网络分析可追踪用户从微博吐槽到私域复购的全链路，识别 KOL（Key Opinion Leader，关键意见领袖）与 KOC（Key Opinion Consumer，关键意见消费者）的真实影响力权重。这些实证方式的革命性价值在于终结广告业“我觉得”而无真凭实据的决策现象，改变广告内容的创作方式。

六是体验人机共感的神经接口，提升设计能力。《数智时代 UI 设计》将填补学生关键能力的断层。当交互界面成为品牌与用户的核心情感触点，设计将如何转向？这本教材聚焦技术理论和实践前沿，讨论生物传感界面如何通过肌电手环捕捉用户浏览广告的潜意识波动，动态调整界面色彩与信息密度；如何把握跨模态情绪映射，将用户语音评论的声纹特征实时转化为视觉粒子动画；如何为视障用户开发广告信息骨传导方案，履行数字平权责任，建设无障碍设计伦理。由此，与《数智媒体艺术》的生成式 AI 结合，学生可以实践从 AI 生成界面原型、生物反馈测试到伦理审查的闭环设计。

七是在复杂系统中的实战应变能力。《数智广告实战案例》是能力集成的终极试炼场。它通过模拟真实战局，培养学生驾驭不确定性的能力，包括热点事件转化，如何在 24 小时内响应社会情绪地震，完成从情绪洞察到 AI 内容生成及伦理风险预案的全链响应；进行品牌的技术诊断，找出企业真实痛点，制订出风格加密及反套路训练集等解决方案；在品牌跨国营销的前提下，如何为同一品牌设计 50 个语种传播策略，平衡 Jasper AI 的效率与文化转译深度；等等。

七方面能力的真正力量在于其化学反应式的裂变效应而非机械叠加：技术认知赋能战略思维，内容创造与效果洞察闭环，体验设计与实战应变融合。这种共生关系在教学中可组合为跨教材项目制学习，培养数智时代的广告通才，学生既能用 Python 清洗数据，也能用广告传播哲学批判数据霸权；能精通提示词工程驯化 AI，更能守护人性温度——所有技术的终点，应是人的丰盈与尊严。因此，本系列教材不仅是培养学生广告创制的能力图谱，更是一幅在算法迷雾中不迷失方向的认知导航图。当广告教育完成从技能培训到认知操作系统构建的跃迁，广告专业的学生方能在数智洪流中成为真正的冲浪者而非溺水者。

五、在数据洪流中守护人性灯塔

当算法比我们更懂得如何激发欲望，当数据比我们更清楚如何制造焦虑，广告人的使命不能停留在更高效地操纵用户上，而是以技术为火炬，照亮人之为人的尊严。在这种情况下，广告教育的终极使命愈加清晰——培养驾驭技术的智者，而非侍奉算法的劳工。本系列教材以双刃为特质：一面消解技术黑箱，教会学生用差分隐私算法守护数据主权，用提示词工程在 AI 洪流中筛选人性温度，用生成对抗网络（Generative Adversaria Network，GAN）训练国产 AI 的文化基因；一面锚定文明坐标，在情绪模型中植入多巴胺操纵的红线，用文化神圣性原则抵御符号滥用。

这不仅是专业教育，更是数字文明时代的公民培育。当算法试图将人性压缩为行为数据集，我们以教材为盾，守护那些无法量化的价值：创意的灵光、文化的尊严，以及人之所以为人的脆弱与高贵。

广告的本质从来不是商品的推销术，在数智时代的深水区，它应是人与技术和解的桥梁，是商业与人文共舞的广场，是冰冷数据中永不熄灭的人性微光。

马中红

于姑苏狮子山畔

2025 年 7 月

目录 Contents

第一章

数智传播时代广告效果调查的概念与基本原则

第一章 数智传播时代广告效果调查的概念与基本原则

第一节 数智传播时代的广告

一、广告的传统定义
二、数智传播时代广告的定义和广告运行模式的嬗变
三、数智时代与数智传播时代的特点
四、广告业态在数智传播时代的嬗变

第二节 数智传播时代的广告效果调查

一、广告效果的定义
二、广告效果调查的作用
三、广告效果调查在广告策划过程中的重要性与价值
四、传统的广告效果调查的路径和取向
五、数智传播时代广告效果调查面临的问题和要求、机遇和挑战

第三节 数智传播时代广告效果调查的基本原则

一、广告效果调查的基本原则
二、数智传播时代广告效果调查的新要求
三、数字驱动的数智广告效果调查的基本原则

第四节 数智传播时代广告效果调查的基本流程

一、广告效果调查的基本流程
二、数智传播时代广告效果调查的流程重构
三、数字驱动的数智广告效果调查的基本流程

导读：

随着数智技术的快速发展，广告传播模式发生了深刻变革。传统广告的单向传播逐渐被双向互动取代，广告主通过大数据（Big Data）和人工智能技术实现精准投放和个性化定制。广告效果评估也从简单的曝光量和受众覆盖率转向多维度、动态化的评估体系，涵盖品牌认知、消费者行为和社交影响力等方面。传统的广告效果调查方法，如隔日回忆测试和销售区域测试，逐渐被大数据分析和实时监测技术取代。广告主可以通过实时数据反馈，动态调整广告策略，最大化实现广告的投资回报率（Return on Investment，ROI）。同时，广告效果的评估也面临新的挑战，如数据隐私保护、广告欺诈检测等。数智传播时代的广告效果调查不仅为广告主提供了更精准的投放策略，还推动了广告创意与技术的深度融合。通过实时反馈和动态优化，广告主能够更好地满足消费者需求，提升品牌形象和市场竞争力。然而，广告效果调查也需应对技术更新快、数据质量参差不齐等问题和人才短缺等挑战，确保广告投放的合规性和有效性。

本章学习目标：

1. 掌握广告效果调查的基本概念与内涵。
2. 了解广告效果调查在整个广告策划活动中的地位与作用。
3. 掌握数智传播时代广告效果调查发生的变化及所面临的机遇与挑战。

随着技术革新和信息化浪潮的推动，传播环境正在经历深刻的变革，我们正步入数智传播时代。在这个新时代中，以人工智能、大数据、物联网等为代表的数智技术逐步渗透到广告传播的各个环节，从信息生产到分发再到受众互动，均发生了革命性的变化。广告作为连接消费者与品牌的核心桥梁，其定义和运行模式在数智传播时代呈现出前所未有的动态性和复杂性。同时，媒体的数智化、平台化和智能化特征也在不断重塑广告的运作规律，使广告主与消费者之间的关系变得更加紧密而动态。

广告效果评估已成为广告传播活动中的核心环节之一。不同于传统媒体时代简单以曝光量和受众覆盖率衡量广告效果的方式，数智传播时代的广告效果更注重多维度、多指标的动态评估，包括品牌认知、消费者行为和社交影响力等多方面内容。

本章将围绕数智传播时代广告效果调查的概念与原则展开，分析广告定义与运行模式的变化，探讨广告效果的内涵与特征，并深入阐述广告效果调查的基本原则与流程，为后续章节的研究奠定理论基础。

第一节 数智传播时代的广告

数智技术的变革大大改变了当前广告的运作机制，并进一步拓宽了广告的内涵与外延，要想充分理解如何在数智传播时代做好广告效果调查，首先需要明确数智传播时代整个广告业态的变化与特点。

一、广告的传统定义

广告的传统定义认为，广告是通过广播、电视、报纸、杂志等大众媒介，以有偿方式向广泛受众传播品牌、产品或服务信息，旨在通过影响受众的认知、态度和行为，促进品牌建设、提高产品销量或增加服务知名度的一种宣传方式。根据南开大学教授李维安的定义，广告是通过大众媒介传播商品、服务、理念或品牌等信息，以有偿方式影响受众的态度和行为，进而促进销售或品牌建设的传播活动。中国人民大学商学院原院长毛基业则指出，广告是指通过传统媒介传播商品或服务的信息，目的是引起消费者的兴趣、提升品牌形象并推动产品销售。

二、数智传播时代广告的定义和广告运行模式的嬗变

1. 广告的定义发生变化

在数智传播时代，广告的定义发生了显著的变化。传统定义认为，广告是通过各种传播渠道有偿传播商品、服务或品牌信息，目的是影响受众的态度和行为，进而推动销售或品牌建设。江西师范大学副教授李锐则指出，广告是通过数字平台、社交媒体、程序化广告等渠道，结合人工智能、大数据和机器学习等技术，进行精准投放和效果优化的传播活动。他

强调，广告已不再是单向传播工具，而是一个基于数据和技术的互动传播过程，突出了广告的个性化和即时反馈特性。

数智传播时代广告的定义发生了变化。首先，广告的传播模式由单向传播转变为双向甚至多向互动。通过社交媒体、移动应用和数智平台等，广告主可以实时获取用户反馈，并根据数据优化广告内容和投放策略。其次，广告的目标从广泛覆盖转向精准触达。借助大数据和人工智能技术，广告主可以细分受众群体，提供更加个性化的内容，提高传播的效率，增强传播的效果。最后，广告的形式更加多样化，从传统的电视广告和纸媒广告扩展到短视频、直播、搜索引擎广告等，充分融合技术与创意，适应多场景、多平台的传播需求。

这一变化提高了广告传播效率，通过精准分析与实时反馈优化投放策略；加深了品牌与消费者的关系，以个性化内容和互动体验增强品牌的吸引力；推动了广告创意与技术的深度融合，形成更复杂的行业生态，促使广告传播模式、受众关系及行业发展全面升级。

2. 广告的运行模式发生变化

数智传播时代的广告运行模式依赖大数据和人工智能技术实现精准投放和个性化定制。广告不再是“撒网式”传播，而是通过分析用户行为、兴趣偏好等，精确推送符合用户需求的广告内容。此外，广告拓展到社交媒体、短视频等平台，通过社交化传播实现品牌与消费者的双向互动，广告主可以实时调整投放策略，使广告更具自然性与接受度。数智传播时代的广告注重实时性和动态调整，广告能够根据用户的即时反馈迅速做出反应，如电商平台根据用户浏览行为推送相关广告。同时，沉浸式广告、虚拟现实（Virtual Reality，VR）和增强现实（Augmented Reality，AR）技术的应用，为消费者提供了更身临其境的购物体验，增强了广告的参与感和互动性，拓展了品牌传播的多元路径。

广告运行模式的变化推动了广告在多平台、多渠道的传播。广告不再局限于单一媒介，而是通过社交媒体、搜索引擎、移动设备等多个平台进行传播，广告的覆盖面和传播频次显著提升。随着实时数据监控技术的发展，广告主可以实时分析广告效果，优化投放策略，最大化实现广告效果，提高投资回报率。此外，广告创意形式的多样化，包括短视频、直播带货等，促使广告除传递信息之外，还能融合娱乐和社会价值，从而增强吸引力，提高用户参与感。

三、数智时代与数智传播时代的特点

（一）数智时代的特点

数智时代是指以物联网、人工智能、大数据等为代表的数智技术深入渗透并驱动社会各领域变革的时代。其特点包括以下几个方面。

1. 技术驱动：创新科技推动变革

创新科技的应用重塑了生产与服务模式。人工智能的普及大幅提高了自动化水平，例如，自动驾驶技术在交通行业的推广，不仅减少了人为错误，还显著提高了出行效率。物联网则通过设备间的互联互通，实现了智能家居的快速发展，用户可以远程控制家中的设备，提升了生活便捷性。

2. 数据赋能：精准预测与优化资源

数据赋能是数智时代的重要标志。通过对海量数据的收集与分析，各行各业能够更精确地预测需求与优化资源配置。例如，医疗行业通过大数据分析患者信息，提供个性化治疗方案，大幅提升诊疗效率与准确性。此外，在供应链管理中，基于数据的实时分析能够有效降低库存成本，实现物流的精准化与高效化。

3. 用户中心：体验为先的服务理念

用户中心是数智时代的核心理念。社会活动的设计和实施更加注重用户体验与互动，形成以用户需求为导向的服务体系。例如，共享经济模式下的网约车平台，充分利用用户的实时反馈来优化调度和服务体验。这种模式既满足了用户需求，也推动了平台服务质量的持续提升。

（二）数智传播时代的特点

数智时代是依托大数据、人工智能等技术驱动社会全方位变革的宏观时代背景，而数智传播时代则是这一时代背景在信息传播领域的具体呈现和核心应用场景，是数智时代在人类沟通、信息流动与意义构建层面的深刻映射。

1. 内容生产的高度智能化与自动化

以人工智能为代表的各类数智技术，不仅辅助人类创作文字、图像、音频、视频，甚至还能独立生成高度拟真的内容，极大地提升了信息产出的速度和规模。同时，算法推荐系统基于对用户海量行为数据的深度学习，实现了信息的“千人千面”精准推送，重塑了信息触达路径。传播的核心环节正被数智技术深度渗透和重构。

2. 传播结构的高度去中心化与网状化

传统“一对多”的线性传播模式被彻底打破，社交媒体平台、自媒体、社群、即时通信工具等构建了复杂交织的传播网络。每个节点（个人、组织乃至技术）既是信息的接收者，也是生产者与转发者，信息在网状结构中多向、裂变式流动。这种赋权增强了公众的表达与参与能力，推动了信息民主化，但也导致信息碎片化、权威消解、虚假信息泛滥和群体极化现象的加剧，传播生态的复杂性和不确定性显著提升。

3. 传播场景的沉浸式与体验化

借助 VR、AR、元宇宙、高清直播、空间音频、全息投影等数智技术，信息传播不再局限于平面展示，而是致力于构建多感官、高互动、强临场感的沉浸式环境。用户从观看者转变为体验者和参与者，可以在虚拟或增强的场景中身临其境地感知信息、进行社交互动。这不仅应用于娱乐、教育、营销，更在重塑宏观信息传播、远程协作和文化体验的方式，信息的意义建构越来越依赖于其所嵌入的、由技术营造的具身化情境。

四、广告业态在数智传播时代的嬗变

数智传播时代的到来，使广告的形态、方式、传播渠道及互动模式都发生了显著变化。在这些新兴特点的作用下，广告业态将经历一系列嬗变，对广告行业和广告效果产生深远影响。

1. 广告精准度和个性化提升

借助大数据、人工智能和用户画像技术，广告主可以根据用户的兴趣、行为习惯和地域等多维度信息精准推送广告，从而避免传统广告的“一刀切”方式。这种精准的广告投放不仅能够更好地满足用户需求，提高广告的相关性和吸引力，还能减少广告疲劳感，提升用户对广告的接受度，增强广告投放的有效性。

2. 广告传播速度大幅加快与范围大幅扩展

互联网和社交媒体平台的普及，使得广告能够在极短时间内迅速传播，覆盖全球受众。数智传播时代的广告不再依赖单一媒介，而是能够在多个平台和设备上同步传播，形成全方位的传播网络。这种变化带来了传播速度的显著提升，特别是在社交媒体平台的分享和转发机制下，广告传播速度大幅加快。同时，数智传播时代的广告突破了地域限制，品牌能够迅速渗透全球市场，从而提高国际知名度。

3. 广告互动性和参与感增强

数智传播时代的广告不再是单向的品牌推销，而是转向双向互动，用户不仅能接收广告信息，还能参与到广告的创意、传播和购买过程中。社交媒体的互动性使广告成为双向沟通的平台，用户的反馈、评论和分享成为广告传播的一部分。这种互动不仅增强了品牌与用户的情感联系，提升了用户的忠诚度，还使用户成为广告的传播者，通过分享和推荐，扩大广告的传播效果。

4. 广告创意和内容营销转型

随着数智技术的发展，广告创意变得更加丰富，内容营销成为核心，广告与内容的边界逐渐模糊。广告形式不再局限于传统图像、文字和视频，而是融合互动游戏、直播带货、短视频等多种创意手段。品牌通过与用户生活、文化和情感的深度融合，传递更具情感共鸣的广告内容。例如，B 站（bilibili，哔哩哔哩）的 UP 主（Uploader，上传者）通过与粉丝互动将广告融入娱乐内容；华为通过讲述科技创新和社会责任传递品牌价值，而非单纯推销商品。

5. 广告的透明化与精准衡量

数智传播时代，广告主可以利用数据分析工具实时获得曝光、点击和转化等数据，进而优化广告投放路径。广告的透明化使得投放更加精细和科学，广告主能根据数据反馈实时调整策略，确保最大效益。此外，广告主依赖数据分析和人工智能技术进行精准决策，提高了广告的投资回报率。例如，谷歌广告平台通过监测点击率和转化率帮助广告主优化投放策略；Facebook（脸书）的广告工具则允许广告主根据用户互动调整广告内容和投放策略。

数智传播时代广告业态的嬗变，带来了广告精准化投放、互动性增强、内容创意转型、全球化传播速度加快等深刻变化。这些变化不仅提升了广告的投放效果和用户体验，也在一定程度上改变了广告行业的生态和广告主的运作方式。与此同时，广告在数智传播时代也面临着数据隐私、算法偏见等新的挑战，广告主和平台须在实现技术创新的同时，确保广告投放的伦理合规和用户体验的优化。

第二节　数智传播时代的广告效果调查

在数智传播时代，广告效果的定义和评估方式发生了深刻变革。随着人工智能、大数据和物联网等技术的广泛应用，广告从传统的单向传播转变为双向互动，广告主能够通过实时数据分析和精准投放策略，优化广告内容和传播渠道。广告效果不再局限于曝光量和覆盖率，而是更加注重多维度、动态化的评估，包括品牌认知、消费者行为、社交影响力等。数智技术使广告主能够实时监测广告效果，动态调整广告投放策略，提升广告的投资回报率。想要明确这些变化，我们首先需要从“广告效果”这一概念出发。

一、广告效果的定义

广告效果是广告活动或广告作品对消费者所产生的影响，在不同的研究视角和应用场景下，它可以从不同的角度和层面进行定义与划分。狭义的广告效果是指广告所获得的经济效益，即广告传播对产品销售的促进程度。广义的广告效果是指广告活动目的的实现程度，是广告信息在传播过程中所引起的直接或间接变化的总和，包括广告的经济效益、心理效益和社会效益。

1. 按涵盖内容和影响范围划分

（1）传播效果

广告发布后，受众对广告的印象及广告引起的各种心理效应，主要表现为广告对受众的知觉、记忆、理解、情感、态度和行为等方面的影响。这是一种内在的、能够产生长远影响的效果，是广告效果的核心，其大小取决于广告表现效果和媒体效果的综合作用。

（2）经济效果

这是广告主最关心的问题，是企业广告活动最基本、最重要的效果，也是测评广告效果的主要内容。经济效果首先表现为销售效果，即将广告效果直接与产品或服务的销售业绩挂钩，认为广告的最终目的是促进销售。例如，企业在某地区加大广告投放力度后，该地区的产品销售额增长了20%，这说明广告产生了良好的销售效果。其次表现为市场份额效果，即强调广告对企业在市场中所占份额的影响。

（3）社会效果

这主要表现为广告对整个社会道德、文化教育及伦理等方面的影响和作用，包括对社会价值观、消费观念、审美观念等方面的引导和塑造。例如，一些广告通过宣传环保、公益等理念，推动社会对环保和公益事业的关注与重视。同时，广告作为一种经济活动，不仅对企业自身的发展具有重要作用，也对整个社会经济的繁荣起到一定的推动作用。

2. 按产生效果的时间长短划分

（1）即时效果

广告发布后，很快就能产生的效果。

（2）近期效果

广告发布后，在较短的时间内（如一个月、一个季度，最多一年）产生的效果。这通常是衡量广告活动是否取得成功的重要指标。

（3）长期效果

广告在消费者心目中所产生的长远影响。这种影响可能需要较长时间才能显现，但一旦形成，将对消费者的购买决策产生深远影响。

3. 按对消费者的心理影响程度和行为表现划分

（1）到达效果

这是指广告媒体与消费者的接触效果，通常以广告媒体的发行量、收视率和覆盖面等指标来测评。

（2）认知效果

这是指消费者在接触广告媒体的基础上，对广告信息有所关注并能够记忆的程度，主要测定和分析广告发布后给予消费者的印象深浅、记忆程度等。例如，一则广告发布后，有多少人能够记住广告中的品牌名称、产品特点或广告口号等。

（3）态度变化效果

这是指消费者通过对广告的接触和认知，受广告的影响而对广告商品或服务产生的好感及消费欲望的变化程度。这主要通过知晓率、理解率、喜爱度、购买欲望率等指标来衡量。例如，消费者原本对某品牌持中立态度，在观看了一系列广告后，对该品牌产生了好感和信任。

（4）行为效果

它主要关注广告是否促使受众产生实际的购买行为或其他预期的行动，如咨询、试用、推荐等。例如，一则电商广告投放后，平台的产品销量明显上升，这就是广告在行为层面产生的效果。

二、广告效果调查的作用

广告效果调查在市场营销策略中，对于评估广告活动的成功与否，以及优化广告策略、提高广告效率和效果、为企业决策提供依据都具有重要作用。对广告主、广告公司、媒体平台而言，广告效果调查的作用分别体现在以下几个方面。

1. 广告主

（1）增强品牌影响力

有效的广告能够提升品牌知名度，使消费者更容易记住和识别品牌。通过积极的品牌形象塑造，广告能够增强消费者对品牌的信任和好感度。通过广告，品牌可以传达其价值观、使命和愿景，与消费者建立情感联系。长期稳定的广告策略有助于培养消费者对品牌的忠诚度。

(2) 优化广告策略

通过广告效果调查，广告主可以了解不同广告渠道、广告形式及广告内容的实际效果，从而明确哪些策略有效、哪些策略需要调整。例如，如果发现某社交媒体平台的广告转化率高于传统媒体，广告主就可以加大在该平台的投入，优化资源配置，提高广告的投资回报率。

(3) 评估广告投入产出比

广告主需要明确广告投入是否带来了相应的收益，调查广告效果可以直观展现广告活动带来的销售额、市场份额等的增长情况，帮助其精准计算广告投入产出比。例如，某企业在投入一定的广告费用后，通过调查发现销售额增长显著，利润远超广告成本，这说明广告投入是值得的。

(4) 了解消费者需求和反馈

广告效果调查能够收集消费者对广告及产品的看法、意见和建议，使广告主深入了解消费者的需求，为旧产品改进和新产品研发提供依据。例如，消费者反映广告中产品的某一功能未清晰展示，广告主可据此对广告内容进行调整，或对产品进行优化。

2. 广告公司

(1) 提高广告创意和制作水平

广告效果调查能为广告公司提供反馈，通过分析用户的点击行为、转化路径等，广告公司可以了解用户对广告的兴趣点和偏好，从而优化广告的创意和内容，提高广告的吸引力和影响力，同时总结经验教训，不断提升广告制作能力。

(2) 增强市场竞争力

通过为不同客户进行广告效果调查，广告公司可以积累丰富的数据和案例，深入了解市场动态和消费者喜好，从而为客户制订更具针对性和有效性的广告方案，提升自身在广告市场的竞争力。

3. 媒体平台

(1) 优化媒体资源配置

通过了解不同广告在自身媒体平台上的效果，媒体平台可以根据调查结果调整广告位定价、广告推荐策略等，实现资源的优化配置。对于效果好的广告位可以适当提高价格，对于效果不佳的位置则可以进行调整或优化。

（2）吸引广告主投放

通过展示客观的广告效果数据，媒体能够向广告主证明自身平台的广告价值，吸引更多广告主投放广告，增加广告收入。例如，某媒体平台拿出详细的广告曝光量、点击率、转化率等数据，让广告主更直观地了解投放效果，增强其在该平台投放广告的意愿。

三、广告效果调查在广告策划过程中的重要性与价值

广告策划是一个系统性的过程，旨在通过科学的规划和创意的执行，实现广告目标并达到最佳的广告效果。在广告策划环节，广告效果调查处于至关重要的地位，不仅能够为广告策划提供科学依据和策略优化的依据，还能够帮助企业预测市场趋势、增强市场竞争力。在整个广告策划过程中，应高度重视广告效果调查的作用，并充分利用其结果来指导广告策划的各个环节。

1. 广告策划的流程

（1）市场分析

对目标市场的规模、增长趋势、消费者需求、竞争对手情况等进行深入研究，为后续策划提供依据。例如，分析某化妆品市场中不同年龄段消费者对护肤品的需求差异，以及各竞争品牌的市场份额和产品特点。

（2）目标确定

根据市场分析结果和企业营销目标，明确广告活动要达到的具体目标，如提高品牌知名度、增加产品销量、改变消费者态度等。

（3）广告定位

确定产品或品牌在消费者心目中的独特位置，包括产品定位、市场定位、品牌形象定位等。比如，某智能手机定位于高端市场，强调其先进的技术和时尚的设计。

（4）创意与设计

根据广告定位和目标，进行广告创意的构思和广告作品的设计。

(5) 媒体选择

选择适合的广告媒体渠道，根据目标受众的媒体使用习惯和广告预算进行合理搭配。

(6) 预算编制

制定广告活动的费用预算，包括广告制作费用、媒体投放费用、市场调研费用等，确保广告活动在经济可行的范围内进行。

(7) 广告投放与执行

按照计划将广告投放到选定的媒体上，并进行广告活动的具体执行和监控，确保广告按时、按要求播出或发布。

(8) 广告效果评估

在广告活动结束后，对广告效果进行全面评估，分析广告是否达到预期目标，总结经验教训，为后续广告策划提供参考。

2. 广告效果调查在广告策划过程中的重要性与价值

广告效果调查处于广告策划的末尾阶段，是对整个广告活动的总结和检验，同时又为后续的广告策划提供重要的参考和依据，起到承上启下的作用。通过广告效果调查，广告主和广告公司可以及时发现广告策划和执行过程中存在的问题，为广告策略的调整和优化提供依据，使广告活动更加符合市场和消费者的需求。

广告效果调查为广告主和广告公司提供客观、准确的数据与信息，帮助他们全面了解广告活动的实际效果，避免主观臆断和盲目决策。通过调查，广告主和广告公司可以深入了解消费者对广告的认知、态度和行为反应，挖掘消费者的潜在需求和意见，为企业调整产品策略和广告策略提供有价值的参考；帮助广告主准确计算广告投入与产出的比例，评估广告活动的经济效益，为企业合理分配广告预算提供依据。

根据广告效果调查结果，广告主可以发现广告创意、媒体选择、投放时间等方面的优势和不足，从而有针对性地进行调整和优化，提高广告的有效性和影响力。此外，通过不断地进行广告效果调查和策略优化，企业能够更好地满足消费者需求，提升品牌形象和市场份额，从而在激烈的市场竞争中脱颖而出。反过来看，通过了解消费者对广告的反馈，企业可以及时调整广告策略，增强消费者对品牌的认同感和忠诚度，建立起品牌与消费者之间的长期稳定的关系。

四、传统的广告效果调查的路径和取向

传统的广告效果调查通常涉及多个步骤和方法，但大多依赖直觉或简单的市场调查，不够数据化、实证化。下面介绍四种传统的广告效果调查方法。

1. 隔日回忆测试

在广告发布的第二天或一周内，通过电话访问、定点访问（如提问、阅读消费者日记等）的形式，调查消费者对该广告的记忆、认知、喜好、行动情况。这种方法有助于了解广告在消费者心中的影响力及消费者对广告的印象，帮助广告主了解是否需要调整广告策略。

2. 销售区域测试

在广告产品的销售区域进行销售变化调查，通过进货和出货的情况来掌握广告产品在各个销售区域的反应及广告的影响力。这种方法可以直观地反映广告对产品销售的影响，但需要注意的是，销售量的变化可能受到多种因素的影响。

3. 访谈法

面对面地与消费者进行深度交流，了解他们对广告的真实感受和反应。访谈地点可以选择在消费者方便的场所，如他们的家中、办公室或者专门的访谈室。也可以邀请6—10名具有代表性的消费者组成焦点访谈小组。这些消费者通常具有相似的消费特征，如都是某一品牌化妆品的用户。在主持人的引导下，小组成员围绕广告主题展开讨论。例如，针对一款新推出的护肤品广告，主持人可以询问小组成员对广告中的模特形象、产品功效宣传等方面的意见，小组成员之间可以相互启发，主持人从中获得更全面的反馈。

4. 观察法

（1）直接观察

调查人员在广告投放场所（如商店、展厅等）直接观察消费者的行

为。例如，在商店观察消费者在看到某品牌手机广告后的行为，看他们是否会主动询问该品牌手机的相关信息、是否会拿起手机体验等。记录消费者的行为动作、表情等细节，以此来推断广告对消费者的吸引力和影响力。

（2）仪器观察

通过在广告展示区域安装一些特殊的仪器进行观察，如眼动仪。眼动仪可以记录消费者的视线移动轨迹，从而了解消费者在看广告时的重点关注区域。比如，在研究网页广告效果时，眼动仪能够显示消费者先看的是广告的图片部分还是文字部分，以及视线在哪部分停留时间更长。还可利用计数器统计广告的曝光次数和受众接触广告的频率，例如，在户外广告牌附近安装计数器，统计经过广告牌的人流量及驻足观看广告的人数。

五、数智传播时代广告效果调查面临的问题和要求、机遇和挑战

数智传播时代的到来推动了广告产业的数智化、城市传播的数智化，广告效果调查也因此面临着新的问题和要求、机遇和挑战。广告主需要积极适应与应用新的评估方法和技术，加强数据安全和隐私保护，推动数据标准化和数据共享，加强评估指标的多元化，以提高广告效果评估的准确性和有效性。

1. 数智传播时代面临的问题和要求

（1）数据处理

数智传播时代，广告数据量呈爆炸式增长，传统的数据处理和分析方法已经无法满足广告效果调查的需求。广告主需要借助先进的技术手段，如大数据和人工智能技术来有效处理和分析这些数据，从而得出准确的广告效果评估结果。

（2）渠道数据整合

消费者从多个渠道接触广告，包括社交媒体平台、搜索引擎、电子邮件、移动应用等。每个渠道都会产生大量的数据，这些数据的格式、质量等各不相同。广告效果调查需要具备跨渠道数据整合的能力，构建统一的数据管理平台。通过数据清洗、转换和关联等技术，将不同渠道的数据整合到一起，以便全面、准确地评估广告效果。同时，需要建立数据标准和

规范，确保各渠道数据的一致性和可比性。

（3）消费者行为变化把握

数智传播时代，消费者的行为变化迅速，受到新技术、新趋势和社会热点等多种因素的影响。消费者既可能因为一个热门的社交媒体话题而改变购买决策，也可能因为新的移动支付方式的出现而提高线上购物的频率。这对广告效果调查提出了新的要求，即如何及时、准确地把握消费者行为的动态变化。广告效果调查需要采用实时监测和动态分析的方法。利用大数据分析技术和人工智能算法，对消费者行为数据进行实时跟踪和分析，及时发现消费者行为的变化趋势，并调整广告策略和调查重点。

（4）数据隐私和保护

数智传播时代，数据的收集和使用变得更加广泛而深入。广告效果调查涉及大量消费者的个人信息，如浏览历史、购买行为、地理位置等。如何确保这些隐私数据的安全是一个关键问题。企业和调查机构需要严格遵守数据保护法规，如欧盟的《通用数据保护条例》和我国的相关法律法规。这要求企业和调查机构在数据收集前获得用户明确的授权，对数据进行加密存储和传输，并且建立严格的数据访问控制机制。

（5）广告欺诈检测

随着数字广告市场的扩大，广告欺诈行为也日益猖獗。虚假流量是一种常见的广告欺诈方式，包括通过机器刷流量、虚假点击等手段，使广告的曝光量和点击率等指标失真。这使得真实的广告效果难以被评估出来。调查机构需要采用先进的反欺诈技术，如流量验证工具、机器学习算法等来识别和过滤虚假流量。同时，要建立广告投放监测机制，实时监控广告投放的各个环节，及时发现并处理广告欺诈行为。

2. 数智传播时代带来的机遇

（1）个性化投放和精准评估

借助人工智能和机器学习技术，可以实现广告的精准投放。同时，这种精准投放也便于更精确地评估广告效果。例如，通过分析用户的地理位置、兴趣爱好和消费习惯，为当地餐厅向周边潜在消费者投放个性化的广告，并实时监测这些消费者对广告的反馈，如是否点击广告、是否到店消费等。

（2）评估方式多元化

随着广告投放渠道的多样化，评估方式也变得更加多元化。社交媒体、搜索引擎、视频平台、移动应用等多种渠道为消费者提供了丰富的数据资源，使得广告主能够从不同维度评估广告效果。

（3）大数据提供丰富的信息资源

数智传播时代产生了海量的数据，包括消费者的基本信息、浏览行为、购买历史、社交互动等。这些大数据为广告效果调查提供了丰富的信息资源，能够更全面、深入地了解消费者的需求、兴趣和行为模式。

（4）实时反馈和动态优化

数字广告平台能够实时收集广告投放的数据，如曝光量、点击率、转化率等。这使得广告效果调查可以实时进行，广告主能够根据实时反馈的数据及时调整广告策略，优化广告内容、投放时间和投放渠道等。

3. 数智传播时代面临的挑战

（1）技术更新速度快

数智传播时代，技术发展迅速，新的数据收集、分析技术和广告投放技术不断涌现。广告效果调查机构需要不断适应和学习这些新技术，否则将无法有效地进行调查。例如，随着虚拟现实和增强现实广告的逐渐兴起，调查机构需要掌握收集和分析这类新型广告的效果数据的方法，如用户在虚拟环境中的注意力分布、互动行为等。

（2）数据质量和可靠性问题

在广告效果评估中，数据质量和可靠性至关重要。如果数据质量不高或数据可靠性不足，广告效果评估的准确性和有效性将会受到影响。因此，广告主需要加强数据质量控制和数据可靠性保障，加强数据质量管理，建立数据质量评估指标体系。

（3）监管和合规性要求

数智传播时代，广告行业面临着更加严格的监管和合规性要求。广告主需要遵守相关法律法规和行业标准，加强自律和监管，确保广告投放的合规性。

（4）人才短缺

数智传播时代的广告效果调查需要既懂广告学、市场营销学等知识，又懂大数据、人工智能等技术的复合型人才。然而，目前这类复合型人才相对短缺。企业内部要加强员工培训，鼓励员工跨领域学习。通过外部人才引进和内部人才培养相结合的方式，缓解复合型人才短缺的压力。

第三节　数智传播时代广告效果调查的基本原则

在数智传播时代，广告效果调查的基本原则对于精准评估广告活动、优化广告投放策略及推动行业发展至关重要。它既传承了传统原则的精髓，又在数字技术的浪潮中展现出全新的特点与要求。

一、广告效果调查的基本原则

广告效果调查须遵循一系列基本原则，这些原则是确保调查结果真实可靠、具有指导意义的基石。

1. 客观性原则

客观性原则要求调查人员必须秉持客观、公正的态度收集与分析数据，杜绝主观偏见和个人情感的干扰。调查结论应基于确凿的事实和数据，而非主观臆测。

2023 年，阿迪达斯在评估“Run for the Oceans”（跑出蔚蓝）公益广告活动效果时，委托知名调研机构开展调查。调研机构在多城市选取不同特征的消费者作为样本，采用问卷、访谈与行为数据结合分析等方式，确保无引导性语言与数据偏差。问卷设计客观中立，避免出现“是否觉得广告很成功”等主观引导性表达。

2. 科学性原则

科学性原则指的是运用科学的方法与技术，保障调查过程严谨合理、调查结果准确可靠，包括科学抽样选取代表性样本、采用精确测量工具量化效果、运用先进分析方法挖掘数据规律。

2024 年，谷歌联合数据机构 Ekimetrics 开展 YouTube（油管）广告效果研究。团队基于多个品牌三年的历史数据，运用营销组合建模及 ABCD 框架评估广告创意。通过多元回归分析拆解 ROI 驱动因子，确保结果精准、可验证。

3. 系统性原则

系统性原则要求将广告效果视为复杂系统，综合考量广告活动各要素及其相互关系，以及外部环境因素对效果的综合影响。

2023 年，腾讯广告携手家电品牌，通过覆盖微信朋友圈、视频号、搜一搜等多渠道曝光数据，联动视频直播引流与社交互动，全流程追踪消费者从首次触达产品至最终购买的行为路径。评估中不仅分析创意与渠道效果，还纳入季节趋势、区域差异及竞争格局，构建“内容—渠道—用户—市场”的闭环模型，实现广告效果的系统性解析与优化。

4. 时效性原则

时效性原则注重广告效果在不同时间段的变化，及时收集和分析投放前后及过程中的数据，以便迅速捕捉市场与消费者变化，及时调整策略。

2023 年，瑞幸与茅台联名推出咖啡产品并开展广告投放。投放首小时，通过监测发现二线城市对“酒瓶”元素响应度高，于是立即增加该区域曝光；在舆情系统捕捉“酒精含量”争议后 2 小时内又上线科普视频；还借助巨量云图与动态创意优化技术，每小时调整素材组合并暂停低效投放，实现精准、实时优化策略，显著提升了广告的时效性。

5. 道德性原则

尊重和保护消费者权益与隐私，遵循伦理道德规范。收集数据前获消费者知情同意，确保数据合法安全，不泄露信息，调查过程不涉及不道德或欺骗行为。

2023 年，宝洁旗下汰渍品牌联合第三方独立机构开展广告效果评估，严格遵守《通用数据保护条例》与《加州消费者隐私法案》（CCPA）等隐私法规。项目采用联邦学习技术确保用户数据仅在本地匿名处理，未上传原始信息，并由第三方伦理组织全程监督，保障无算法偏见。调研前明确告知用户数据用途并提供退出选项，充分尊重用户的知情同意权。

二、数智传播时代广告效果调查的新要求

数智传播时代的到来给广告效果调查带来了深刻变革，既对传统原则

提出了新挑战，也催生了新要求。

1. 数据处理与分析能力的提升

（1）海量数据处理挑战

数智传播时代广告数据量呈几何级数增长，如电商购物节期间每秒产生海量广告数据，传统工具或方法难以处理，企业和机构须具备强大的分布式计算能力，如使用 Hadoop、Spark 等框架，及时获取有价值的信息。

（2）多源异构数据整合难题

广告数据来源广泛，格式多样（结构化、半结构化和非结构化并存）且质量参差不齐。企业须整合多源异构数据，建立统一标准规范，运用 ETL 等工具清洗、转换和融合数据，存入数据仓库或数据湖中，以进行全面深入分析。

2. 消费者行为洞察的深化与精准化

（1）跨渠道与全链路行为追踪需求

数智传播时代，消费者通过多渠道与广告互动，行为路径复杂多变。企业须实现跨渠道（线上、线下融合）和全链路（从曝光到转化及忠诚度培养）行为追踪，整合分散行为数据，构建行为图谱，把握广告对消费者购买决策的影响，优化投放策略。

（2）实时动态行为监测与响应要求

消费者行为受实时热点、个性化推荐等影响，变化迅速。企业须实时监测消费者行为，利用实时流处理技术（如Apache Flink 等）和机器学习算法，及时发现趋势变化（如兴趣、偏好改变等）并迅速响应，如根据地区需求高峰调整投放策略。

3. 技术创新与人才适配的新挑战

（1）新技术应用的快速适应需求

数智传播时代，新广告技术不断涌现，如 VR、AR、人工智能驱动个性化广告，以及语音广告等。企业和机构须及时掌握新技术特点和应用场景，探索适合的效果评估方法，如研究 VR 广告中消费者交互行为、注意力分布等指标测量方法及与效果评估的结合，这对传统调查人员的技术能力提出更高要求。

带。借助先进的算法技术，服务提供者能够持续追踪并记录用户的行为轨迹，深度挖掘与之相关的个人信息，进而构建出更为精准的用户画像，以满足程序化购买的需求。在此过程中，用户的个人信息被过度获取的现象时有发生，严重侵犯了用户的隐私权益，也对大数据时代下隐私保护的伦理与法律规范构成了严峻挑战。

2. 各自为营，垄断形成“数据孤岛”

因在用户的数量方面占据绝对优势，少数互联网巨头、移动运营商拥有流量的入口，垄断了大部分数据。数据作为核心竞争力，各公司互不共享形成了各自独立的“数据孤岛”。“数据孤岛”既造成了广告资源的浪费，又因精准投放效果不佳对消费者形成了侵扰。

在程序化购买中，面对广告交易平台的竞价请求，需求方平台需要在很短的时间内，根据对方所提供的物料信息、用户信息等，做出是否竞价的回应。而竞价的决定因素就是广告位背后的目标消费者和广告主想要的消费者类型重合。由于数据库样本不完整，需求方平台描绘的用户画像与真实情况会有偏差，因此投放的广告无法精准匹配目标消费者。

3. 数字作弊

广告主权益被侵犯。数字作弊属于程序化购买广告造假行为的一种，它是指在程序化购买广告交易和投放的过程中，某些团体或个人主观、恶意地利用各种技术手段，欺骗广告主，获取不正当利益的行为。以往广告主在广告传播中处于强势地位，代理公司和媒介起到连接广告主与消费者的作用。数智传播时代，点击量、下载量等成为衡量互联网广告效果的标准，广告主的权益被其他主体侵犯的情况时有发生。

广告主选择程序化购买、投放广告，是为了获得更好的传播效果，而其他利益主体为了一己私利使用机器或者人工进行重复点击、播放或下载，导致数据不能反映出真实的广告效果，这就额外增加了广告主的预算，造成广告效果和广告预算不对等。长此以往，广告主会丧失对程序化购买的信任，程序化购买的发展进程也会因此受阻。

（2）复合型人才短缺问题的凸显

数智传播时代，广告效果调查需要既懂广告学、市场营销学，又具备数据科学、人工智能、计算机技术等多领域知识与技能的复合型人才。目前，这类人才相对匮乏，企业须加强内部培训，鼓励员工跨领域学习，同时与高校、科研机构合作引进人才，以满足需求。

三、数字驱动的数智广告效果调查的基本原则

数智传播时代，数字技术促使广告效果调查遵循以下基本原则。

1. 数智客观性

在传统客观性的基础上，利用数字技术确保数据真实可靠、分析过程客观。通过加密、区块链等技术保证数据来源可追溯、不可篡改，运用清洗和验证算法排除虚假数据，借助自动化、标准化分析工具减少主观偏差。

在进行数据采集时，利用物联网设备（如智能传感器等）收集消费者与广告互动数据，如在商场中设置传感器监测消费者对数字广告牌的行为数据，采集过程加密传输以确保安全。存储阶段，运用区块链构建分布式账本，记录数据更新和访问时间。分析阶段，利用机器学习算法异常检测技术识别并排除异常值，采用标准化流程（如自动化报表生成和可视化工具等）客观呈现结果。

2. 数智科学性

充分运用数字技术和科学方法进行数据收集、处理和分析。利用大数据挖掘技术发现影响因素和规律，采用人工智能算法（如深度学习等）预测和评估效果，通过严谨实验设计（如多变量 A/B/n 测试等）对比策略差异，确保结果准确科学。

在大数据挖掘方面，为收集多平台消费者全方位行为数据，运用关联规则、聚类分析等算法挖掘消费者的潜在兴趣和需求模式，为评估提供依据。在效果预测中，利用深度学习算法构建模型，结合实时数据输入预测不同场景下的效果，如预测不同创意在不同时段、地域、受众群体中的指标，为策略优化提供决策支持。在实验设计上，利用数字平台开展大规模、多变量测试，如电商网站测试多种广告创意在不同用户群体中的效

果，用科学统计分析方法确定最优策略。

3. 数智系统性

构建全面、动态、互联互通的调查体系。整合广告生态系统各方数据及全链路数据，利用数字技术实现实时更新、动态关联分析和系统优化，全面深入分析评估效果。

通过建立数据中台等架构，整合企业内部多数据源数据，如客户关系管理（Customer Relationship Management，CRM）、营销自动化、投放平台、社交媒体管理平台等，对接外部第三方数据，打破“数据孤岛”。分析线上广告活动时，实时获取投放平台数据，结合 CRM 等系统数据和社交媒体数据，运用挖掘和关联分析技术，深入分析广告对不同类型用户在不同阶段的影响。利用机器学习算法实时监测和动态分析效果数据，异常波动时自动预警并推荐优化策略。

4. 数智实效性

突出数字技术在实现调查实时性和高效性方面的关键作用。利用实时数据采集和分析技术（如流计算、实时数据仓库等），投放中即时获取和分析数据，快速调整策略，通过预测性分析洞察趋势，提高决策及时性和准确性，适应市场变化，实现最佳效果。

在投放过程中，借助流计算技术（如 Apache Kafka、Apache Flink 等）实时处理行为数据，秒级或毫秒级计算效果指标。指标异常变化时触发预警，运营人员依实时反馈调整策略。同时，利用机器学习算法（如时间序列分析、深度学习预测模型等）综合分析历史和实时数据，预测未来不同策略效果趋势，提前制订计划并调整资源分配，实现精准高效投放。

5. 数智道德性

在遵循传统道德原则的基础上，更注重数智时代的数据隐私保护、算法公平性和透明度。确保数据收集、存储、使用和共享合法合规，采用加密、匿名化等手段保护隐私，使算法决策可解释、可审计，避免算法歧视，从而维护消费者权益，营造公平竞争的市场环境。

在数据收集阶段，利用加密通信协议，如超文本传输安全协议（Hypertext Transfer Protocol Secure，HTTPS）等，保障传输安全，采用数据匿名化技术如匿名算法、差分隐私技术等，处理用户数据，防止数据泄露和滥用，确保消费者隐私安全。在算法应用中，向消费者解释、推荐算法原理，建立审计机制，确保算法公平公正，不歧视消费者。

数智传播时代广告效果调查的基本原则在数字技术的推动下不断演进。广告从业者须深入理解并适应这些原则的变化，利用数字技术优势应对挑战，实现精准高效的广告效果评估和优化，最终推动广告行业在数智传播时代蓬勃发展。

第四节　数智传播时代广告效果调查的基本流程

在了解了数智传播时代广告效果调查的基本概念与基本原则后，就要掌握更为细致的广告效果调查的基本流程。虽然数智传播时代重塑了整个广告行业的基本业态，但对于广告效果调查而言，其所遵循的广告效果调查的基本流程依旧具有一定的稳健性与规律性。

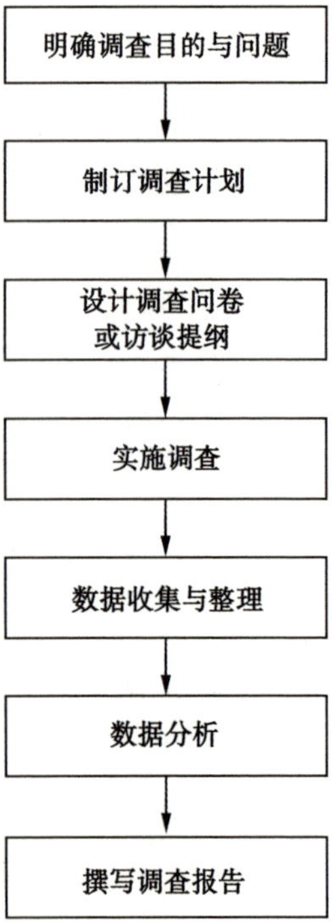

图 1-1　传统媒介环境下广告效果调查的基本流程

一、广告效果调查的基本流程

传统媒介环境下，广告效果调查通常遵循以下基本流程，每个步骤都有其特定任务，它们共同构成了一个完整的体系（图 1-1）。

1. 明确调查目的与问题

这是调查的起点，须精准确定广告主期望通过广告活动达成的目标，如提高品牌知名度、促进产品销售、改变消费者态度等。同时，围绕这些目标，明确具体、可衡量且针对性强的问题，以便后续调查能有的放矢。例如，若目标是提升品牌知名度，问题可包括目标受众中有多少人知晓该品牌、通过何种渠道知晓等。

2. 制订调查计划

确定调查范围，明确涵盖的地理区域、消费群体等；

选择合适的调查对象，综合考虑年龄、性别、职业、消费习惯等因素进行抽样，确保样本具有代表性；选定调查方法，如问卷调查法、访谈法、观察法等，并规划好实施细节，包括问卷设计、访谈提纲编写、观察地点与时间安排等；制定详细的时间进度表，明确各阶段任务的起止时间，保证调查有序推进。

3. 设计调查问卷或访谈提纲

对于问卷调查，须精心设计问题内容。开头部分包含礼貌问候语、调查目的说明和保密承诺，以获取被调查者的信任。主体问题围绕调查目的和问题设定，涵盖选择题（单选题、多选题）、填空题、简答题等多种题型，表述简洁明了、避免歧义。对于访谈提纲，设计一系列逻辑连贯、由浅入深的问题，兼顾开放性和封闭性问题，以全面获取被访谈者的观点和信息。

4. 实施调查

依据调查计划和选定的方法，组织调查人员开展实地调查。问卷调查要确保发放渠道广泛且有效，提高回收率，同时对回收问卷进行初步筛选，剔除无效问卷（如大量空白、逻辑混乱或随意填写的问卷等）。在访谈过程中，调查人员要持专业、客观的态度，营造良好氛围，引导被访谈者如实回答问题，并准确记录回答内容。若采用观察法，调查人员须在预定场所（如商场化妆品专柜、美容沙龙等）仔细观察消费者行为，记录与广告相关的行为表现，如对广告展示面霜的关注时长、是否试用、与销售人员交流时是否提及广告等。

5. 数据收集与整理

收集通过各种调查方法获得的原始数据，对数据进行全面审核，确保数据的真实性和有效性。将有效数据进行分类整理，使其条理清晰且便于后续分析。对于问卷调查数据，应将其录入电子表格软件（如 Excel 等）中；针对访谈和观察记录，应进行文字整理和分类编码，以便进行定性和定量分析。

6. 数据分析

运用适当的统计分析方法对整理后的数据进行深入分析。对于定量数据，计算常见统计指标，如频率、百分比、平均值（Mean）、标准差（Standard Deviation）等，并进行相关性分析、差异检验，如方差分析（Analysis of Variance，ANOVA）、*t* 检验等，以揭示数据之间的内在关系和差异。对于定性数据，采用内容分析、主题分析等方法，归纳总结被调查者的观点和意见，提炼出关键主题和趋势，挖掘数据背后的深层次信息。

7. 撰写调查报告

以清晰、简洁、准确的语言撰写调查报告，报告内容应涵盖调查背景、目的、方法、主要发现、结论和建议等方面。运用图表（如柱状图、折线图、饼图等）直观展示数据分析结果，增强报告的可读性和可视化效果。报告应客观、真实地反映调查结果，为广告主和相关决策人员提供有价值的参考依据，帮助他们制定科学合理的广告策略和营销决策。

二、数智传播时代广告效果调查的流程重构

数智传播时代，数字智能媒体的介入使广告效果调查流程发生了深刻变革，多个步骤经历了解构和重构。

1. 数据收集环节的变革

传统调查中，数据收集主要依赖人工操作，如问卷调查的人工发放与回收、访谈的面对面进行、观察法的人工记录等，这些方式效率较低且样本量受限。在数智传播时代，随着数字技术的发展，大量数据可自动获取。消费者在网络平台上的各种行为数据（如浏览记录、购买交易等）能通过后台技术实时记录，无须人工逐一收集，大大提高了数据收集的效率和准确性。

在数智传播时代，基于大数据技术，数据收集范围大幅拓展。不仅能获取消费者与广告直接相关的行为数据，还能整合消费者在整个数字生态系统中的其他相关数据，如社交媒体上的点赞、评论、分享行为，搜索历史，地理位置信息，等等。这些多源数据的整合为全面且深入了解消费者提供了丰富资源。同时，数据收集不再局限于特定时间点的调查，而是实现了持续、实时的监测，能够敏锐捕捉消费者行为的动态变化，及时反映市场趋势。

2. 数据分析方式的转变

传统数据分析主要基于有限样本进行统计分析，方法相对简单，难以处理大规模、复杂结构的数据。例如，问卷调查数据通常只能用来进行基本的描述性统计和简单的相关性分析，对于定性数据的分析也较为烦琐且主观性较强。

数智传播时代，借助人工智能和机器学习算法，能够对海量的结构化和非结构化数据进行深度分析。可以挖掘出数据中隐藏的复杂模式和关系，如消费者行为模式的聚类分析、消费者兴趣与广告效果之间的关联规则挖掘等。实时数据分析成为常态，能够根据实时收集的数据即时反馈广告效果，为广告策略的调整提供及时、精准的依据。例如，通过实时分析电商平台上消费者的浏览和购买行为，一旦发现某类广告对特定产品的引流效果不佳，可立即调整广告投放策略。

3. 调查目的与问题确定的优化

在传统调查中，调查目的与问题的确定主要依赖经验和有限的市场研究，难以精准把握消费者的深层次需求和行为动机。

在数智传播时代，利用大数据分析技术，对消费者的海量行为数据进行挖掘，从而更精准地洞察消费者需求、市场趋势和竞争对手动态。在确定调查目的与问题时，基于对这些数据驱动的洞察，调查更具针对性和前瞻性。例如，通过分析社交媒体上消费者对某类产品的讨论热点和指出的产品痛点，确定广告效果调查中应重点关注的问题，如消费者对产品功能改进的期望、对不同广告创意的偏好等，为广告策略优化提供更有价值的方向。

三、数字驱动的数智广告效果调查的基本流程

数字驱动的数智广告效果调查在传统流程的基础上有了新的发展，以下是其主要流程步骤（图 1-2）及与传统流程的对比。

1. 明确调查目的与问题

借助大数据分析和市场洞察工具，深入挖掘消费者需求、市场趋势和竞争对手动态，从而更精准地确定调查目的与问题。与传统流程相比，此

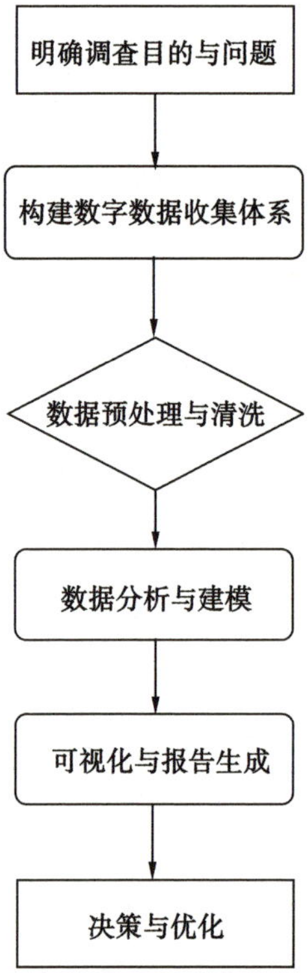

图 1-2 数字驱动的数智广告效果调查的基本流程

步骤更加受数据驱动，能提前发现潜在市场机会和消费者痛点，使调查目的更具针对性和前瞻性。

2. 构建数字数据收集体系

建立全面的数字数据收集体系，整合多源数据。除传统调查数据收集渠道外，重点整合来自网站、社交媒体、移动应用、物联网设备等多个数字平台的数据。利用数据采集工具（如网络爬虫、传感器等）实时收集消费者的行为、兴趣、偏好等数据，实现数据的自动化采集和实时更新。同时，建立数据质量管理机制，确保数据的准确性、完整性和一致性。

3. 数据预处理与清洗

由于数智传播时代数据量大且复杂，数据预处理与清洗就显得至关重要。对收集到的海量数据进行去噪、去重、填补缺失值等处理，识别和纠正错误数据，将非结构化数据转化为结构化数据，如利用自然语言处理（Natural Language Processing，NLP）技术将文本评论转化为可分析的数据格式等，可为后续精准分析奠定基础。这一步骤在传统流程中虽有涉及，但在数智传播时代因数据规模和复杂性的提升而须更加强化。

4. 数据分析与建模

运用先进的数据分析技术和算法，如机器学习、深度学习、数据挖掘等，对处理后的数据进行深度分析。建立各种预测模型（如消费者购买预测模型、广告效果评估模型等），挖掘数据中的隐藏模式和关系，评估广告对消费者认知、态度和行为的影响。通过实时数据分析，持续监测广告效果的动态变化，及时发现问题并优化策略。

5. 可视化与报告生成

利用数据可视化工具将分析结果以直观、易懂的图表（如动态交互式图表、数据仪表盘等）形式呈现，便于广告主和决策者快速理解广告效果。报告生成过程更加智能化，能够根据预设模板和分析结果自动生成详细、准确的调查报告，同时提供数据洞察和决策建议。与传统报告相比，数智传播时代的报告更具动态性和交互性，可满足不同用户的需求。

6. 决策与优化

基于数据分析结果，广告主和相关决策者能迅速做出决策，如调整广告投放策略（包括投放渠道、时间、预算分配等）、优化广告创意（如改进广告内容、形式、表现手法等）、改进产品或服务（如根据消费者反馈解决问题、提升产品竞争力等）。同时，建立反馈循环机制，将决策实施后的效果再次纳入数据收集和分析体系，持续优化广告活动，不断提升广告效果。这一流程相比传统流程更加注重实时性和循环性，使广告活动能快速适应市场变化。

综上所述，数智传播时代广告效果调查的基本流程在传统流程的基础上发生了巨大变革，数字驱动的新流程更加高效、精准、智能，为广告行业的发展提供了更有力的支持。

延伸阅读

[1] BENDIXEN M T. Advertising effects and effectiveness [J]. European Journal of Marketing, 1993,27(10):19-32.

[2] VAKRATSAS D, AMBLER T. How advertising works: What do we really know? [J]. Journal of Marketing, 1999,63(1):26-43.

[3] LEWIS R, RAO J M, REILEY D H. Measuring the Effects of Advertising[M]. Chicago:University of Chicago Press, 2015.

[4] 蒋旭峰. 浅析广告效果测评 [J]. 南京社会科学, 1998 (10): 41-49.

[5] 杨莉明, 徐智. 社交媒体广告效果研究综述：个性化、互动性和广告回避 [J]. 新闻界, 2016 (21): 2-10.

思考题

1. 简述数智传播时代广告定义的变化及其对广告传播效率和品牌与消费者关系的影响。

2. 按照涵盖内容和影响范围，广告效果可分为哪几类？请分别简要阐述各类效果的含义并举例说明。

3. 数智传播时代广告效果调查面临的数据隐私和保护问题有哪些？应如何应对这些问题？

第二章

数智传播时代广告效果调查伦理规范

第二章 数智传播时代广告效果调查伦理规范

第一节 广告效果调查伦理的基本概念

一、广告伦理

二、广告效果调查伦理

第二节 数智传播时代广告效果调查伦理

一、数智传播时代广告效果调查伦理的基本概念

二、数智传播时代广告效果调查伦理问题的突变

三、数智传播时代广告效果调查伦理的重要性

四、人工智能技术下的广告效果调查伦理

第三节 对参与者的责任及保护

一、尊重参与者的权利和自主性

二、保护参与者的隐私和安全

三、避免给参与者带来伤害和不适

四、提供反馈和报酬

五、遵守伦理审查和规范

六、持续关注和改进伦理实践

第四节 数据脱敏与数据处理

一、数据脱敏

二、数据处理

三、数据脱敏与数据处理在广告效果调查中的应用

导读：

随着人工智能等数智技术的快速发展，广告传播进入了全新的时代，广告效果调查方式也发生了深刻变革。大数据、人工智能等数智技术的应用使得广告效果评估更加精准和高效，但同时也带来了对于用户隐私的侵犯等伦理规范问题。为确保广告效果调查的科学性和公正性，制定并遵循伦理规范显得尤为重要。本章将系统探讨数智传播时代广告效果调查中的伦理问题，涵盖数据收集与使用的合法性、用户隐私保护、算法透明度及广告内容的真实性等方面。通过明确伦理规范，旨在为广告从业者提供指导，推动广告行业健康发展，同时保障消费者合法权益和社会公共利益。

本章学习目标：

1. 掌握广告效果调查伦理的基本概念与必要性。
2. 掌握广告效果调查伦理中的基本准则。
3. 掌握当前数智传播时代广告效果调查伦理面临的新问题。
4. 掌握广告效果调查中伦理保护的常见方法。

在数智传播时代，广告效果调查不仅是商业活动的一部分，更是社会文化现象的反映。随着数智技术的飞速发展，广告效果调查手段变得更加多样化和高效，但同时也带来了前所未有的伦理挑战。数据的收集、分析和应用在为广告主提供精准投放的同时，也涉及用户隐私、信息安全和数据伦理等重要问题。因此，广告效果调查的伦理规范显得尤为重要。伦理规范是确保广告调查活动公正、透明和负责任的基础。它要求研究人员在尊重参与者权益的前提下，合理使用数据，避免对个人隐私的侵犯和数据的滥用。在数智传播时代，遵循广告效果调查伦理规范不仅是对研究人员的职业要求，更是维护社会秩序和促进行业健康发展的必要条件。

本章将深入探讨数智传播时代广告效果调查的伦理规范，包括基本概念、伦理问题、参与者保护及数据脱敏与数据处理等方面。通过对这些关键点的分析，我们将为读者提供一个全面而深入的视角，以理解和应对这一时代的伦理挑战。

第一节 广告效果调查伦理的基本概念

广告效果调查离不开对于各类用户数据的挖掘、采集与分析，这一过程必然面临一系列伦理问题。充分了解伦理、广告伦理、广告效果调查伦理等一系列基础概念的内涵与外延，是有效避免广告效果调查等一系列广告活动中伦理失范问题的基础与前提。

一、广告伦理

广告伦理是所有内容和形式的广告行为都必须遵循的道德准则和行为规范的总和。具体来说，是指广告参与者（包括广告主、广告制作者、广告发布者、消费者等）在广告活动中所发生的人与人之间的行为规范和准则，其中，最主要的是广告与消费者关系的行为规范和准则。广告伦理的本质是广告道德问题，它服从于整个社会的伦理。

广告伦理是指在广告活动的策划、创作、发布与传播全过程中，相关主体（广告主、广告经营者、广告发布者）所应遵循的道德准则、行为规范和价值标准，其核心在于确保广告信息的真实性、公正性、社会责任感和对消费者权益的尊重，避免造成欺骗、误导或社会危害。广告伦理的内涵主要包括两个层面：一是建立在广告活动特征和基础上的优良道德的准则；二是与广告活动有关的优良道德的实现途径。前者主要强调在广告活动中广告相关主体应该遵守的道德准则的内容；后者则主要关注如何使广告相关主体遵守所制定的道德准则，从而在广告活动中遵循优良的道德准则规范的社会行为。

广告伦理同时也是一种符合市场经济要求的社会意识，表现为价值取向、道德观念等，这些观念应内化为人们内心的品质，促使人们自觉从事合理合法的广告活动，抵制违背伦理道德的广告行为。广告伦理将个人利益和社会利益有机结合、将经济利益和环境效益有机结合、将国内发展和国外权益有机结合，从而推动广告业健康发展。通过对广告伦理缺失和建构的探讨，在广告业界树立良好的伦理道德风范，促进广告业健康积极发展。

二、广告效果调查伦理

广告效果调查伦理是指在进行广告效果调查过程中需要遵循的一系列道德准则和规范，以确保调查活动的公正性、客观性、合法性，以及对参与者的尊重和保护等。美国市场营销协会（American Marketing Association, AMA）等专业组织制定了相关的市场调研道德准则，其中包含了与广告效果调查伦理相关的内容，如在保护调查对象的隐私、确保数据的真实性和保密性、避免利益冲突等方面做了规定。

广告效果调查伦理涵盖了调查设计、数据收集、数据分析、结果报告等各个环节，其目的是维护调查活动的科学性、可信度，同时保护消费者权益和社会公共利益。以下是一些具体的伦理要求。

1. 保护隐私

在调查过程中，必须严格保护广告参与者的个人信息不被泄露，确保其隐私得到充分尊重。例如，在收集消费者对广告的反馈时，不能随意公开广告参与者的身份信息。

一个典型案例是剑桥分析（Cambridge Analytica）丑闻，这是一宗广泛违背隐私原则的广告效果调查事件，涉及通过不当手段收集和利用个人数据，用于政治广告的精准投放。

5000 万名 Facebook 用户的信息，在用户不知情的情况下，被剑桥分析公司获取并利用。随后，剑桥分析公司向这些用户精准投放政治广告内容，以使这些用户在 2016 年的美国总统选举中支持特朗普团队。

2018 年 3 月，这则丑闻被英国媒体和《纽约时报》曝光，引发了全球舆论的广泛关注。随后，Facebook 的股价短时间内下跌超过 17%，市值损失超过 1000 亿美元。Facebook 首席执行官马克·扎克伯格在美国国会作证，剑桥分析公司面临监管和法律压力，最终于 2018 年 5 月宣布破产。

2. 获得同意

应在调查前明确告知参与者调查的目的、方法、可能的风险和受益等，获得他们的自愿同意。比如，在进行在线广告效果调查前，弹出详细的知情同意书，让参与者了解并选择是否参与。

据世界报业和新闻出版协会（the World Association of News Publishers，WAN-IFRA）报道，2023 年 12 月 4 日，西班牙信息媒体协会（Asociacion de Medios de Informacion，AMI）代表西班牙 80 多家媒体机构对 Meta（Facebook、Instagram 母公司）提起诉讼，指控其“系统性且大规模违反欧洲数据保护法规”。具体而言，Meta 在未获得用户同意的情况下，利用用户个人信息制作定向广告，从而获取不正当竞争优势。为此，AMI 向 Meta 追讨 5.5 亿欧元的赔偿。

欧洲各国监管机构此前做出的多项决定已认定 Meta 违规，但该公司仍置若罔闻。AMI 的报告显示，依据欧洲主管当局的各项决定，Meta 始终未遵守欧盟数据保护立法，无视公民必须同意使用其数据进行广告分析的监管要求。同时，AMI 呼吁公共和私营部门的广告商将广告活动委托给“安全、可靠且负责任的媒体”。

据悉，欧盟《通用数据保护条例》第三章第 13 条明确要求，若数据控制者需要从数据主体处收集个人数据，应在收集数据时，向数据主体告知《通用数据保护条例》中提及的相关信息，以确保数据能得到公正、透明的处理。①（图 2-1）

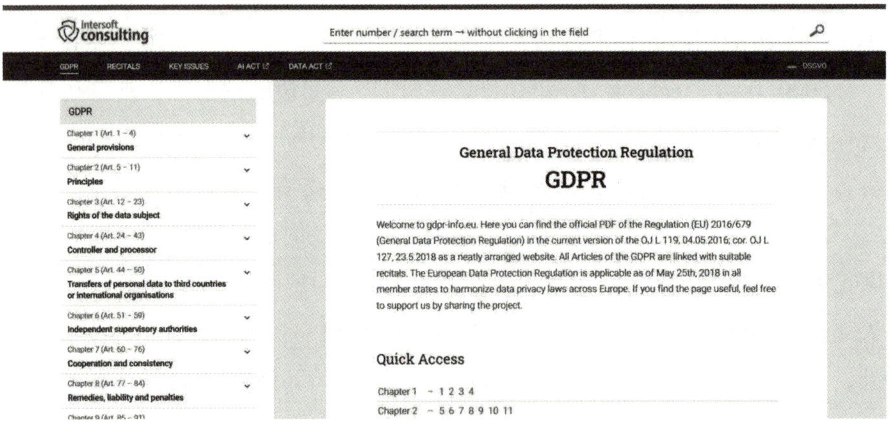

图 2-1　欧盟《通用数据保护条例》官网图片

① 欧洲议会，欧盟理事会. Regulation（EU）2016/679：General Data Protection Regulation（GDPR）[EB/OL].（2016-04-27）[2025-05-16]. https://gdpr-info.eu/.

《通用数据保护条例》是欧盟于 2016 年 4 月通过、2018 年 5 月 25 日正式生效的综合性数据保护法规，旨在统一欧盟成员国的数据保护规则，强化个人隐私权。但据 AMI 的控诉，Meta 至少在 2018 年 5 月 25 日（《通用数据保护条例》发布日）至 2023 年 7 月 31 日，长期绕开用户同意机制，违反相关规定。

不仅如此，在此后的 2024 年 10 月 28 日，西班牙电视联合会和广播协会代表 Atresmedia、Mediaset、SER、Onda Cero、COPE、RAC1 等主流广播电视机构另行提出独立诉讼，指控 Meta 在 2018—2023 年同样“系统性违反《通用数据保护条例》”，导致电视和广播广告市场受到侵害，并索赔 1.6 亿欧元。

3. 客观公正

调查者要以客观的态度设计调查方案、收集和分析数据，避免主观偏见影响结果。例如，在评估不同广告创意的效果时，不能因个人喜好而偏向某一方案。

一起违反广告研究客观性原则的著名案件发生在美国 Sensa 公司。Sensa 是一家推广减肥产品“Sensa Sprinkle”的公司（图 2-2），该公司被指控操纵研究，夸大其功效。该公司声称，用户无须节食或锻炼，只需将其产品撒在食物上即可减肥，并声称有“临床研究”作为依据。

图 2-2 Sensa 宣传海报

美国联邦贸易委员会起诉该公司，称其这些说法具有欺骗性且缺乏适当证据。美国联邦贸易委员会发现，广告中使用的推荐语是经过精心挑选的，不能反映一般的用户体验。调查显示，Sensa 引用的研究要么采用了小规模、非代表性的样本进行，要么忽略了负面结果，从而使消费者对产品的有效性产生了偏见和误导。该公司优先考虑营销宣传，而不是严格的科学评估。

4. 避免误导

调查问题的表述应清晰、准确，避免误导参与者，确保他们能够真实地表达自己的意见。例如，问题不能带有倾向性或暗示性，像“这则广告很吸引人，不是吗？”这种表述就是不恰当的。

2024 年 10 月 29 日，据路透社消息，赛百味（Subway）快餐连锁店遭遇了一项新的集体诉讼指控，称其广告中的三明治肉含量与实际产品严重不符。原告方指控赛百味在广告中夸大了三明治的肉含量，实际产品中的肉含量仅为广告中展示的三分之一左右。(图 2-3)

图 2-3　路透社报道截图

美国纽约市皇后区的消费者安娜·托利森（Anna Tollison）是此次诉讼的原告之一。她表示，在当地一家赛百味餐厅花费 7.61 美元购买了一份牛排奶酪三明治后，发现实际产品中的肉含量远低于广告中展示的。安娜·托利森认为，赛百味的行为违反了该州的消费者保护法，并寻求对过去三年内购买赛百味三明治的纽约人进行未指定金额的赔偿。

值得注意的是，这并非赛百味首次面临类似指控。此前，该公司曾就一起“一英尺长”的三明治长度不足的诉讼进行了 4 年多的辩护，但该诉讼最终在 2017 年被驳回。

这种广告过度宣传，导致广告效果调查结果偏向正面，未能反映真实的消费者体验。这种行为既误导了消费者，也违背了公正的调查原则。

5. 数据真实性

广告效果调查要求保证调查数据的真实性和可靠性，不得篡改或伪造数据。在数据统计和分析的过程中，须遵循科学的方法和标准。

“孩子不吃饭，怎么办？快用江中牌健胃消食片。”从这则几乎家喻户晓的广告词中，不难看出江中药业的儿童装健胃消食片旨在完全占领年轻家长的心。然而，上海市工商部门发布的2012年第一号虚假违法广告公告集中曝光了涉及食品、药品、保健用品、收藏品、餐饮、医疗、留学中介等多个民生热点领域的12则典型虚假违法广告案例，内容大多虚假或夸大，严重侵害了消费者的合法权益。其中，江中药业股份有限公司发布的广告宣称，其产品“江中牌健胃消食片”的销量为“每天卖出71万盒”。经工商部门调查，这一数字与事实严重不符，属于欺骗和误导消费者。同时，有专家分析称，江中药业股份有限公司涉虚假广告主要有两个原因：一是销售数据通常难以准确核查，一般是通过内部渠道统计来的，所以这样的忽悠、这样的欺骗和误导，很难杜绝；二是税务部门征税，一般来说都是按照实打实的账本来的，而“吹牛”吹出的数据似乎不用交税。

在广告中，用精确的数字来表示销量是广告为增强说服力常用的手法，它抓住了消费者普遍的从众心理，即认为销量越高的产品越值得信赖。案例中，江中药业股份有限公司为推广其产品儿童装健胃消食片，在广告中夸大销量，以获得消费者信赖，赢得市场，其性质十分恶劣。《中华人民共和国广告法》（以下简称《广告法》）第十一条规定：“广告使用数据、统计资料、调查结果、文摘、引用语等引证内容的，应当真实、准确，并表明出处。”就整个案例来看，江中药业股份有限公司的虚假广告主要表现在两个方面：一是在公布销量时并未根据《广告法》的规定表明出处，而是随意将通过内部渠道统计的数据公布在广告中；二是广告中公布的数据——“每天卖出71万盒”，严重违背实际情况，给消费者造成了误导。江中药业股份有限公司的这则广告不仅违反了《广告法》的规定，同时也违背了电视广告应当遵循的诚信、真实原则，误导消费者做出了错误的判断。广告宣传中适度夸张的手法使用时稍有不慎就会成为误导消费者的虚假信息，因此广告主应当注意二者平衡，在保证产品信息真实、准确的前提下达到既定的广告宣传效果。

6. 利益冲突披露

如果调查者与广告主或其他利益相关方存在潜在利益关系，应在调查过程中予以披露，以保证调查的公正性。

2015年，德国汽车业巨头大众汽车被曝出“柴油车尾气排放数据造假”丑闻。2015 年 9 月，美国监管机构披露大众汽车在生产的柴油车上非法安装作弊软件以降低尾气排放数据，从而在美国的汽车尾气排放测试中达标。美国《清洁空气法》规定了严格的汽车尾气排放标准，大众汽车的行为违反了该法律。

汽车行业的监管机构负责制定和执行尾气排放等环保标准，以保护环境和公众健康。然而，大众汽车作为汽车制造商，为了降低生产成本、提高产品竞争力，不惜违反监管规定，通过作弊手段来应对尾气排放测试。这反映了企业追求经济利益与监管机构维护公共利益之间的冲突。大众汽车为了自身的商业利益，试图规避监管，这种行为不仅损害了公众对企业的信任，也没有避免汽车尾气对环境造成的严重污染。

遵守广告效果调查伦理对于广告行业的健康发展至关重要，它有助于提高广告效果评估的准确性，增强消费者对广告调查活动的信任，同时也有助于维护市场秩序和社会道德规范。

总之，广告效果调查伦理是广告行业中不可或缺的一部分，它涉及广告的真实性、公正性，以及尊重隐私和消费者权益等。广告从业者应当秉持诚实信用的原则，加强对广告内容的审查和管理，确保广告活动的合法性和合规性，为消费者提供真实、公正、安全的广告信息，促进广告行业的健康发展。同时，广告从业者还应当关注广告的社会责任，传播积极、健康、向上的价值观念，为社会和谐发展贡献力量。

第二节　数智传播时代广告效果调查伦理

在数智传播时代，广告效果调查伦理面临新的挑战。数智技术的应用使得广告可以更加精准地定位目标受众，但同时也增加了对个人隐私的侵犯风险。例如，通过社交媒体、搜索引擎和移动设备收集的用户数据可以用于构建用户画像，从而实现个性化广告推送。然而，如果这些数据的收集和使用不透明，或者没有得到用户的明确同意，就可能引发伦理争议。

一、数智传播时代广告效果调查伦理的基本概念

数智传播时代广告效果调查伦理是指在利用大数据、人工智能等数智技术进行广告传播活动时，广告从业者应遵循的道德准则和行为规范。这些伦理原则包括真实性、公正性、尊重隐私、保护消费者权益等。在数智传播时代，广告从业者需要更加关注数据安全和算法透明度，确保广告活动的合法性和合规性。

二、数智传播时代广告效果调查伦理问题的突变

1. 大数据时代下的隐私问题

大数据时代，隐私问题日益凸显且成为学界与业界共同关注的焦点。当下，互联网领域呈现出一种独特的商业模式，众多网站及软件应用以向用户提供免费服务为切入点，构建起自身的盈利架构。尽管服务本身是免费的，但这并未阻碍这些服务提供者实现盈利的目标。

具体而言，用户若期望获取相应的免费服务，往往需要让渡个人信息，甚至是涉及个人隐私的敏感信息，而这一行为恰好为网站及软件应用创造了“注意力变现”的契机。其中，互联网广告已然成为这些免费服务提供者的主要收入来源，其运营模式通常是将所获取的用户信息转售给广告商，以此来换取经济收益。

就用户信息获取的授权情况来看，未经用户明确授权便直接获取其个人信息的现象相对并不普遍。然而，在用户进行注册操作时，软件应用普遍会将用户同意其收集个人信息作为提供服务的前置条件。从表面上看，这一机制似乎已向用户传达了有关数据收集与使用方面的相关原则，具备一定的告知性。但实际上，诸多隐私声明往往篇幅冗长、措辞晦涩，对于普通用户而言，阅读和理解的难度颇高。这就致使相当一部分用户在面对此类隐私声明时，为了能够顺利获取服务，直接选择同意选项，而并未仔细研读声明的具体内容，进而在不知情的情况下让渡了自身的隐私权益。

经进一步探究，在获取用户信息的深度层面，存在不容忽视的灰色地

三、数智传播时代广告效果调查伦理的重要性

1. 保护消费者隐私权的必要性

在数智传播时代，广告主和广告代理公司能够通过大数据技术收集和分析用户的个人信息，包括搜索历史、购买习惯、地理位置等，以实现高度个性化的广告推送。然而，这种做法如果不加以规范，就可能侵犯消费者的隐私权。隐私权是基本的人权，任何未经授权收集和使用个人数据的行为都是对这一权利的侵犯。因此，广告效果调查伦理要求严格规定了如何合法、合规地处理用户数据，以保护消费者的隐私不被非法利用。

2. 维护市场公平竞争的原则

数智技术使得广告主能够实时监测和分析竞争对手的市场动态，从而制定更加有效的竞争策略。然而，这种能力也可能被滥用，比如，通过不正当手段获取竞争对手的商业秘密，或者在广告中故意传播虚假信息以诋毁对方。这样的行为不仅违反了市场公平竞争的原则，还可能导致市场秩序混乱，损害消费者利益。因此，广告效果调查伦理强调了竞争中的公正性和透明度，要求广告主和广告代理公司在进行市场调查和广告推广时，必须遵守相关法律法规，不得进行不正当竞争。

3. 确保广告内容的真实性

数智技术使得广告内容的制作和分发更加高效、精准，但同时也带来了内容真实性的挑战。例如，一些广告可能通过算法优化，使用夸张或误导性的标题来吸引用户点击，而这种做法可能会导致消费者对广告主的信任度下降。广告效果调查伦理要求广告内容必须真实反映产品或服务的特性，不得含有虚假或误导性的信息，以此来保护消费者的知情权和选择权。

4. 增强广告行业的社会责任感

广告不仅是商业推广的工具，也是文化传播的载体。在数智传播时代，广告的影响力和传播速度前所未有，因此广告从业者应承担起更高的社会责任，传播积极、健康、向上的价值观念。广告效果调查伦理要求广告主和广告代理公司在进行调查和创作时，应考虑广告的社会影响，避免传播暴力、色情、赌博等不良信息，促进社会的和谐发展。

四、人工智能技术下的广告效果调查伦理

人工智能已经覆盖人类生活中的诸多领域。伴随着人工智能技术的发展与运用，媒体的融合先后经历了数媒时代、融媒时代和智媒时代。2023年1月31日，腾讯研究院发布《AIGC发展趋势报告2023：迎接人工智能的下一个时代》，认为AIGC代表着AI技术从感知、理解世界到生成、创造世界的跨越，正在推动人工智能迎来下一个时代。AIGC创作主要包括文本、图片、音频、视频创作及人机交互运用等。具体到广告行业，AIGC将会成为自动化创意、生产广告的新型技术集合，形成数字广告创意生产与交互的新范式。

然而，人工智能技术在自主生成广告图像、文本，为广告业降本增效的同时，也将会引发生产或应用伦理、责任伦理、道德伦理等伦理风险与困境，为未来社会的和谐稳定发展埋下隐患。

1. 广告生产的价值导向问题

通过对GPT3.5在内的9个GPT模型做经典测试研究，斯坦福大学教授米哈尔·科辛斯基（Michal Kosinski）发现：人工智能表现出的智力水平相当于9岁儿童。但是，截至2025年，关键技术不够成熟导致内容编辑和创作能力尚不完善，机器算法还不具备独立的思维和情感，仍然是以输入问题自动生成答案为主。而且，智能广告的生成有赖于海量数据库，如果预训练数据来源模糊、无法确保合法性，或者数据库中的历史数据存在不平衡或偏倚，将会导致其生成的广告素材存在歧义或歧视现象，再加上营销人员的广告素养和媒介素养参差不齐，无法完全科学地评估和修正智能广告素材或内容，致使最终产出的广告作品有可能缺乏社会价值观的有效引导，将会对广大受众特别是边缘化群体产生负面影响，威胁广告内容智能式生产生态的健康安全发展。

2. 广告作品的版权归属问题

智能广告的训练数据中很可能包含涉及知识产权保护的内容，比如，新闻数据、影视剧本、小说片段等，如果智能广告作品涉及这些受保护的内容，将会侵犯原作者的著作权，引起法律纠纷。虽然以

ChatGPT 为代表的人工智能机器人程序在经过严格的科技伦理训练后，已具有一定的伦理道德认知力，但是自诞生以来，其引发的版权归属问题和学术伦理问题仍然没有得到足够的重视。例如，2022 年，利用 AI 作画就引发了大量个人艺术家的抵触和担忧；2023 年 1 月 27 日，《科学》（*Science*）杂志更是发文明确拒绝了 ChatGPT 的作者署名权。在广告领域，智能广告作品审核能力有待提升，智能广告作品的版权归属问题也亟待厘清。

3. 广告受众的隐私安全问题

一方面，使用人工智能技术生成广告作品需要大量的数据支持，包括用户的个人敏感信息，如用户的姓名、地址、电子邮件、电话号码、个人账户、行踪轨迹等，这些隐私数据一旦泄露，将会给用户带来财产损失。另一方面，智能广告超大规模预训练模型所依赖的数据也涉及医疗、金融方面的数据，如果不对这些敏感数据加以保护，很可能会对受众形成隐蔽操控，引发民事甚至刑事方面的纠纷。因此，广告营销机构、智能技术开发机构务必重视数据合规、合法建设，预先采取适当的技术手段对广告受众的个人信息和隐私进行保护，从而实现数据安全和技术发展的最优平衡。

总之，广告效果调查伦理是确保研究活动公正、透明和负责任的基石。广告效果调查伦理的遵守不仅关系到研究的质量和可信度，也关系到研究人员的职业声誉和社会责任感。在数智传播时代，随着广告效果调查的规模和深度不断增加，研究人员更需要加强伦理意识，确保研究活动既符合技术发展的要求，又不损害参与者的权益和社会的公共利益。广告从业者应共同推动广告效果调查的科学发展和社会进步。

第三节　对参与者的责任及保护

在数智传播时代的广告效果调查中，对参与者的责任及保护是一个至关重要的伦理议题。广告效果调查通常涉及收集和分析消费者的数据，包括他们的个人信息、消费习惯、态度和偏好等。在进行这些调查时，必须确保遵守伦理原则，尊重、保护参与者的权利和福祉。本节将探讨在数智传播时代，广告效果调查中对参与者的责任及保护的相关伦理原则和实践。

一、尊重参与者的权利和自主性

在广告效果调查中，尊重参与者的权利和自主性是最基本的伦理原则之一。这意味着调查者必须确保参与者有权自愿决定是否参与调查，并且在整个调查过程中能够自主做出决策。调查者应向参与者提供充分的信息，包括调查的目的、过程、可能的风险和收益等，以便他们做出明智的决策。此外，调查者还应确保参与者可以随时退出调查，且不会因此受到任何不利影响。

二、保护参与者的隐私和安全

在数智传播时代，广告效果调查通常涉及收集和分析大量的个人数据。因此，保护参与者的隐私和安全是至关重要的。调查者应采取措施确保参与者的个人信息受到严格保密，并且不会有任何未经授权的用途。这包括对数据进行匿名化处理，确保数据的安全存储和传输，以及限制对数据的访问权限。此外，调查者还应遵守相关的法律法规，如《中华人民共和国个人信息保护法》等，以保护参与者的隐私权益。

具体我们可以通过以下方式保护参与者的隐私和安全。

1. 透明度与同意

在开始调查前，向参与者清晰地说明调查的目的、过程和可能的数据收集方式，确保参与者完全理解并同意他们的数据将被收集和使用。如果数据将被用于研究或分析，应明确告知参与者。

2. 匿名化处理

在可能的情况下，对收集到的数据进行匿名化处理，确保个人身份信息不会被直接识别。例如，使用唯一的标识符而不是真实的姓名或身份证号。

3. 数据加密

在数据存储和传输的过程中，使用强加密技术来保护数据不被未授权访问。

4. 限制访问权限

确保只有授权人员才能访问敏感数据，并对他们的访问权限进行严格限制。

5. 遵守法律法规

遵守所有相关的数据保护法律法规，如欧盟的《通用数据保护条例》或其他国家/地区的数据保护法律。

6. 数据生命周期管理

当数据不再被需要时，应及时删除或销毁，以减少潜在的数据泄露风险。

7. 培训与意识提升

对参与调查的员工进行隐私保护的培训，确保他们了解并遵守相关的隐私保护实践。

三、避免给参与者带来伤害和不适

在进行广告效果调查时，调查者应尽量避免给参与者带来任何形式的伤害和不适。这包括身体上的伤害、心理上的压力和不适，以及社会上的尴尬和困境。调查者应确保调查内容适当、温和，并且不会引发参与者的不良情绪或反应。此外，调查者还应确保调查过程不会对参与者的日常生活造成不必要的影响或干扰。

数智传播时代，数据的收集和使用变得极为便利，但也引发了严重的隐私问题。在广告效果调查中，必须尊重参与者的隐私，这是基本的伦理原则。例如，欧盟的《通用数据保护条例》强调了对个人数据的严格保护，规定了数据收集、存储和使用的明确规则，企业在进行广告效果调查时需要遵循这些规则，确保参与者的个人信息不被滥用或泄露。

四、提供反馈和报酬

在进行广告效果调查时，调查者应向参与者提供反馈和适当的报酬。反馈可以包括调查结果、参与者的贡献和调查的后续行动等。这有助于参与者了解他们的参与对研究的影响和价值。同时，适当的报酬可以作为对参与者所付出的时间和努力的认可与感谢。报酬可以是金钱、礼品、优惠券等，具体应根据调查的性质和参与者的期望来确定。

五、遵守伦理审查和规范

在进行广告效果调查时，调查者应遵守相关的伦理审查和规范。这包括获得伦理审查委员会的批准，确保调查的合法性和合规性。对于一些大型的或涉及敏感问题的广告效果调查项目，应设立独立的伦理审查委员会，对调查方案进行审查，确保其符合伦理原则。伦理审查委员会应由不同领域的专家组成，包括伦理学、法律、统计学等，以保证审查的全面性和专业性。此外，调查者还应遵守专业协会或行业组织制定的相关规范和准则，如中国市场信息调查业协会发布的《中国市场信息调查行业职业道德与行为准则》等。这些规范和准则提供了一套标准，以确保广告效果调查的伦理质量。

六、持续关注和改进伦理实践

在数智传播时代，广告效果调查的伦理挑战可能会随着技术的发展和社会的变化而不断演变。因此，调查者应持续关注和改进他们的伦理实践。这包括定期评估调查过程中的伦理风险，及时调整和优化调查方法，以及与参与者建立良好的沟通和信任关系。广告行业应制定行业规范和自律准则，引导企业在广告效果调查中遵守伦理原则。例如，美国广告协会制定的《广告道德准则》（Advertising Ethics and Principles）对广告活动中的伦理问题进行了规范，其中也涉及广告效果调查的部分。行业组织可以通过培训、认证等方式，提高从业者的伦理意识和专业水平，推动行业的健康发展。

综上所述，对参与者的责任及保护在数智传播时代的广告效果调查中至关重要。调查者应尊重参与者的权利和自主性，保护他们的隐私和安全，避免给参与者带来伤害和不适，提供反馈和报酬，遵守伦理审查和规范，以及持续关注和改进参与者的伦理实践。通过这些努力，我们可以确保广告效果调查的伦理质量，促进广告行业的可持续发展。

第四节　数据脱敏与数据处理

在数智传播时代的广告效果调查中，数据脱敏与数据处理是保护隐私、确保数据安全的关键环节。本节将详细介绍数据脱敏与数据处理的基础概念、操作步骤，并通过具体案例来说明其在广告效果调查中的应用。

一、数据脱敏

数据脱敏是指在不破坏数据使用价值的前提下，通过技术手段对敏感数据进行处理，使其在非生产环境中无法被识别，从而保护个人隐私和企业数据安全。数据脱敏是数据保护的重要组成部分，尤其在广告效果调查中，它能够确保在分析和共享数据时，不会泄露参与者的个人信息。数据脱敏可以采用多种方法，如数据屏蔽、数据掩码、数据加密等。

德沃克（Dwork）等人提出差分隐私理论，旨在通过在数据处理和分析过程中添加适当的噪声等方式，保证在集中查询某个个体的数据时，不会泄露该个体的隐私信息，同时又能使聚合后的数据分析结果具有可用性。在数据脱敏过程中，尤其是在涉及数值型敏感数据的处理时，差分隐私理论可以指导如何在允许的误差范围内对数据进行合理的变换，以实现隐私保护与数据分析有效性的平衡。

（一）数据脱敏的类型

1. 静态数据脱敏

在数据存储或备份时进行脱敏，确保静态数据的安全性。

2. 动态数据脱敏

在数据被访问或使用时实时脱敏，适用于需要频繁访问的敏感数据。

3. 角色基础的数据脱敏

根据访问者的角色和权限，提供不同级别的数据脱敏。

4. 格式保留的数据脱敏

在脱敏过程中保持数据格式不变，如电话号码等。

在数智传播时代，数据的价值日益凸显，但随之而来的是对个人隐私的威胁。广告效果调查常常涉及大量用户数据，包括浏览习惯、购买行为、个人偏好等。如果不对这些数据进行脱敏处理，一旦数据泄露，将对参与者的隐私造成严重侵犯。因此，数据脱敏在保护参与者隐私、维护企业声誉和遵守法律法规方面发挥着至关重要的作用。

（二）数据脱敏的操作步骤

1. 识别敏感信息

在进行数据脱敏之前，首先需要识别原始数据中的敏感信息，如姓名、电话号码、地址、身份证号等。

2. 选择脱敏方法

根据敏感信息的类型和业务需求，选择合适的脱敏方法。例如，对于数值类型的敏感信息，可以采用数据掩码的方式，将部分数值替换为符号或固定值；对于文本类型的敏感信息，可以采用数据屏蔽的方式，将敏感词汇替换为星号或其他符号。

具体的脱敏方法见表 2-1。

表 2-1　脱敏方法的类型

脱敏方法	具体操作
替换法	将敏感数据中的部分内容用其他值进行替换。比如，原号码“13812345678”就变成了“138××××5678”，这样既保留了号码的格式，又隐藏了关键的识别信息
加密法	利用加密算法对敏感数据进行加密处理，如使用哈希函数（如 MD5、SHA 等）对密码、身份证号等进行加密。以 MD5 加密为例，对身份证号“110101199001011234”加密后会生成一串固定长度的加密字串，如“e10adc3949ba59abbe56e057f20f883e”，在需要验证原始数据时，可通过相应的解密算法还原（前提是合法合规且有授权）

续表

脱敏方法	具体操作
截断法	按照一定规则截断敏感数据的部分内容。比如，银行卡号只保留前六位和后四位，中间部分截断，银行卡号“6222600123456789123”可处理为“6222609123”
掩码法	类似于替换法，但可以更灵活地用特定符号掩盖敏感部分。比如，姓名“张三”可以处理成“张×”，遮盖了具体的名，在一定程度上保护了隐私

3. 执行脱敏操作

使用选定的脱敏方法对原始数据进行处理，生成脱敏后的数据。在执行脱敏操作时，需要确保脱敏过程不可逆，即脱敏后的数据无法恢复为原始数据。

4. 验证脱敏效果

对脱敏后的数据进行验证，确保敏感信息已被有效移除或转换，同时保证脱敏后的数据仍能满足业务需求。

5. 审计和监控

定期审计脱敏策略和规则，监控脱敏数据的使用情况。

（三）实例说明

假设一项针对在线购物平台的广告效果调查，研究人员需要分析用户的购买行为。在这一过程中，对用户的个人信息（如姓名、地址、银行卡号等）需要进行脱敏处理，可以遵循以下脱敏规则。

真实姓名：张三→脱敏姓名：张×

地址：北京市朝阳区001号→脱敏地址：北京市××区××号

银行卡号：6225123456787654321→脱敏卡号：6225124321

二、数据处理

数据处理是指对数据进行收集、存储、清洗、转换和分析的一系列操作。在广告效果调查中，数据处理包括对原始数据进行整理、清洗、去重、标准化等操作，以便后续进行数据分析和挖掘。数据处理的目标是确保数据的准确性和可靠性，从而为广告效果调查提供有效的数据支持。

数据处理的操作步骤如下。

1. 数据收集

收集广告效果调查所需的数据，包括用户行为数据、反馈数据等。

2. 数据清洗

对原始数据进行清洗，去除重复、错误和无关的数据，确保数据的准确性和完整性。数据清洗可以采用多种方法，如去重、缺失值处理、异常值处理等。

3. 数据整合

将不同来源的数据进行整合，形成统一的数据集。

4. 数据转换

对清洗后的数据进行转换，将其转换为适合后续分析的格式。数据转换可以包括数据标准化、数据归一化、数据编码等操作。

5. 数据存储

将转换后的数据存储到数据库或数据仓库中，以便后续进行数据分析和挖掘。在数据存储过程中，需要考虑数据的安全性和可靠性，采取相应的安全措施，如数据加密、访问控制等。

6. 数据分析

对存储的数据进行统计分析、挖掘和可视化，提取有价值的信息。数据分析可以采用多种方法，如描述性统计、回归分析、聚类分析等。

7. 数据解释

将分析结果转化为易于理解的格式，如图表、报告等。评估分析结果对广告效果的影响，确定关键驱动因素。基于分析结果提出改进广告策略的建议。

数据处理不仅仅是技术操作，更是一种需要严格遵守伦理规范的科学实践。在整个数据处理流程中，研究人员应始终关注数据的质量和安全性，同时尊重数据主体的权利，尤其是隐私权。通过细致和严谨的数据处理，研究人员能够为广告效果调查提供坚实的数据基础，从而得出可靠和有说服力的研究结论。

三、数据脱敏与数据处理在广告效果调查中的应用

假设一家电商公司开展了一次大型的服装品类广告投放活动，希望通过广告效果调查来了解不同用户群体对广告的反应，以及广告对销售的促进作用。以下是数据脱敏与数据处理的应用情况。

（一）数据脱敏的应用

1. 用户注册信息数据脱敏

电商公司收集了大量用户的注册信息，其中包含姓名、手机号码、收货地址等敏感数据。在将这些数据用于广告效果调查时（如分析不同地区用户对广告的偏好等），对手机号码采用替换法，将中间四位替换为“××××”；对收货地址中的收件人的姓名进行掩码处理。这样，当分析人员查看数据时，就无法直接得知某个用户的完整联系方式和其他精确信息，从而保护用户隐私。

2. 用户浏览行为数据脱敏

通过网站跟踪收集到用户浏览服装广告页面的详细时间、频次等信息，这些数据与用户的唯一识别 ID 关联。为了防止通过 ID 追溯到具体用户，采用哈希加密法对用户 ID 进行加密处理，使得在后续分析不同用户浏览行为模式对广告效果的影响时，不会泄露具体用户的身份，同时又能基于加密后的 ID 对行为数据进行汇总和分析。

（二）数据处理的应用

1. 数据收集整合

从电商平台的广告投放系统中收集广告的曝光次数、点击次数、点击率等数据，从网站后台获取用户浏览各类服装广告的时长、浏览顺序等行为数据，同时从销售系统获取用户购买服装的品类、金额、时间等数据，将这些来自不同渠道的数据整合到一起，形成用于分析广告效果的原始数据集。

2. 数据清洗

在整合的数据中，当发现存在部分重复记录的广告曝光数据（可能由于系统故障等而重复统计），以及一些明显异常的用户浏览时长数据（如时间过长或过短，不符合正常浏览逻辑），可以通过编写脚本程序删除这

些重复和异常数据，确保数据的准确性和完整性。

3. 数据转换

将收集到的广告曝光时间、用户购买时间等日期格式的数据统一转换为“YYYY-MM-DD HH：MM：SS”格式，方便后续按时间维度进行数据分析。同时，对广告点击率等比率数据进行标准化处理，使其数值范围在0到1之间，便于对比不同广告活动的效果。

4. 数据分析与建模

基于处理好的数据，通过数据分析发现，年龄在25—35岁、浏览过某系列连衣裙广告且停留时间超过30秒的女性用户，购买该系列连衣裙的转化率相对较高。于是，利用机器学习算法构建了一个预测模型，根据新用户的浏览行为特征来预测其购买该系列连衣裙的可能性，从而为后续的广告精准投放提供依据，进一步优化广告效果。

通过本章的学习，希望读者能够认识到，在数智传播时代，广告效果调查伦理规范不仅是法律和规章的要求，更是维护社会公正、保护个人隐私和推动行业健康发展的必要条件。研究人员和从业者应当不断增强自身的伦理意识，积极应对技术发展带来的新挑战，通过负责任的研究和创新，为广告行业的可持续发展做出贡献。

延伸阅读

[1] 陈正辉. 广告伦理学 [M]. 上海：复旦大学出版社，2008.

[2] 王水. 负责任计算：计算广告的伦理转向 [J]. 现代传播，2024，46 (7)：158-168.

[3] 戴世富，赵思宇. 隐性与隐私：原生广告的伦理反思 [J]. 当代传播，2016 (4)：98-100.

[4] DRUMWRIGHT M E. Advertising Ethics：A Multi-level Theory Approach [C]. The Sage Handbook of Advertising，2007:398-416.

[5] DRUMWRIGHT M E，MURPHY P E. The current state of advertising ethics：Industry and academic perspectives [J]. Journal of Advertising，2009，38 (1):83-108.

思考题

1. 在数智传播时代，为什么说广告效果调查伦理规范是维护社会公正的必要条件？请结合该时代特点进行简要阐述。

2. 举例说明技术发展给广告效果调查带来了哪些新挑战，并谈谈研究人员和从业者应如何应对这些挑战以符合伦理规范。

3. 数据处理包含多个步骤，简要阐述数据处理过程中数据清洗这一步骤的主要目的及常用的操作手段，举例说明在广告效果调查中可能会遇到哪些需要清洗的数据情况。

第三章

二手资料调查与广告效果测定

第三章 二手资料调查与广告效果测定

第一节 二手资料调查

- 一、二手资料的基本概念
- 二、二手资料的来源

第二节 二手资料的获取与质量控制

- 一、运用网站搜集二手资料
- 二、运用搜索引擎搜集二手资料
- 三、运用关键词搜集二手资料
- 四、运用网络爬虫搜集二手资料

第三节 二手资料分析

- 一、提出研究问题，建立理论框架
- 二、评价与选择数据库
- 三、数据处理
- 四、分析与报告

第四节 基于二手资料的广告效果结论分析

- 案例一：更近还是更远？——广告中的人工智能代言人
- 案例二：从传统媒介到社交媒体——足力健的广告转向

导读：

在广告效果评估的实践中，调查方法的选择直接影响研究效率与结论的科学性。随着信息技术的快速发展，广告主不仅依赖传统的问卷、实验等一手数据收集方式，更倾向于借助二手资料调查方法优化资源配置。因其低成本、高时效性和广泛覆盖性，二手资料逐渐成为广告效果分析的重要补充。尤其在数据爆炸时代，企业通过整合社交媒体舆情、搜索引擎指数及竞品广告策略等二手信息，能够快速洞察市场趋势与消费者偏好，避免重复调研。然而，二手资料的应用过程亦面临数据质量参差不齐、适用性不足等挑战，须结合科学的筛选与验证机制。本章聚焦二手资料调查方法在广告效果研究中的实践路径，探讨其优势、局限及优化策略，以期为提升广告效果评估的精准性与经济性提供理论参考。

本章学习目标：

1. 掌握二手资料的概念与获取方法。
2. 掌握二手资料的质量控制方法。
3. 了解二手资料在广告效果调查中的应用可能。
4. 掌握国家信息中心、尼尔森（Nielsen）、data. gov 等国内外重要二手资料数据库的使用。

在数智传播时代，信息和数据的获取、处理与分析已成为决策过程中的核心环节。对于研究人员、企业管理者、政策制定者乃至普通公众而言，数据不仅是理解和解释现象的基础，更是预测和规划未来的关键。然而，直接收集原始数据（一手数据）往往需要耗费大量的人力、物力和财力，这对许多研究项目来说可能并不现实。在这种背景下，二手资料调查法应运而生，成为一种高效且经济的研究方法。二手资料调查法，顾名思义，是指通过收集和利用已有的、由他人或机构之前收集和整理的数据资料进行研究与分析的方法。这些数据来源广泛，包括政府统计数据、学术研究报告、市场调查报告、公共记录及各类商业数据库等。相较于一手资料，二手资料具有成本低廉、获取迅速、覆盖面广等显著优势，因此在社会科学研究、市场调查、公共政策制定等诸多领域得到广泛应用。本章将详细介绍二手资料调查法的基本概念、二手资料的获取与质量控制、对于二手资料的分析及基于二手资料的广告效果结论分析。通过系统的学习，掌握如何有效利用二手资料进行高质量的广告效果调查研究，以支持科学决策和策略制定。在迈向大数据时代的今天，二手资料的重要性愈发凸显。希望本章的内容能够打开通向数据世界的一扇窗，使广告从业者能够在纷繁复杂的信息海洋中，找到可靠的数据支持。

第一节　二手资料调查

一、二手资料的基本概念

什么叫“二手资料”？所谓二手资料，是相对于原始资料而言的。在调研过程中，研究人员针对特定题目收集到的第一手资料叫作“原始资料”。而限于一定的条件，数据无法被收集，或者已知有些数据已有他人的调查成果，不必再调查一次时，就可以收集二手资料以满足调研或研究的需要。二手资料是指在该课题的调研之前业已存在的、自己或他人基于别种调研目的所收集到的相关或不相关的资料，如年鉴、报告、文件、期刊、文集、数据库、报表等。

相对于原始资料，二手资料具有以下特征。首先，二手资料已经存在，并且通常已经过初步处理和整理，体现了其已有性。其次，二手资料的来源广泛，包括政府、企业、研究机构和公共记录等多个渠道，且涵盖了各个领域和不同主题的信息，展示了其广泛性。再次，使用二手资料可以显著降低研究成本，因为无须进行新的数据收集，体现了其经济性。最后，相对于原始资料而言，二手资料可以快速获取和使用，不受时间和空间限制，取用容易，节省时间，具备易用性。

二手资料与原始资料的特点比较见表 3-1。

在数智传播时代的广告效果调查中，二手资料调查不失为一种便捷的数据获取方法。通过二手资料可以方便、快捷地得到通过原始资料不易或无法得到的信息，如企业内部数据。二手资料可以辅助原始资料调研，通过掌握的二手资料，调研人员可以大体掌握调研问题的背景，更好地定义调研问题，并初步判断他们的问题是否能够得到解决，了解调研存在的潜在问题和困难。当所需的二手资料不存在或现有的二手资料不完全和不可靠的时候，调研人员再去进行原始资料的收集工作。

表 3-1　二手资料与原始资料的特点比较

类别	原始资料	二手资料
收集目的	直接针对特定调研目的收集资料	基于别种目的收集资料
收集过程	繁杂、耗时长	迅速、简便
收集成本	高	低
收集时间	长	短

但是，运用二手资料也存在一些挑战。首先，二手资料存在一定的搜索难度。研究人员面对的第一个问题是合适的资料从何而来，这可能会涉及大范围的资料搜索和资料匹配工作。其次，二手资料的处理工作较为繁杂。已有的资料数据通常是基于不同目的形成的，因此研究人员必须筛查信息方能得到可选用的二手数据。最后，二手资料无法得出因果推断。二手资料能够为调研提供背景或在调研过程中作为参考，却无法给出变量间因果关系的判断。

二、二手资料的来源

二手资料的来源主要分为内部来源和外部来源。内部来源指企业或公司的内部资料，包括企业经营资料、其他各类报表和企业的营销数据库等；外部来源包括政府机构、国际组织、行业协会、专门调研机构、大众媒体等。企业内部资料比较容易从企业各个部门得到，且获得成本更低；企业外部的二手资料，则需要综合考虑，通过有效的方法获得。

（一）内部来源

内部来源是指出自所要调查的企业或公司内部。内部来源主要有以下三种。

1. 企业经营资料

企业经营资料包括业务资料、统计资料和财务资料。每家企业都保存有关于自己经营状况的业务资料、统计资料和财务资料。业务资料是和企业生产经营有关的各种资料，如订货单、进货单、合同文本、销售记录等。统计资料是企业的各类统计报表，包括企业生产、销售、库存等各类数据资料等。财务资料是由企业财务部门提供的各种财务、会计核算和分析资料。这三种企业经营资料是企业经济活动的直接反映。除此之外，调研人员也可从消费者的意见及留言中发掘丰富的市场信息。但这些信息不易被利用，需要进一步摘录和加工，才能构建出全面而立体的市场视图。

2. 其他各类报告

其他各类报告包括已有的市场营销调研报告、企业自己做的专门审计报告和为以前的管理问题所购买的调研报告等信息资料。随着企业业务范围的多元化发展，不同的市场活动之间往往存在千丝万缕的联系，每一次的调研都有可能与企业其他的调研问题相关联。例如，在探索新产品开发方向时，过去关于消费者偏好变化的研究报告能够为市场需求的趋势变化提供参考。因此，以前的调研项目对于相近、相似的目标市场调研来说是很有用的信息来源。

3. 企业的营销信息系统和计算机数据库

随着信息技术的飞速发展，越来越多的企业认识到建立高效、科学的营销信息系统和完备的计算机数据库的重要性。许多企业都建立了以电子计算机为基础的营销信息系统，它不仅涵盖了企业内部的销售记录、客户反馈等直接数据，还包括了来自外部的市场分析报告、竞争对手动态和行业趋势预测等多方面的内容。

（二）外部来源

外部来源指的是来自被调查的企业或公司以外。目前，二手资料的外部来源资料主要来自政府机构、行业组织、调研机构、大众媒体等。在广告效果调查研究中，外部来源主要有以下八种。

1. 国家统计部门和各级政府主管部门

国家统计部门和各级政府主管部门通过官方网站主动公开各类信息，

力求做到信息透明、查取便捷。研究人员通过对官方信息的关注，能及时获取与最新政策法规、行业发展动态、市场需求等有关的资料。在信息内容服务方面，我国的国家信息中心大力加强信息资源开发利用工作，成为我国信息内容服务领域的重要力量，其有关汽车、房地产、金融等领域的信息咨询服务逐步成为在国内有影响力的业务品牌。国家信息中心所开发的专网平台和其官方网站中国经济信息网为政府部门、金融机构、高等院校、企业集团、研究机构及海内外投资者提供了全方位、及时、权威的有关宏观经济、行业经济、区域经济、法律法规等方面的动态信息、统计数据和研究报告。

2. 国际组织

许多国际组织都定期或不定期地发布大量市场情报，为研究人员在国际市场中的广告效果调查研究提供参考。比如，国际贸易中心（International Trade Centre，ITC），联合国（the United Nations，UN）及其下属的粮食及农业组织（Food and Agriculture Organization of the United Nations，FAO），经济合作与发展组织（Organization for Economic Co-operation and Development，OECD），联合国贸易和发展会议（UN Trade and Development，UNCTAD）、联合国经济委员会（UN Economic Commissions，UNEC），国际货币基金组织（International Monetary Fund，IMF），等等。

3. 行业协会

行业协会是指会员主体为从事相同性质经济活动的单位、同业人员或同地域的经济组织，名称多以“行业协会”“协会”“商会”等字样为后缀。许多国家的各类产业都有行业协会，许多行业协会都定期收集、整理，甚至出版一些有关本行业的产销信息。行业协会经常发布和保存详细的有关本行业销售情况、经营特点、增长模式及其类似的信息资料。此外，他们也开展自己行业中各种相关因素的专门调研。而一些领先的行业协会还会积极组织或参与国际交流与合作，与其他国家和地区的相关组织建立联系，共同探讨该行业全球性问题的解决方案。

4. 专门调研机构

这里的专门调研机构主要指各国的咨询公司、市场调研公司。这些专门从事调研和咨询的机构经验丰富，收集的资料很有价值，但一般收费较高。英国 Euromonitor（欧睿）公司、德国 GfK（捷孚凯）公司、美国 IRI（信息资源）公司、美国 Gartner（高德纳）公司等都是世界著名的市场调研公司，它们在不同领域为客户提供专业的洞察和服务，以及行业的分析和研究。

5. 联合服务公司

这是一种收费的信息来源，由许多公司联合协作，定期收发对营销活动有价值的数据，并采用订购的方式向客户出售信息。这种模式在有效降低单家企业获取全面市场信息的成本的同时，还能提升信息的准确性和有效性。联合服务公司在联合的基础上定期收发四种基本的信息资料：经批发商流通的产品信息、经零售商流通的产品信息、消费大众对营销组合各因素反馈的信息、有关消费者态度和生活方式的信息。

6. 其他大众传播媒介

互联网、电视、广播、报纸、广告、期刊、书籍、论文和专利文献等也是重要的二手资料来源。在大数据时代下，数据规模海量增长。互联网中存在大量的数据，这些数据既可以以数字、表格等结构化的形式存在，也可以以声音、图片、文字、视频等非结构化的形式存在。研究人员可以利用网络爬虫等技术手段获取数据，并对这些爬取的数据进行加工和整理，用于广告效果分析研究。这些数据相对于爬取数据的人而言，也是二手数据，因为数据从无到有的过程是别人实现的，不是爬取数据的人实现的，爬取数据的人只是完成了数据整合或整理的工作。这些数据信息中既含有技术情报，也含有丰富的经济信息，对企业进行广告效果研究、预测市场、开发新产品、进行海外投资具有重要的参考价值。

7. 银行

银行，尤其是一家国际性大银行的分行，一般能提供下列信息和服务：一是有关世界上大多数国家的经济趋势、政策、前景，以及重要产业和外贸发展等方面的信息；二是某一国外公司的有关商业资信状况的报告，以及各国有关信贷期限、支付方式、外汇汇率等方面的最新情报；三是介绍外商并帮助安排访问。

世界银行（World Bank）及其所属的国际开发协会（International Development Association，IDA）和国际金融公司（International Finance Corporation，IFC）每年都会公布众多重要的经济信息和金融信息。另外，一些区域性的银行，如亚洲银行、欧洲银行等也能为市场营销调研人员提供了丰富的贸易、经济信息。

8. 消费者组织

许多国家都建立了以保护消费者权益为宗旨的消费者组织，其通过定期对企业提供的产品及其相关营销活动进行全面而深入的评估，形成研究报告，为消费者决策提供科学依据。这些信息对调研者来说也具有很大的参考价值。此外，随着互联网技术和在线购物的发展，越来越多的消费者倾向于在线分享自己的购物体验。这也为调研者提供了大量宝贵的资料，进一步丰富了现有的数据资源。

第二节　二手资料的获取与质量控制

在数智传播时代，网络技术的不断发展及其方便、快捷和经济的优点使得利用互联网搜集二手资料已成为一种新趋势。目前，通过互联网可以获得大部分二手资料，互联网已经成为获取各种二手资料的主要工具。那么，哪些方法可以帮助我们在互联网上有效地获取二手资料呢？

一、运用网站搜集二手资料

网站是与特定内容有关的网页的集合。网页上的信息经过汇集和整理，本身就是广告研究中需要获取的二手资料。找到已知二手资料所在的网站，在搜索引擎中直接输入网站的网址或网站的名称，即可找到相关网页。网站中的信息通常已经过分类汇集，在网站的相应类别中可找到所需的二手资料。若不知所需二手资料所在的网站，则可在具备网址导航功能的网站中直接查找。国家机构数据网站提供人口普查、经济统计和健康统计等数据，这些数据通常公开且权威。期刊论文、学位论文和研究报告等二手资料则可以在 Google Scholar（谷歌学术）、PubMed 等学术数据库中找到。开放数据平台如 data. gov 和 data. world，科研数据共享平台如 Figshare 和 Dryad，商业数据提供商和专业数据订阅服务如 Bloomberg（彭博）和 Thomson Reuters（汤森路透）都能提供丰富的二手资料。

二、运用搜索引擎搜集二手资料

目前，国内著名的搜索引擎有百度、搜狐、网易等。利用搜索引擎搜集二手资料须关注以下几方面。

首先，搜索主题的选择。在搜索引擎主页上，有网页、图片、视频、学术、词典等主题，一般默认为网页。在百度搜索引擎中，点击“更多”则可以选择百度提供的其他服务，如百度统计、百度指数、百度移动统计等。

图 3-1 百度“高级搜索”

其次，高级搜索的使用。当对搜索结果的显示有包含或不包含某些字词、某些词完整出现的要求，以及对结果有语言、地区、排序方式的要求时，搜索引擎的“高级搜索”（图 3-1）功能就能满足这样的要求。

最后，不同搜索引擎的使用。由于搜索引擎的工作机制、数据库结构和更新各不相同，不同主题和关键词下的搜索结果也各不相同。因此，可使用不同搜索引擎多搜索几次。

目前，以 DeepSeek 为代表的语言大模型以其内容的准确性和交互性为用户提供信息搜索功能。在使用这类生成式 AI 搜寻信息时，用户利用自然语言表达问题或需求，将检索词生成、检索策略制定、检索结果挑选等诸多任务中的自主性让渡于 DeepSeek 等 AI 赋能的智体。基于大语言模型的人工智能算法的生成式 AI 能理解并生成接近人类自然语言的内容，作为社会行动者帮助用户搜索、整理和生成所需的信息。其呈现出独特的替代搜索示能性，为研究人员提供了有力的信息搜索工具以满足其个性化的信息需求。目前，常用的生成式 AI 有 DeepSeek、ChatGPT、文心一言、KIMI、讯飞星火认知大模型等。研究人员可将信息搜索需求以自然语言的形式告知生成式 AI，利用 AI 高效检索资料。

三、运用关键词搜集二手资料

关键词是媒体制作索引时所使用的词语。在搜索框输入关键词，也是利用互联网搜集二手资料的主要方法。在使用关键词时，可从以下几个方面提升搜索的准确性。

首先，可使用多个关键词在各类数据库中进行检索。

其次，选择恰当的关键词。因为搜索引擎严格按照关键词搜索，所以关键词的表述须准确；而且，目前的搜索引擎在处理自然语言上仍有较大的提升空间，因此须注重关键词的主题关联性和简洁性；为了防止漏检与关键词意思相近或意思一致的内容，检索同义词或近义词也是必要的。

再次，以文档格式为关键词。在互联网上搜集二手资料时，研究人员往往需要有权威性的、信息量大的专业报告或者论文。这类重要文档在互联网上存在的方式，往往不是网页格式，而是 Word 文档或者 PDF 文档。因此，在搜集二手资料的过程中，利用文档的格式作为关键词的一部分也会得到更优的效果。

最后，运用数字关键词。数字关键词是一种产品、服务或机构等的代码或编号，它用具体数字来标示该产品、服务或机构，代表其名称，常见的数字关键词有事物的编号、代码。很多信息和资料都是按编码排序的方式来存储与公布的，在搜集二手资料的过程中，巧妙利用数字关键词，可以达到事半功倍的效果。

四、运用网络爬虫搜集二手资料

数智传播时代，海量的互联网信息使得如何自动而高效的获取研究人员所需要的数据成为重要问题。在这一背景下，网络爬虫技术应运而生。网络爬虫又称“网络蜘蛛”“网络蚂蚁”等，是一种按照一定的规则，自动地抓取万维网信息的程序或者脚本。常用的爬虫包包括 Beautiful Soup、Requests、Scrapy、Selenium 等。网络爬虫可以用作搜索引擎，爬取图片、网站用户公开的信息、多站新闻等。在进行大数据分析或挖掘时，研究人员可下载大型官方网站的数据作为二手资料，但这些数据源较为有限，此时便可通过编写网络爬虫程序或利用网络爬虫工具，如八爪鱼、集搜客（Gooseeker）等，获得更精准的二手数据，从而进行更深层次的数据分析。

这里以中国互联网络信息中心（China Internet Network Information Center，CNNIC）为例。中国互联网络信息中心是重要的国家信息数据管理机构，承担国家互联网基础资源发展管理、国家互联网基础设施运行安全保障、互联网基础资源关键技术研发、互联网发展与数字经济研究、全球互联网治理和国际合作等重要职责，积极发挥互联网基础资源“国家队”的作用，推动我国互联网高质量发展，是加快推进新型工业化、建设制造强国和网络强国的有力支撑。中国互联网络信息中心的网址为www. cnnic. net. cn，为用户提供基础资源服务、云安全服务、公共服务、国际交流服务等，并及时公布互联网发展研究和科技研究的最新成果。(图 3-2)

图 3-2　CNNIC 基础数据板块

这个板块包含着大量的已经由 CNNIC 进行精确测算统计并总结出的有关中国互联网络发展状况等多项互联网络统计调查工作所得出的数据，包括网民规模、手机网民规模、IPv6、IPv4、域名总数等，从而描绘中国互联网络的宏观发展状况，忠实记录其发展脉络（图 3-3）。作为广告研究人员，及

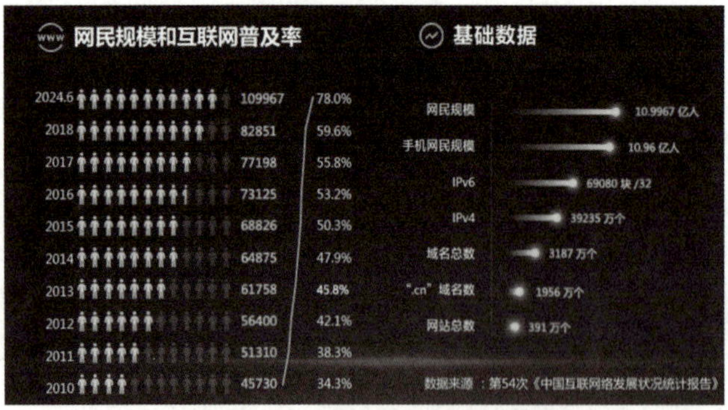

图 3-3　第 54 次《中国互联网络发展状况统计报告》公布的部分资料

时了解这些二手资料，是保证自己跟上时代大潮，追逐风口浪尖的必不可少的行动。

尽管二手资料的搜集具有省时间、省费用的优点，但在搜集过程中也需要注意二手资料的可获得性、时效性、相关性和精确性，以最大限度地利用二手资料，为研究提供坚实的数据支持。

1. 可获得性

二手资料的主要优点是省时、省钱，因此在选用二手资料时应该考虑所需的资料是否能被研究人员迅速、方便、便宜地使用。一般只有在迫切需要信息时才会使用收费高昂的资料来源。若调研经费很少，则应优先考虑花钱少的信息源，快速和便利则是次要的。某些国家统计数据非常完备，研究人员可以很容易地得到所需要的资料；可在统计机构不健全、统计手段落后的国家，研究人员则很难得到需要的资料。与某些尚未调查过的新兴领域相关的二手资料获得的难度也较大。

2. 时效性

很多二手资料是针对某一阶段的某一产品做的调查，对于现阶段的调查研究而言，参考价值不大，不能作为研究人员的主要数据来源。例如，一项针对 2015 年智能手机市场的调查报告，可能无法为 2025 年的智能手机市场提供有价值的参考。因此，在广告效果调查研究中，对二手资料时效性的关注也十分重要。在选择二手资料时，应优先考虑那些时间上接近当前研究时段，且与研究领域相似的资料，为现阶段的广告效果研究提供更为贴切的参考。

3. 相关性

研究人员必须确保所找到的资料能切中问题的有关方面，如果牵强附会则只能使调研结果得出错误的结论。例如，已有的研究聚焦广告效果的宏观分析，而研究人员将目光聚焦某类特定广告的效果研究，如信息流广告、隐喻广告等。尽管广告的整体效果研究与某类特定广告的效果研究在大方向上是一致的，但后者应有其特殊的研究模型和研究数据来源。因此，在搜集二手资料时，应注意二手资料与目前研究问题的匹配性和相关性，深入挖掘那些能够精确反映特定广告效果的资料，过滤掉因利益关系或以宣传为目的的资料，以及与目前调研目的不符，甚至相冲突的调研资料。

4. 精确性

二手资料能够全面精准反映研究人员所要研究的问题的情况并不多见。当研究人员无法得到直接切题的二手资料时，可能只得利用代用资料，因此要适当对这些代用资料做一些修改或补充。要提高资料的精确度，研究人员还应认真推敲这些二手资料能否经得起科学的检验。比如，有些国家提供的数据只是估计数，准确性不高。

对搜集的二手资料进行质量控制是确保数据准确性和可靠性的关键步骤。首先，需要评估数据来源的权威性，选择可信赖的来源，如政府机构、知名研究机构、专业协会和大型企业等，并检查数据的发布者和出处。例如，从世界银行、联合国统计司（UN Statistics Division，UNSD）等机构获取的经济数据通常具有较高的可信度。此外，可通过对数据的一致性和重复验证来提高数据精准度，并评估数据样本的代表性。例如，可使用多种来源的产品销售数据或消费者评价数据进行交叉验证，以确保其准确性和一致性。

其次，检查数据的完整性，确保没有缺失值或空白值。如有，则采用适当的方法处理缺失数据。例如，在处理人口普查数据时，可能会遇到部分缺失信息，这时就可以使用平均值填充或插值法进行处理。时效性方面，须确认数据的更新频率和收集时间，确保数据符合研究需求。比如，在进行市场趋势分析时，使用最新的季度经济报告数据以确保时效性。

再次，评估数据的相关性，根据研究目的和研究问题筛除不匹配目标变量或无法进行分析的数据，并处理异常数据，以确保数据能支持研究目的。例如，在研究消费者行为时须确保使用的数据涵盖目标人群的相关信息，而非无关的地理或人口统计数据。透明度也是关键。要了解数据的收集和处理方法，并保存原始数据，记录数据处理步骤，确保过程透明。例如，在分析公司财务数据时，须记录数据清洗和处理的每一个步骤，以便其他研究人员能够重复和验证研究结果。

最后，使用数据时要确认其版权，确保不侵权。同时，也要遵守相关的隐私保护法规。例如，使用包含个人信息的数据时，遵守《通用数据保护条例》等隐私保护法规，通过匿名化或数据掩码处理来保护个人隐私。通过这些方法，研究人员可以对二手资料进行严格的质量控制，确保所使用的数据准确、可靠、完整和相关，从而提高研究结果的可信度和有效性。

第三节　二手资料分析

二手资料分析是一种利用已有数据来解决新研究问题的方法，这种方法可以大大节省数据收集过程中的资源，并实现对已有数据的再次利用，挖掘其新的价值。那么，何种情况适合用二手资料进行分析研究呢？首先是理论探索初期。当研究人员想要初步研究广告效果时，二手资料可以为研究想法的形成提供支撑数据。其次是在前期已经开展了外部效度（Validity）上存在的局限性研究时，二手资料也可以帮助提升结论的外部影响力。二手资料分析可借助其大样本优势及其完全来自现实世界的特点来弥补研究外部影响力的不足。再次是当研究人员想要寻找研究结论的历史性证据时，二手资料分析能够打消对于研究结论的可复制性的质疑。二手资料本质上是存在于客观特定渠道的历史数据和资料，其历史性和客观性使得其在来源上可溯，在使用上几乎没有人为因素的干扰。最后是只有当研究人员有一定的数据资料获取能力时，二手资料分析法才能被视为合适的研究方法。由于二手资料存在于特定的渠道，相比实验法和调查法而言，缺少灵活性和主动性，因此在运用二手资料分析法时须对资料来源和资料质量进行预先评估，避免出现前期准备做好后却无法获取理想二手资料的情况。

在进行二手资料分析时，研究人员应首先提出明确的研究问题，并建立相应的概念框架。接着，选择合适的二手资料，对其进行细致的分析和整理，熟悉其中的变量，并正确处理缺失值，之后才能进一步进行数据分析。具体来讲，二手资料分析有以下几个步骤。

一、提出研究问题，建立理论框架

为了确保二手资料分析的严谨性，并减少数据信度（Reliability）和效度的威胁，研究人员首先应明确研究目的和研究问题，在此基础上，查找现有理论中对研究概念的解释，并建立理论或概念框架。明确研究问题可以使研究人员通过问题和现象的匹配快速定位到所需的二手资料。建立理论框架不仅能明确概念的操作性定义，还有助于指导变量的选择，从而确保研究过程的系统性和连贯性，并指导研究人员从二手资料中提取适合的目标变量。

二手数据库中通常包含大量变量，如果没有明确的研究目的，研究人员可能会在面对众多变量时遗漏关键变量或误纳无关变量，导致研究出现偏差。例如，在女性主义广告效果研究中，厦门大学新闻传播学院教授曾秀芹等人鉴于女性主义广告在国内尚未形成专有名词，通过以关键词模糊检索的方式搜索案例，并借鉴 Becker-Herby 对女性主义广告的基本要素认定来划定研究样本。在初步筛选样本后进行反向筛查，共提取到 38 则样本广告，利用数据挖掘软件爬取评论文本，建立数据库，用以分析女性主义广告效果框架构建。

二、评价与选择数据库

由于研究人员在进行二手资料分析时无法控制资料收集的全过程，因此原始资料研究的信度和效度显得尤为重要。因为它们直接决定了数据的质量。为了全面了解和评价所获得的资料，研究人员应阅读数据库附带的编码手册、说明书和报告等文件。这些文件通常会详细介绍研究的目的、内容、方法、样本来源、收集时间及研究人员的资质等信息。通过这些资料，研究人员可以更准确地评估数据的可靠性和适用性，从而做出更明智的数据库选择。

假设一名研究人员正在分析广告对消费者购买行为的影响，他可以选择使用尼尔森公司的数据库，该数据库包含丰富的广告花费和消费者行为数据。研究人员应首先阅读尼尔森数据库的说明书和报告，了解其数据收集方法和样本来源，确认数据是否覆盖目标市场和人口统计信息。同时，研究人员还须评估数据的时效性，确保广告数据和消费者行为数据的时间跨度能够满足研究需求。通过详细的评估，研究人员可以确保所选择的尼尔森数据库不仅具备高信度和高效度，还能够提供有价值的信息，从而支持其研究目的。

三、数据处理

数据处理步骤包括对于二手资料的整合和清理。一般而言，经大规模调查得到的数据资料涵盖广泛、信息量庞大，通常会被分成若干不同类别的子数据库（如人口统计学资料、家庭信息、健康状况、家庭环境等多个方面的数据库）进行保存。研究人员可以根据自身的研究需求，选择并合并不同的子数据库，或者将所需的变量整合到一个数据库中进行分析。通常数据库会使用研究对象的编码作为唯一识别信息，便于数据的合并和整合。

在正式展开二手资料分析之前，还需要对数据进行清理。大规模数据调查有时是分阶段、多中心完成的，因而会出现变量单位或录入方式不统一的情况，这需要研究人员仔细阅读数据库说明，对相关变量进行转换。另外，要对数据值进行逻辑检错，查找异常值，在完成上述工作后，需要对缺失值进行处理。

四、分析与报告

在进行二手资料分析之前，研究人员需要再次仔细阅读数据库说明中的分析指导内容，这些内容通常涉及样本权重、变量调整等方面。只有在完善了这些前期工作后，才能确保重要信息不丢失，保证结果的准确性。对于二手资料分析的研究人员来说，统计分析方法、结果呈现和讨论、论文撰写等步骤与原始资料研究基本类似。统计方法可选用方差分析、回归分析、相关性分析、t 检验、卡方检验等。除此之外，还可借用多学科分析模型拟合得到的数据，并借鉴机器学习技术和 R 语言来实现对模型的估计。

第四节　基于二手资料的广告效果结论分析

以二手资料为数据源进行广告效果分析，是数智传播时代广告研究的重要方法之一。在介绍了二手资料的基本概念、收集与分析方法后，本节将分享以二手资料为数据来源的广告效果调查研究案例。这些案例涉及的二手资料丰富而翔实，希望能为学习者提供有益的参考。

案例一：更近还是更远？——广告中的人工智能代言人

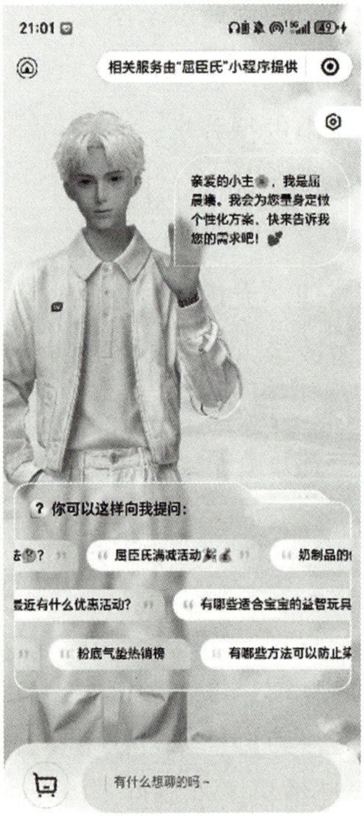

图 3-4　屈臣氏数字代言人“屈晨曦”

广告行业紧跟人工智能技术的发展趋势。早在 2016 年，广告定位、消费者洞察、广告内容创建、广告效果评估等环节就将人工智能作为重要的技术手段。虚拟偶像市场的壮大和明星市场监察力度的进一步加大也助推了人工智能代言人市场的发展。2019 年，屈臣氏推出的人工智能代言人“屈晨曦”首次亮相（图 3-4）；2022 年，美年达联动虚拟偶像洛天依，推出“美年达荔枝歌”，宣传美年达新品；2024 年，福瑞达以珂谧品牌发布为契机，推出首个人工智能数字代言人 Cormier，强化珂谧“科技美塑年轻化”的理念。低风险、高可塑性的人工智能代言人逐渐成为品牌的新选择。

目前，已经有众多研究通过实验法等方法研究人工智能代言人的广告效果。通过对已有研究结论与人工智能代言人相关的二手资料的调查，研究人员依旧可以进一步总结分析人工智能代言人的广告效果。维罗妮卡 · L. 托马斯（Veronica L. Thomas）等人通过三组实验证实人工智能代言人可以提供与名人代言相同的积极品牌效应，并被消费者感知。人工智能代言人不仅能减少因代言人负面事件带来的不良影响，还能实时根据市场和消费者反应进行自我优化。

从人工智能代言人本身的特征来看，其不受时空限制的特点使得品牌在代言人的形象塑造和视觉效果方面具有更大的发挥空间，其比真人代言人具备更高的安全性。而其与消费者的互动，使得消费者在进行物质消费的同时，精神文化消费也得以实现，年轻消费者对新鲜感和特异感的追求得到了一定程度的满足。但也正是因为其技术属性，品牌的利益动机更能被消费者感知，消费者对品牌的信任、认同和共情因此削弱。从消费者的主体性认知来看，消费者只有与品牌建立深层次的情感连接，才能受到人工智能代言人的影响，在认知、情感和行动层面发生变化。从社会情境来看，人工智能代言人在媒介中的曝光度影响着消费者的接触和认知，媒介投放度低会导致人工智能代言人知名度低、广告效果不佳。与此同时，人工智能代言人的技术水平也是需要进一步思考和研究的问题。形象和语言处理条件过于简陋、粗糙将无法实现理想中的功能，而过于人性化的人工智能代言形象又会引起“恐怖谷效应”。

案例二：从传统媒介到社交媒体——足力健的广告转向

从传统媒介到社交媒体，渠道的过渡对很多品牌而言都是一次惊险的跳跃。因为这本质上是在挑战品牌对于用户的洞察力，关乎商业的起点和终点。

足力健是一个完成跳跃的典型案例。这个诞生于2015年的品牌，在用户心中一直有着“传统”“老牌”的标签，这得益于创始人张京康在2017年抓住了传统媒介的“余晖”，通过在中央电视台等平台投放视广告让“专业老人鞋，认准足力健”的slogan（广告语）深入人心，并在大江南北铺开业务线，曾经创造了年入40亿元的销售业绩。但是，随着社交媒体的发展，B站、抖音等自媒体平台的兴起与鼎盛使得足力健过去那种通过电视进行洗脑式传播的广告营销逐渐失去了效果。

生意急需找到新的增长曲线。在这种情况下，新的数据给予了足力健新的走向。网民的数量、年轻用户在总体网民中的占比、年轻用户的购买意愿等二手资料，以及年轻人对凤凰传奇的喜爱的风向让足力健寻找到了一条新的宣发道路，它敏锐地发现了老人鞋的另一群消费者——老人们的

图 3-5　足力健老人鞋官方账号截图

子女。在此基础上，足力健把推广策略改为“以社交媒体为中心”，坚持 KOL 投放、自媒体矩阵、大事件营销活动“三手抓”，并搭建属于足力健的 UGC（用户生成内容，User Generated Content）体系，让广大用户和消费者来填充内容，引导消费者关注品牌、传播品牌，从而提升足力健品牌在社交媒体中的品牌影响力，打造互联网时代足力健在消费者心中的新的品牌形象。(图 3-5)

2023 年，足力健以“送长辈，足力健”这一简单直接的 slogan，官宣了与凤凰传奇的代言合作，没有 TVC（商业电视广告，Television Commercial）且未进行大范围传统媒体投放，简简单单一条网络广告语，瞬间在社交媒体引发了大范围的讨论，实现了出圈效果。

足力健的“破圈之旅”与凤凰传奇的蜕变经历可谓异曲同工。过去，凤凰传奇的音乐常被贴上“土气”“广场舞音乐”“农业重金属”的标签，外界对他们的印象多停留在《月亮之上》《最炫民族风》等歌曲上。然而，近年来，凤凰传奇主动求新求变，积极拥抱年轻群体。他们翻唱的《海底》在各大平台爆火，感动无数网友，《奢香夫人》更是被广泛传唱、反复演绎。对他们网友们对凤凰传奇的刻板印象彻底颠覆，如今对他们的评价中充满了“国家队”“封神”的赞誉。人们意识到，凤凰传奇二十年如一日的坚持，不仅赋予了歌曲持久的生命力，更将磅礴的力量注入了年轻人的心中，治愈了一代又一代人。足力健与凤凰传奇在各自领域的专业实力毋庸置疑，而能够获得更广泛群体的认可，不仅是意外的惊喜，更是前行的强大助力。这种契合的特质让足力健与凤凰传奇相遇，共同与更大的群体对话。这场“双向奔赴”完美诠释了二者在当下的最佳状态，将他们的魅力与影响力推向了新的高度。

作为广告研究者，二手资料分析是我们的一大利器。利用已有的数据来解决新的研究问题，不仅能大大节省数据收集所需的资源，还能充分挖掘已有资料的潜在价值。研究人员通常会先明确提出研究问题，并建立相应的概念框架，然后选择合适的二手资料，进行细致分析与整理。只有熟悉其中的变量并整理、清洗数据，才能进行更深入的数据分析。这一过程使得研究人员对广告效果的研究更加深入。对于广告从业者而言，无论是评估电视广告的投放效果，还是分析线上广告的点击率，二手资料都能提供关键信息。通过结合多种数据来源，广告主能够更全面地把握市场动态，制定更具针对性的广告策略，从而不断创新广告内容，提升广告的投资回报率，满足不断变化的市场需求和消费者需求。

总之，在数智传播时代的广告效果研究中，研究人员应积极寻找公开的国内外数据资源，运用二手资料分析方法进行研究。通过这种方式，能够解决专业问题、积累数据分析经验，并提升广告宣传效果。例如，研究人员可以利用社交媒体平台的数据来分析受众对不同广告内容的反应，通过情感分析工具来评估广告的受欢迎程度和用户反馈。此外，政府和企业发布的市场调研报告、销售数据及行业分析等都是极为宝贵的二手资料来源。

延伸阅读

[1] WOOD L A, POLTRACK D F. Measuring the long-term effects of television advertising: Nielsen-CBS study uses single-source data to reassess the “two-times” multiplier [J]. Journal of Advertising Research, 2015,55(2):123-131.

[2] BERKOVICH P, WOOD L. Using single-source data to measure advertising effectiveness [J]. Nielsen Journal of Measurement, 2016,1(2):1-11.

[3] 杰拉德·J. 泰利斯. 广告效果评估：广告何时、如何和为什么有效 [M]. 李洋，张奕，晓卉，译. 北京：中国劳动社会保障出版社，2005.

[4] 姜智彬，师梦瑶. 广告智能评估：基于共振效应的识别、分析与应对模型 [J]. 现代传播，2021，43 (4)：121-127.

思考题

1. 二手资料的来源有哪些？当你要进行一项广告效果研究时，会更重视哪些资料来源？

2. 在数智传播时代，基于互联网技术的二手资料的获取方法日新月异。当采用生成式人工智能获取二手资料时，应注意哪些问题？

3. 请你围绕感兴趣的广告类型，设计一套运用二手资料分析法的研究方案。

第四章

问卷调查
与广告效果测定

第四章 问卷调查与广告效果测定

第一节 问卷调查的基本原理和流程

- 一、问卷调查的含义
- 二、问卷的构成
- 三、问卷调查的基本原则
- 四、问卷调查的流程

第二节 抽样的基本原理和方法

- 一、抽样的原理
- 二、抽样方法
- 三、抽样的具体实施

第三节 问卷的设计和发放

- 一、设计原则
- 二、问题设置
- 三、问卷发放

第四节 基本统计方法：描述与推断

- 一、信效度检验
- 二、描述性分析
- 三、推断性分析

第五节 人工智能辅助问卷调查工具与案例应用

- 一、人工智能辅助问卷调查工具的概述
- 二、案例应用

第六节 基于问卷数据的广告效果结论分析

- 一、研究设计
- 二、数据分析
- 三、研究结论

导读：

在大规模的广告效果评估实践中，基于量化取向的问卷调查法是最为常见且使用最为广泛的方法之一。数智技术的迅猛发展也正在重塑广告效果调查的范式，传统的问卷调查法正经历数据化与智能化的双重升级。问卷调查作为广告效果评估的经典工具，以结构化、可量化的优势为核心指标（如品牌认知、消费者态度、购买意向等）提供直接洞察。本章将系统探讨问卷调查法在广告效果测定中的应用逻辑与实践要点，以期为广告从业者提供方法论反思与优化路径指导，推动问卷调查在动态市场环境中持续发挥实证价值。

本章学习目标：

1. 掌握问卷调查法在广告效果测定中的使用场景与具体功能。
2. 掌握问卷的基本构成。
3. 掌握问卷抽样的基本方法。
4. 掌握问卷量化分析中信度与效度检验的基本方法。

问卷调查法在广告效果测定领域扮演着核心工具的角色。广告主通过深思熟虑、匠心独运的问卷设计，广泛收集受访者的反馈信息，从而对广告的受众触及广度、心理影响深度及行为响应效果展开全面且深入的评估。在此过程中，问卷设计的精细程度与实施策略的严谨性，成为衡量数据收集效率与测评结果精准度的决定性要素。

第一节　问卷调查的基本原理和流程

作为在广告效果调查中使用最为广泛的方法之一，问卷调查法应用场景广泛，且能够提供可被系统分析的结构性数据。但这些优势都是建立在规范使用问卷调查法的基础上的，因此在进一步介绍广告效果调查中的问卷调查法之前，我们首先需要了解问卷调查的基本原理和流程。

一、问卷调查的含义

问卷作为一项强大的研究工具，其核心在于精心设计一系列问题，引导受访者表达观点、态度和见解。它不仅是一个简单的提问工具，更是一个收集信息的平台，能够帮助研究人员深入了解受访者的想法和感受，为后续的分析和研究提供宝贵的素材。问卷就像一座桥梁，连接着研究人员和受访者，它将研究人员想要了解的问题，以清晰、简洁的方式呈现给受访者，并引导他们分享自己的观点、态度和见解。借助问卷这一有力工具，研究人员能够系统性地汇聚关于受访者认知层面、行为模式及态度倾向等方面的丰富信息，这些信息能为后续的分析工作与研究探索提供坚实可靠的参考坐标与深刻洞察。

问卷调查法则是对问卷这一工具的进一步运用，它并非仅仅停留在问题的设计上，而是强调通过系统的流程和方法，将问卷与受访者连接起来，从而收集到可靠、有效的数据。问卷调查法就像一位经验丰富的向导，引导研究人员走向了解受访者内心世界的道路，最终获得对研究问题的深入洞察。问卷调查法类似于打开洞察之门的一把钥匙，它不仅仅关注问卷本身的设计，更强调问卷的发放、回收、数据整理和分析等一系列流程。

二、问卷的构成

问卷的架构乃问卷调查法的核心所在，它关乎数据收集的全面程度与精确性。一份完备的问卷通常囊括以下几个关键组成部分。

（一）卷首语

卷首语是问卷的“开场白”，它向受访者介绍调查的目的、意义、内容、对象、范围及填写问卷的方法和注意事项等。问卷的卷首语清晰阐明调查的宗旨，并郑重承诺对受访者信息的严格保密，以此激发受访者的信任，鼓励他们提供宝贵且真实的反馈信息。

例：

您好！感谢您在百忙之中抽出宝贵时间参与本次问卷调查。

我们是/来自……，本问卷旨在深入了解……，通过本次调查，我们希望能够……，您的意见对我们非常重要。请根据您的实际情况和真实感受，认真、客观地回答每一个问题，如遇不确定或不清楚的问题，请依据您的第一印象或理解作答，答案没有对错之分。我们承诺，本次调查所收集的所有信息将仅用于研究目的，并采取严格的安全措施保护您的隐私，确保您的回答不会被用于任何形式的个人识别或商业用途。

再次感谢您的支持与配合！您的回答是对我们的巨大支持，期待您真诚而宝贵的意见！

（二）填答说明

填答说明是问卷的“使用指南”，它指导受访者如何填写问卷，包括如何选择答案、如何填写开放性问题等。

例：

使用李克特量表进行打分，即对“非常同意”“同意”“不一定”“不同意”“非常不同意”分别赋予 5、4、3、2、1 分。

在“________”填写恰当的内容。

若无特殊说明，每个问题只选择一个答案。

…………

（三）问题

这是问卷的精髓所在。问卷中涵盖了多样化的题型，如单选题、多选题、排序题、打分题及跳转题等。举例来说，若某手机品牌欲探究消费者对其最新广告的反响，其设计的问卷问题可广泛涉及消费者对手机功能的认知程度、对广告创意的印象情况，以及对品牌的忠诚度等多个维度，同时灵活运用单选题、多选题及开放式问题等多种提问方式，以全面收集消费者的反馈。对于此部分的具体内容将会在本章第三节中做具体介绍。

（四）结束语

在问卷的“结束语”部分感谢受访者的参与，并告知他们后续将有机会了解调查结果，或提供联系方式以便进行后续沟通。

例：

我们诚挚地感谢每一位受访者的热心参与，在后续时段您将有机会率先获悉本次调查的结果概览。此外，为了建立更紧密的沟通桥梁，我们特此提供了联系方式，期待在未来的日子里，能与您展开进一步的交流与互动。

三、问卷调查的基本原则

问卷调查法作为一种精准的数据收集工具，其精髓在于精心设计一系列标准化的问题，并以此为基础，广泛收集受访者的回答。这些问题既可以是开放式的，让受访者自由表达观点；也可以是封闭式的，提供预设的答案选项，如选择题和量表题。问卷调查法旨在通过深入的数据分析，揭示群体的态度、行为模式和偏好，不仅为研究提供洞察力，还为决策制定提供依据。为了使问卷调查更为有效，在实施过程中需要遵循以下基本的原则。

（一）目的明确性原则

任何问卷调查都应有清晰、具体的研究目的作为核心驱动力。在设计问卷前，必须明确知道想要通过调查解决什么问题、了解哪些信息、验证何种假设。这个明确的目的将直接指导问卷内容的选取、问题的设计、目标人群的确定及后续的数据分析方法，避免收集“顺便”或“可能有用”但与核心目的关联不大的信息，这不仅能提高问卷的针对性和效率，减轻受访者的负担，更能确保最终收集到的数据能够有效服务于研究目标，避免资源浪费和结果偏离初衷。问卷中的每一个问题都应该能直接或间接地服务于这个核心目的。

（二）问题设计科学性原则

问卷中的每一个问题都必须经过精心设计，确保能够准确、无歧义地获取所需信息。这包括使用受访者能够理解的、简洁明了的语言，避免专业术语、行话或模糊不清的表述。问题应保持客观中立，避免带有引导性或倾向性，防止诱导受访者给出特定答案。问题的形式（如单选题、多选题、开放题、量表题等）应根据信息类型和收集目的科学选择。同时，要避免设计双重问题（一个问题包含两个问点）、假设性问题或令受访者感到尴尬、不适的敏感问题（除非必要且处理得当）。预测试是确保问题设计科学性的关键环节。

（三）流程友好性原则

问卷的设计必须充分考虑受访者的体验感和便利性。这意味着问卷结构应清晰、有逻辑性，问题排列通常从易到难、从一般到具体，或遵循自然的思维流程。问卷长度应严格控制，预估完成时间须明确告知受访者，并尽可能精简。确保问题跳转逻辑流畅无误，避免受访者陷入死循环或回答不相关的问题。问卷的布局应简洁、美观、易于阅读和作答（尤其在线上问卷中）。整个流程应尊重受访者的时间和精力，并提供明确的隐私保护声明。

（四）逻辑严谨性原则

问卷的整体结构和问题之间的顺序必须具有严密的逻辑性。问题的排列应符合认知习惯，通常遵循“漏斗顺序”（从宽泛问题逐步聚焦到具体问题）或主题模块化（将相关问题分组集中）。要特别注意问题之间的逻辑关联和依赖性，避免出现前后矛盾或逻辑跳跃。例如，筛选性问题（如“您是否使用过××产品？”）应放在相关的具体问题（如“您对××产品的满意度如何？”）之前。清晰的逻辑结构不仅有助于受访者顺畅作答，提高数据准确性，而且便于后期数据的整理和分析，确保信息链的完整性和一致性。

（五）数据有效性保障原则

从问卷设计到实施、回收的整个过程，必须采取有效措施来保障最终收集数据的有效性和可靠性。这包括精心设计问题以减少理解误差和回答偏差，设置合理的问题选项（如覆盖所有可能情况、避免选项重叠或遗漏等），在适当位置加入测谎题或一致性检验题以识别无效或随意作答的问卷，对敏感信息提供匿名或保密承诺以增加回答的真实性，严格控制调查实施过程，进行严格的问卷预测试以发现并修正潜在问题。最终目标是确保收集到的数据能够真实、准确地反映目标群体的实际情况和观点。

四、问卷调查的流程

研究人员通过问卷收集用户对广告的认知、态度和行为数据，并转化为可分析的定量信息，从而揭示变量关系，保证研究的客观性和效率，确保数据的可靠性和匿名性。问卷调查的流程一般包括以下几个步骤。

（一）明确研究问题

明确研究问题是问卷调查的起点，它决定了后续问卷设计、发放对象选择、数据分析等环节的方向。研究问题需要具体、明确，并能够通过问卷调查得到解答。例如，某洗发水品牌想要了解消费者对其广告的态度，设计的研究问题可以是了解消费者对某洗发水品牌广告的认知度、态度变化及购买意愿等。

（二）编制问卷内容

根据研究问题设计问卷内容是问卷调查的关键步骤。问卷设计需要遵循一定的原则，如问题的类型选择、数量、顺序、选项设置等，以确保数据的可靠性和有效性。例如，某洗发水品牌设计的问卷可以包括以下内容：

【封闭式问题】您是否看过该品牌的洗发水广告？您对广告中产品的印象如何？（李克特量表）您购买该品牌洗发水的频率如何？

【开放式问题】您对广告的创意有什么看法？您认为广告中需要改进的地方有哪些？

（三）明确发放对象

明确并精准定位问卷的发放对象，是确保调研结果具有高度代表性的关键一环。在选择发放对象时，必须确保其与研究的核心问题紧密契合，且能够全面代表所关注的目标群体。譬如，在进行某洗发水品牌广告效果的深入研究时，发放问卷的对象应当为该品牌的核心消费群体或具有潜在购买意向的消费者，以确保数据的针对性和有效性。

（四）选择发放渠道

选择合适的问卷发放渠道是确保问卷能够高效、准确地送达受访者的核心要素，这涵盖了线上调查、线下调查及邮寄调查等多种方式。在选择具体的发放渠道时，须综合考虑成本预算、执行效率及目标群体的特性等因素。在线上领域，可以借助专业的问卷调查平台，如问卷星、见数（Credamo）等，它们提供了便捷、高效的问卷设计与发放服务；而在线下，则可以选择在人流密集的商场、超市等地点进行现场问卷发放，以直接触达目标受访者。

（五）问卷发放

将问卷精准投放给受访者，并确保他们能顺畅地完成问卷填写，是问卷调查流程中的关键环节，其直接影响样本的代表性和回收率。线上发放主要利用数字渠道，比如，通过电子邮件精准推送，在目标用户活跃的社交媒体群组或论坛发布链接，利用专业在线调查平台（如问卷星、SurveyMonkey 等）生成专属链接或二维码进行分发或嵌入合作网站、APP，等等。其优势在于覆盖广、速度快、成本低，但须警惕样本偏差和无效作答（如刷单等）。线下发放则更具针对性，包括在特定场所（商场、活动现场、校园）进行拦截访问并现场填写纸质问卷，邮寄纸质问卷给特定名单（这种做法成本高、回收慢），委托机构进行入户面访（这种做法成本最高但质量可控），在固定地点（如服务窗口、图书馆等）设置问卷自取箱，等等。线下方式有助于接触特定线下人群，互动性强，但耗时费力，须严格管理访问人员并控制环境干扰。无论是线上发放还是线下发放，都须明确说明调查目的、保密承诺和用时估计以提升受访者的配合度；精准定位目标群体以确保样本有效性；科学设置配额；提供便捷的提交或回收途径；密切监控发放进度和初期反馈，必要时调整策略以提高回收数量与质量。选择哪种或组合方式，取决于研究目的、预算、时间及目标人群的可达性。

（六）问卷回收和整理

收集受访者填写的问卷，并进行系统的整理与深入的数据清洗，是确保数据准确性的核心步骤。数据整理工作包括将问卷信息转换为数字格式，并准确地输入数据库中，为后续的分析打下坚实的基础。而数据清洗则专注于对原始数据进行细致的打磨，这涉及识别并剔除基于各种原因而无效的问卷，以及采用科学的方法来妥善处理问卷中的缺失值。具体方法包括使用平均值替代、插值技术，或依据上下文逻辑进行推断，以确保数据的完整性和精确度。

（七）数据分析

对收集到的数据进行全面且深入的统计分析，包括描述性统计与推断性统计等关键步骤，是问卷调查过程中不可或缺的一环。数据分析能够助力研究人员精准洞察群体的核心特征与潜在趋势，为解答研究问题提供坚实有力的数据支撑与答案。

（八）回答研究问题

对数据分析结果的综合考量，旨在回答调查中提出的关键研究问题，并据此得出科学合理的结论。研究人员应依据这些数据驱动的见解，细致回应研究问题，并据此制定切实可行的建议和策略。

第二节　抽样的基本原理和方法

抽样是问卷调查法中的关键步骤，它直接关系到样本的代表性和数据的可信度。采用科学且合理的抽样技术，不仅能保障研究结果的精确性与有效性，还能为广告效果评估提供坚实的数据支撑。

在探究广告效果的研究领域，选择恰当的抽样方法至关重要，它受研究目的、研究问题、目标受众和预算等多种因素的影响。例如，若研究旨在衡量特定品牌广告的覆盖范围，则可以采用方便抽样，利用社交媒体平台分发问卷以收集数据。若研究目的是评估某品牌广告的长期影响力，则宜采用分层随机抽样，将潜在受众依据年龄、性别、地理位置等关键特征进行细致划分，并从每个细分层中随机抽取代表性样本。这种方法有助于确保样本的多样性和研究结果的广泛适用性。

一、抽样的原理

抽样是一种从总体中精心挑选一部分个体构成样本，并通过对这些样本的深入研究来推断总体特征的科学方法。这种方法的精髓在于利用有限的样本量来揭示总体的特性和趋势，以此提高研究的效率和精确度。

抽样的目的是以较低的成本获取尽可能丰富的信息，从而提高研究的效率。与对总体进行全面研究相比，抽样方法显著降低了研究的财务成本和时间消耗。通过精心选择一部分个体作为样本，研究人员能够迅速捕捉到总体的特征，并依据样本数据推导出总体的趋势和规律，这种方法使得研究既经济又高效。

抽样的应用范围极为广泛，覆盖了市场调研、社会调查、科学研究等多个领域。借助抽样，研究人员能够更深入地洞察目标群体的特征和需求，为决策提供坚实的数据支持。在广告效果评估领域，抽样同样扮演着关键角色。例如，通过选取一部分消费者作为研究样本，研究人员能够迅速掌握他们对广告的认知程度、态度和行为反应，进而评估广告的实际效果和影响力。这一过程不仅可以帮助企业深入了解广告的优势与不足，而且为企业制定更为精准有效的广告策略提供了宝贵信息。

二、抽样方法

抽样方法有很多种，主要包括概率抽样和非概率抽样两大类。以下是一些常见的抽样方法。

（一）概率抽样

概率抽样是一种确保总体中的个体都拥有一定被选中概率的抽样方法，这使得样本具有较高的代表性，并能够用于推断总体的特征。选择何种概率抽样方法须综合考量研究目标、总体的特性及预算等多重因素。常见的概率抽样方法包括以下五种。

1. 简单随机抽样

简单随机抽样是一种从总体中随机选取 N 个个体构成样本的方法，其中个体被选中的机会是均等的。这种抽样方式适合于那些总体分布较为均匀且没有特定要求的情况。

简单随机抽样主要有两种实施方式：一是抽签法，即对总体中的每个单位进行编号，并将这些编号打印在纸条上，随机放入一个容器中，如抽奖箱或纸盒，然后通过随机抽取的方式，从容器中取出纸条，直到达到所需的样本量；二是随机数字表法，由电子计算机编制包含数字 0—9 的表格，研究人员可以随机选择表格中的一个数字，并根据该数字来确定抽样单位。两种方法各有特点，研究人员可根据具体的研究需求和条件来选择最合适的抽样方法或结合使用多种抽样方法，以保证抽样过程的科学性和结果的可靠性。

2. 系统抽样

系统抽样，亦称为“等距抽样”或“机械抽样”，是一种将总体划分为若干个相等的段或组，然后在每个段或组中随机选择一个个体作为样本的方法。此法特别适用于那些总体规模庞大且分布相对均匀的情况。

具体操作步骤：首先，将总体中的所有个体依序排列，构成一个连续的序列。然后，计算抽样间隔，这是整个过程中至关重要的一步。抽样间隔的确定基于总体的规模和所需样本的规模。具体来说，如果总体包含 N 个个体，而样本量设定为 n，那么抽样间隔 K 就是总体大小 N 除以样本大小 n，即 $K=N/n$。接着，在已排列好的个体序列中，随机选择一个起始点。假设这个起始点的位置序号为 k。最后，从起始点 k 出发，每隔 K 个个体抽取一个，即按照 k，$k+K$，$k+2K$，以此类推，直到抽取到 n 个样本。这种方法不仅保证了样本的随机性，也确保了其代表性，为后续的数据分析打下了坚实的基础。

3. 分层抽样

分层抽样是一种将总体划分为若干个互不重叠的子群体，即层次，然后从每个层次中随机抽取一定数量的个体构成样本的方法。此法特别适用于总体内部存在明显不同层次或子群体的情况，能够确保每个子群体在样本中的代表性，从而提高研究结果的准确性和可靠性。

具体操作步骤：首先，根据研究目的和总体特征确定分层标准，如年龄、性别、职业、收入等。其次，计算每个层次在总体中的比例，并根据比例计算出每个层次所需的样本量，确保每个层次在样本中的比例与其在总体中的比例相同。再次，在每个层次中采用随机抽样方法（如简单随机抽样、系统抽样等）抽取样本。将每个层次抽取的样本合并，形成最终的样本。最后，对合并后的样本进行数据分析，以推断总体特征。采用分层抽样技术，能够增强样本的代表性，确保样本中包含具有不同特征的个体，这对于总体特征复杂且层次分明的情况尤为适用。这种方法有助于捕捉总体的多样性，从而使得研究结果更加全面和精确。

例：

要调查某市高校大学生参加体育锻炼的情况，首先可以将总体按照年级进行分层，其中，大一学生占总体的30%，大二学生占总体的25%，大三学生占总体的25%，大四学生占总体的20%。接下来，按照每个年级在总体中的比例，计算出每个年级所需的样本量。假设总体中有2000名大学生，那么应抽取大一学生600名、大二学生500名、大三学生500名、大四学生400名。

4. 整群抽样

整群抽样是一种将总体划分为若干个相对独立的群体，然后随机选择一个或几个群体作为样本的方法。此法特别适用于那些总体分布不均、群体间特征差异显著的情况。通过这种方式，可以有效地捕捉不同群体的特征，从而提高研究结果的代表性和准确性。

具体操作步骤：首先，根据研究目的和总体特征，将总体分为若干群体。然后，采用随机抽样方法，从所有群体中随机抽取一个或几个群体作为样本。最后，对抽取的群体进行深入研究，以推断总体特征。整群抽样方法的使用，可以提高样本的代表性，确保群体特征在样本中都有所体现。

例：

在进行某大学学生健康状况的调查时，如果4个年级中每个年级的每个班级的男女生比例大致相同，我们可以首先从每个年级随机抽取一个班级。这样，被选中的4个班级中的学生就构成了初步的调查样本。这种方法确保了样本在不同年级和性别上的均衡代表性，为全面了解学生健康状况奠定了基础。

5. 多阶段抽样

多阶段抽样是一种将整个抽样流程划分为多个连续阶段，并在每个阶段应用不同抽样方法的方法。这种方法特别适用于总体特征复杂多变且需要分步骤精细化缩小研究范围的情况。通过分阶段的细致操作，多阶段抽样能够更精准地捕捉到总体的关键特征，增强样本的代表性和研究的深度。

具体操作步骤：首先，根据研究目的和总体特征，确定需要进行多阶段抽样的必要性。然后，将抽样过程分为多个阶段，每个阶段采用不同的抽样方法。例如，第一阶段可以采用简单随机抽样方法从总体中抽取一定数量的初始样本，第二阶段可以采用系统抽样方法从初始样本中进一步抽取样本，以此类推。在每个阶段，根据前一阶段的抽样结果，调整后续阶段的抽样方法，以提高样本的代表性和准确性。最后，将所有阶段抽取的样本合并，形成最终的样本。

例：

> 某市想要了解该地区居民的健康状况，拟从该市的5个不同地理位置辖区内的共49个区县11128个居住小区中进行抽样。抽样要求覆盖全部5个地理位置辖区，从49个区县中随机抽取22个区县，根据每个地理位置管辖的不同区县数量来确定抽样量。再从被抽中的区县中，随机抽取20%的小区，被抽中的小区居民全部参与健康调查。

（二）非概率抽样

非概率抽样是指在抽样过程中，个体被选中的概率不是预先确定的，因此样本的代表性可能较低，不足以用于推断总体的特征。选择非概率抽样方法时，研究人员通常会考虑研究目的、时间限制和成本等因素。常见的非概率抽样方法包括以下四种。

1. 方便抽样

方便抽样是一种选择最容易接触到的个体作为研究样本的方法。它特别适用于那些时间紧迫、预算有限的情况，因为它可以迅速且经济地收集数据。

具体操作步骤：首先，基于研究目的和实际情况，明确哪些研究对象适合采用方便抽样。然后，选取那些最容易接触的个体作为样本。例如，在街头进行问卷调查时，可以选择随机拦截过往的行人来填写问卷。在挑选样本的过程中，应尽量确保样本在总体中的分布相对均匀，以增强样本的代表性。同时，要关注样本量，确保其足够大，以满足研究的需求。最后，对收集到的样本数据进行系统的整理和深入分析，从而得出可靠的研究结论。

方便抽样能够帮助研究人员迅速收集到研究数据，但由于其样本选择过程中的主观性，其代表性可能不及其他抽样。因此，在决定采用方便抽样时，必须基于研究目的和条件进行全面考量。

2. 判断抽样

判断抽样是一种依赖研究人员主观判断来挑选样本的方法。它特别适用于那些研究人员对总体特征有着深刻理解的情况，因为他们能够根据专业知识和经验来选择具有代表性的样本。

具体操作步骤：首先，根据研究目的和条件，确定需要进行判断抽样的研究对象。然后，根据研究人员的主观判断，选择符合研究需求的样本。在选择样本时，研究人员会根据自己的经验、知识和研究需求，对样本进行评估和选择。在选择样本时，尽量保证样本在总体中的分布均匀，以提高样本的代表性。同时，注意样本量，以确保样本量足够大，能够满足研究需求。最后，对收集到的样本数据进行整理和分析，以得出研究结论。

判断抽样允许研究人员依据个人的专业判断迅速收集数据，尤其适用于那些研究人员对研究总体有深刻洞察的情况。不过，由于样本选择过程中不可避免的主观性，其代表性可能不及其他抽样方法。因此，在决定是否采用判断抽样时，必须基于研究目的和条件进行全面考量。

3. 配额抽样

配额抽样是一种依据总体中的特定特征（如性别、年龄、职业等）来分配样本量的方法。这种方法特别适用于那些需要确保样本在某些关键特征上具有代表性的情况，从而使得样本结构与总体结构相匹配。

具体操作步骤：首先，根据研究目的和条件，确定需要进行配额抽样的研究对象。然后，根据总体的某些特征，如性别、年龄、职业等，分配样本量。如果研究对象中男女比例为7∶3，那么在配额抽样中，男女样本量应分别为7和3。在每个配额内，根据分配的样本量，采用随机抽样方法（如简单随机抽样、系统抽样等）抽取样本。例如，在性别配额抽样中，可以分别对男性和女性采用随机抽样方法，以确保每个性别的样本量符合预设的比例。随后，将这些按配额抽取的样本汇集起来，构成最终的样本集。配额抽样能够确保样本在性别等特定特征上的代表性，从而增强样本的总体代表性。这种方法特别适用于那些需要在某些关键特征上确保样本具有代表性的研究场景。

4. 滚雪球抽样

滚雪球抽样是一种利用现有样本来识别和招募更多符合条件的样本的方法。它特别适用于那些难以直接接触样本或者总体特征不够明确的情况。通过这种连锁式的样本招募方式，研究人员能够逐渐扩大样本库。

具体操作步骤：首先，根据研究目的和条件，确定需要进行滚雪球抽样的研究对象。然后，选择一个或多个初始样本，这些样本应符合研究目的和条件。在选择初始样本时，尽量保证样本在总体中的分布均匀，以提高样本的代表性。同时，注意样本量，以确保样本量足够大，能够满足研究需求。接着，通过已有的样本，找到更多符合条件的样本。在社交媒体调查中，可以通过已有的用户找到更多关注该话题的用户。最后，将所有符合条件的样本合并，形成最终的样本。

滚雪球抽样允许研究人员迅速收集数据，特别是在那些难以直接获取样本或总体特征不够清晰的情况下。然而，由于样本选择过程中的主观性，其代表性可能不及其他抽样方法。因此，在决定是否采用滚雪球抽样时，必须基于研究目的和条件进行全面考量。这种方法虽然能够快速扩展样本量，但也需要注意其可能引入的偏差。

三、抽样的具体实施

（一）抽样误差

抽样误差指的是样本数据与总体真实情况之间不可避免的差异。简而言之，由于不可能对总体进行调查，我们只能通过从总体中抽取一部分样本的方式来进行研究，因此样本结果只能近似地反映总体的特征，这就意味着样本与总体之间必然存在一定的误差。这种误差是抽样过程中的固有部分，反映了样本的代表性与总体真实情况之间的偏差。

计算公式：

$$抽样误差 = |样本指标 - 总体指标|$$

例：

假设某城市 20—35 岁女性的平均年龄为 45.5 岁，而我们调查的样本平均年龄为 47.6 岁，那么抽样误差就是 2.1 岁。

（二）置信水平

置信水平是指抽样结果在一定误差范围内与总体真实情况相吻合的概率。具体来说，95%的置信水平意味着，如果我们进行多次重复抽样调查，大约 95%的抽样结果会落在总体真实情况的预定误差范围之内。这一概念帮助我们评估抽样结果的可靠性和精确度。

常见的置信水平：

① 95%：对应的置信水平为 0.05，是最常用的置信水平，表示有 95%的把握认为抽样结果与总体真实情况之间的误差在允许范围内。

② 99%：对应的置信水平为 0.01，表示有 99%的把握认为抽样结果与总体真实情况之间的误差在允许范围内，置信度更高，但样本量需求也更大。

③ 99.9%：对应的置信水平为 0.001，表示有 99.9%的把握认为抽样结果与总体真实情况之间的误差在允许范围内，置信度最高，但样本量需求也最大。

（三）样本量

样本量指的是在抽样调查中需要抽取的样本数目，它直接关系到抽样误差的大小及结果的可信度。在确定样本量时，需要综合考量允许的误差范围、置信水平及总体的标准差等多个因素。通常，要求的误差范围越窄、置信水平越高、总体的标准差越大，所需的样本量也就越多。样本量过大可能会导致资源的不必要浪费，而样本量过小则可能因抽样误差过大而损害结果的精确性。因此，在确定样本量时，应在确保调查质量的基础上，力求资源的合理利用和效率的最大化。

计算公式：

$$N=(Z_{\alpha}\times \delta/d)^{2}$$

其中，N 指所需样本量；α 指置信水平；Z_{α} 指置信水平相对应的 Z 值（可参阅置信水平 Z 值表。如置信水平为90%时，Z 值为1.64；置信水平为95%时，Z 值为1.96；置信水平为99%时，Z 值为2.58）；δ 指总体标准差；d 指最大允许抽样绝对误差。

例：

假设我们想了解某城市20—35岁女性平均每月化妆品花费，要求误差不超过10元，置信水平为95%，以往调查显示平均花费的标准差为80元。根据公式计算，我们需要抽取约246个样本才能达到要求。

解析：

置信水平为95%时，Z 值为1.96，则 Z_{α} 为1.96。

$$N=(1.96\times 80/10)^{2}\approx 246\text{（人）}$$

第三节　问卷的设计和发放

问卷的设计和发放是问卷调查法中至关重要的环节，它们直接影响到数据的可靠性与有效性。一个精心设计的问卷能够激发受访者填写问卷的兴趣和耐心，进而提高问卷的回收率和数据的精确度。问卷的发放是确保问卷能够顺利到达目标受访者手中的核心步骤，恰当的发放策略对于提高问卷回收率至关重要。

一、设计原则

（一）问卷设计原则

问卷调查的核心机制在于通过精心设计的问题引导受访者表达他们对广告的认知、态度和行为反应。在设计问卷时，必须遵循一系列原则，以确保所收集数据的可靠性和有效性，从而为分析和决策提供坚实的基础。

1. 与研究问题相匹配

问卷内容要与研究问题紧密相关，确保收集到的数据能够回答研究问题。

2. 语言简单易懂

问卷语言要简洁明了，避免使用专业术语或模糊不清的表达，确保受访者能够理解并准确回答。

3. 答案数量可控

问题选项数量要适中，避免过多或过少，确保受访者能够轻松选择答案。

4. 答案无交叉

问题选项之间要相互独立，避免交叉或重叠（如若不能全部列举，可以使用“其他”选项），确保受访者能够明确选择答案。

例：

你的年龄是：A. 0—18 岁　　B. 19—50 岁
C. 51—80 岁　　D. 80 岁以上

5. 答案无遗漏

问题选项要涵盖所有可能的答案，避免遗漏重要选项，确保受访者能够找到符合自己情况的答案。

6. 问题排序合理

问题顺序要遵循一定的逻辑，如先易后难、先熟悉后陌生、先一般后特殊等，确保受访者能够顺利完成问卷。

7. 问卷长度合理

问卷长度要适中，避免过长或过短，确保受访者能够保持填写问卷的兴趣和耐心。

（二）问题排序原则

1. 熟悉问题在前

在问卷的开始部分，应包括一些受访者熟悉的问题，这些问题可以作为问卷的“热身”，帮助受访者放松心情，进入问卷调查的氛围。可以先问一些关于受访者基本信息的问题，如年龄、性别、职业等。

2. 简单问题在前

在问卷的开始部分，应包括一些简单的问题，如可以先问一些是非题或选择题，这些问题可以帮助受访者逐渐适应问卷的回答方式，并为回答后续更复杂的问题打下基础。

3. 感兴趣的问题在前

在问卷的开始部分，应包括一些受访者感兴趣的问题，这些问题可以激发受访者的回答欲望，提高问卷的回收率。

4. 态度问题在前

在问卷的开始部分，应包括一些关于受访者态度的问题，这些问题可以帮助研究人员了解受访者的基本态度和观点，为后续的研究提供基础。

5. 开放式问题在后

在问卷的结尾部分，应包括一些开放式问题，这些问题可以允许受访者自由表达自己的观点和看法，为研究人员提供更多有价值的信息。

6. 封闭式问题多，开放式问题少

在问卷中，封闭式问题应该占据主导地位，而开放式问题应该相对较少。封闭式问题可以帮助研究人员更容易地收集数据，而开放式问题则可以为研究人员提供更详细和深入的信息。

7. 问卷长度合理

问卷的长度应该控制在20—30题，以确保受访者的回答质量和问卷的整体效果。过长的问卷可能会使受访者感到疲劳和厌烦，从而影响问卷的回收率。

二、问题设置

在本章第一节中已经提到了问卷问题的设置，本节将更具体地展示各类问题的设置。

（一）封闭式问题

封闭式问题为受访者提供了一组预设的答案选项，受访者只需从中挑选一个或多个合适的选项。这种方法的优势在于它减轻了受访者构思答案的负担，降低了回答的难度，受访者只需进行简单的选择即可。此外，由于封闭式问题的答案格式统一，这使得数据的整理和分析工作变得更加便捷，可以轻松统计各个选项的选择频次和比例等。

1. 单选题

单选题要求受访者从多个选项中选择一个答案，适用于分类变量，如性别、教育程度、职业等。

例如，“你的性别是：A. 男性；B. 女性；C. 不方便透露”，通过选择一个选项，研究人员可以快速了解受访者的性别分布。

2. 多选题

多选题允许受访者从多个选项中选择一个或多个答案，适用于收集多个选项的数据，如兴趣爱好、消费习惯、媒体接触渠道等。

例如，“你日常最常使用的信息媒介有（限选 5 项）”，受访者可以根据自身情况选择多个选项，从而帮助研究人员了解不同媒介的使用情况。

3. 排序题

排序题要求受访者将多个选项按照某种标准进行排序，如重要性、满意度、影响力等。

例如，“请您按照自己的认知为以下五则广告进行好感度排序（1 代表最有好感，5 代表最没有好感）”，通过排序，研究人员可以了解受访者对不同品牌广告的看法。

4. 打分题

打分题要求受访者对某个事物进行打分评价，如满意度、重要性、可能性等。

例如，“您认为您有多大可能受该广告的影响而有购买意愿？（1 代表最不可能，7 代表最可能）”，通过打分，研究人员可以了解广告对受访者产品购买意愿的影响。

5. 跳转题

跳转题根据受访者对某个问题的回答，跳转到不同的题目，进行更有针对性的调查。

例如，“请问您是否看过杜嘉班纳的‘辱华广告’？A. 看过（跳转至第 3 题）；B. 没看过（跳转至第 6 题）”，通过跳转，研究人员可以针对看过广告和没看过广告的受访者进行不同的问题设计。

（二）开放式问题

开放式问题赋予受访者使用自己的语言来表达看法的自由，从而能够收集到更深入、更具个性化的信息。这种类型的问题的优势在于它允许受访者不受限制地表达个人的想法和观点，从而产生更丰富的定性数据。此外，开放式问题还能帮助研究人员发掘问卷设计中可能未被考虑到的新问题和新观点，为研究提供额外的洞见。

例如，“请描述您对于某品牌汽车广告的态度：________”，受访者可以自由表达自己的观点和看法，从而帮助研究人员了解公众对于广告的态度。

三、问卷发放

（一）发放方式

1. 线上调查

线上调查是一种依托互联网进行数据收集的方法，通过在网站、社交媒体等数字平台上发放问卷，受访者可以在任何时间、任何地点完成填写和提交。作为一种便捷且高效的数据收集手段，线上调查具有迅速触及广泛受访者、成本低廉、操作简便等明显优势。然而，它也可能带来样本偏差，影响样本的代表性。因此，线上调查更适合那些需要迅速收集大量数据，且研究对象具备一定网络使用习惯的情况。

2. 线下调查

线下调查指的是调查人员亲自到达调查现场，与受访者进行面对面的问卷调查。这种方法的优势在于能够直接与受访者沟通，从而提高问卷的回收率，并获取更具代表性的样本。然而，它的缺点是成本较高、耗时较长，且难以广泛覆盖大量受访者。因此，线下调查更适合那些需要与受访者进行深入交流，且研究对象不频繁使用网络的情况。

3. 邮寄调查

邮寄调查是一种通过邮政服务将问卷发放给受访者，并要求他们在填写完毕后将问卷寄回的方法。这种方法的优势在于它能够触及广泛的地理区域，不受网络覆盖的限制。不过，邮寄调查也存在一些缺点，包括回收率可能较低、耗时较长及成本相对较高。因此，邮寄调查更适合那些研究对象年龄较大或不经常使用网络的情况。

4. 访谈式调查

访谈式调查是一种结合了问卷和访谈的调查方法，调查员向受访者宣读问卷内容，并根据受访者的答复进行记录。这种方法的优势在于能够确保问卷内容被受访者准确理解，从而收集到更深入、更精确的数据。然而，它也需要投入更多的时间和人力资源。因此，访谈式调查更适合那些需要收集高质量数据，或者研究对象的理解能力有所限制的情况。

在选择问卷的发放方式时，必须基于研究目的、目标群体特性及预算等因素进行全面考量。此外，可以灵活运用多种发放方式的组合，以此提高问卷的回收率和数据质量。例如，可以先利用线上调查进行广泛的初步筛选，随后通过线下调查进行更深入的访谈，以获得更丰富、更精确的数据。这种多元化的发放策略能兼顾效率与质量，适应不同的研究需求。

（二）发放策略

在实际操作中，可以采取以下措施来提高问卷的回收率。

1. 选择合适的发放时间

根据研究目的和目标群体，选择合适的发放时间，如在节假日或周末进行线下调查。

2. 确定合适的发放地点

根据研究目的和目标群体，选择合适的发放地点，如在公共场所、学校、社区等地方进行线下调查。

3. 采用适当的激励措施

提供礼品、现金奖励等，以提高问卷的回收率。

4. 选择合适的发放人员

根据研究目的和目标群体，明确合适的发放对象，避免方便样本或无效样本的干扰。在具体操作中，可以根据人口统计学变量细化发放人员与对象之间的匹配度，提高回收率。

第四节　基本统计方法：描述与推断

问卷数据的分析通常涉及两大基本统计方法：描述性统计和推断性统计。描述性统计的目的是整理和描述样本数据，揭示样本的特质和内在规律。而推断性统计则是利用样本数据来推断总体的特征，为研究提供有力的数据支持。为了更直观地说明这些统计方法，下面将以《微信朋友圈信息流广告接受度及参与效果研究》① 这篇论文为例，进行详细的介绍和分析。本案例对于问卷调查法的使用全面、规范，因此具有较高的参考价值。

一、信效度检验

（一）信度检验

信度，又称“可靠性”，是指采用相同的方法对同一对象重复测量时所得结果的一致性程度，反映了测量工具的稳定性和数据的可靠程度。其中，克隆巴赫系数（也称“系数 α”）是最常用的内部一致性信度指标，用于评估量表中各题项是否测量的是同一概念。系数 α 值介于 0 到 1 之间，值越高表示内部一致性越好，一般测量标准为 α 值大于 0.7 则视为内部一致性可以被接受。

在本案例中，为确保测量工具的整体、可靠及问卷结构的合理，首先，作者测了问卷的整体信度值为 0.941（表 4-1），又将问卷拆分，维度测试值均大于 0.8，这表明问卷整体具有极佳的内部一致性，所有题项均较好地测量了同一概念；其次，各维度的信度值均达到良好水平，证实问卷在不同维度上的测量也是稳定可靠的。因此，可以认为本问卷信度良好。

① 范佳文. 微信朋友圈信息流广告接受度及参与效果研究［D］. 北京：中国传媒大学，2023.

表 4-1 量表整体信度

克隆巴赫 α	基于标准化项的克隆巴赫 α
0.94	0.941

（二）效度检验

效度，又称“有效性”，它是指测量工具或手段能够准确测出所需测量的事物的程度，反映了测量结果与理论预期的一致性。测量结果与要考察的内容越吻合，则效度越高；反之，则效度越低。在调查问卷分析中，因子分析法是评估结构效度的核心方法，其适用性可借助 KMO（Kaiser-Meyer-Olkin）指标和巴特利特球形检验（Bartlett's Test of Sphericity）的 P 值来评估。KMO 值介于 0 到 1 之间，越接近 1 表示量表题项之间的相关性越强，数据越适合进行因子分析。巴特利特球形检验 P 值，P 值越小表示数据越适合进行因子分析，结构效度越高。

案例中采用探索性因子分析进行检验，问卷总体效度检验结果见表 4-2。结果显示，总体 KMO 值为 0.936，巴特利特球形检验 P 值接近于 0，表明总体量表各题项间存在极大相关性，适合进行因子分析。这一结果证实调查问卷具有优异的内部结构关联性，能够有效捕捉目标构念的核心特征。高 KMO 值说明调查问卷设计合理，题项设置科学，为后续因子提取和维度划分提供了坚实的统计基础，同时确保了研究数据的可靠性和有效性。

表 4-2 量表整体效度

KMO 和巴特利特球形检验		
KMO 取样适切性量数		0.936
巴特利特球形检验	近似卡方	8719.903
	自由度	378
	显著性	0.000

二、描述性分析

（一）频数统计

描述性分析中一种常见的方法是频数统计，它通过计算每个答案选项被受访者选择的次数来得出频数。这种方法能够直观地展示各个选项的受欢迎程度或普遍性。此类方法多用于对人口基本信息的描述分析。通过计算每个答案选项被选中的次数与样本总数之比，得到频率。通过将频率乘以 100%，得到百分比。这些统计方法可以帮助了解每个选项在整体中的占比。例如，在本案例中，作者使用描述性统计分析了样本人口特征、微信使用情况、朋友圈信息流广告浏览情况。以样本人口特征数据为例，可以看到描述性分析的表格呈现数据一般为频率与百分比两个部分。

表 4-3 通过频数统计清晰地呈现了样本的人口特征分布情况，为研究提供了重要的背景信息。频率和百分比的直观呈现使研究能够快速把握样本结构特征，评估样本代表性，并为后续的差异性分析提供基础。

表 4-3　调查样本个体特征描述性统计

个体特征	类别	频率	百分比/%
性别	男	143	39.5
	女	219	60.5
年龄	18 岁以下	2	0.6
	18—24 岁	218	60.2
	25—29 岁	27	7.5
	30—40 岁	28	7.7
	41—50 岁	49	13.5
	50 岁以上	38	10.5
教育程度	高中及以下	29	8.0
	专科	40	11.0
	本科	161	44.5
	研究生及以上	132	36.5

（二）集中趋势分析

集中趋势分析用于识别数据分布的中心位置或典型值，主要包括均值、中位数和众数三个核心指标。均值反映数据的算术平均值，适用于对称分布的连续数据；中位数代表排序后的中间值，对极端值不敏感，适合偏态分布；众数则指出现频率最高的数值，常用于分类数据分析。在量表研究中，如李克特量表，通过比较均值和中位数可判断数据分布形态及异常值影响。SPSS 软件提供了多种集中趋势分析工具，为研究人员提供了数据分布的核心特征，是描述性统计分析的重要基础。这些指标的选择需要结合数据类型和分布特征，以确保分析结果的准确性和解释力。

在本案例中，有关技术接受、感知价值及广告效果的量表均采用李克特量表进行测量，每个题项最低分为 1 分，最高分为 5 分。无反向计分题，因此作者将各语句得分加总后计算算术平均值，见表 4-4。

表 4-4　调查样本得分情况统计

变量	题型	得分平均值（五分制）	五分制平均值合计	标准化平均值（百分制）
绩效期望	PE1	2. 33	6. 99	46. 60
	PE2	2. 5		
	PE3	2. 16		
努力期望	EE1	3. 24	9. 37	62. 47
	EE2	3. 12		
	EE3	3. 01		
社会影响	SI1	2. 72	9. 05	60. 33
	SI2	3. 32		
	SI3	3. 01		
感知风险	PR1	3. 71	14. 98	74. 90
	PR2	3. 68		
	PR3	3. 84		
	PR4	3. 75		

续表

变量	题型	得分平均值（五分制）	五分制平均值合计	标准化平均值（百分制）
感知干扰	PD1	3.56	10.3	68.67
	PD2	3.7		
	PD3	3.04		
广告接受度	AR1	2.86	10.22	51.10
	AR2	2.49		
	AR3	2.73		
	AR4	2.14		
用户参与度	UE1	2.21	6.71	44.73
	UE2	2.22		
	UE3	2.28		
购买意愿	PI1	2.43	8.9	44.50
	PI2	2.22		
	PI3	2.1		
	PI4	2.15		

描述性分析的结果可以直观地反映样本的特征和规律，为后续的推断性统计提供基础。通过描述性分析，研究人员能了解样本数据的中心位置、离散程度、分布形态等，为后续的研究提供重要的参考依据。

三、推断性分析

差异检验，亦称“方差分析”，是一种用于评估两个或多个独立样本平均值之间是否存在显著性差异的统计技术。这种分析方法通常涉及一个或多个自变量（独立变量）和一个因变量（响应变量）。自变量用于将样本划分为不同的组别，而因变量则是研究中我们关注的、需要分析的目标变量。通过方差分析，研究人员可以探究不同组别在因变量上是否存在统计学上的显著差异。

1. 单因素方差分析

单因素方差分析（One-Way ANOVA）是一种用来检验一个独立变量所创建的不同组别间的均值是否存在显著性差异的统计方法。它适用的场景包括观测值相互独立，且每组的因变量数据都遵循正态分布。通过单因素方差分析，研究人员可以确定不同组别在因变量表现上是否有统计学意义上的差异。

在本案例中，研究人员使用单因素方差分析法分析了朋友圈信息流广告浏览频率及浏览广告类型的影响。表 4-5 呈现的是部分结果。

表 4-5 朋友圈信息流广告浏览频率对各变量单因素方差分析结果

变量	均值 朋友圈信息流广告浏览频率 每次都能看到	均值 朋友圈信息流广告浏览频率 经常看到	均值 朋友圈信息流广告浏览频率 偶尔能看到	*F* 值	显著性
绩效期望	47. 20	45. 27	48. 87	0. 577	0. 631
努力期望	62. 67	62. 80	62. 20	0. 195	0. 900
社会影响	60. 10	58. 35	56. 15	0. 791	0. 499
感知风险	77. 45	73. 80	60. 00	2. 300	0. 077
感知干扰	71. 13	69. 07	66. 93	1. 512	0. 211
广告接受度	53. 65	50. 70	49. 95	0. 677	0. 566
用户参与度	48. 27	43. 07	44. 80	1. 007	0. 390
购买意愿	47. 55	43. 70	43. 55	0. 741	0. 528

2. 独立样本 *t* 检验

独立样本 t 检验用于比较两个独立（不相关）样本群的均值是否存在显著差异，例如，比较采用不同药物治疗的两组患者的治疗效果，或者比较两个不同班级的学生在某项测试中的平均成绩。通过独立样本 t 检验，可以判断两个样本群的均值是否来源于同一总体，或者是否存在统计学上的显著差异。在 SPSS 中，独立样本 t 检验可以帮助研究人员快速地进行数据处理和分析，得出可靠的统计结果。

在本案例中，研究人员仅对性别这个二分变量采用了独立样本 t 检验法，对其他控制变量的分析则选择单因素方差分析法，部分结果表 4-6。

表 4-6　不同用户的技术接受得分情况

变量	性别		年龄		受教育程度	
	t 值	显著性	*F* 值	显著性	*F* 值	显著性
绩效期望	2.984	0.003	4.681	0.000	8.488	0.000
努力期望	1.131	0.259	0.710	0.642	1.684	0.170
社会影响	1.708	0.088	1.334	0.241	3.753	0.011

3. 相关性分析

相关性分析用于衡量两个变量之间的线性关系强度和方向。通过计算相关系数，如皮尔逊相关系数，可以判断两个变量是否相关，以及相关的程度是正相关、负相关还是无相关。在 SPSS 中，相关性分析可以帮助研究人员探索变量之间的关联性，为进一步的回归分析或其他统计方法提供依据。通过相关性分析，研究人员可以更好地理解数据之间的关系，为科学研究、决策制定等提供支持。

4. 回归分析

回归分析用于研究因变量与一个或多个自变量之间的关系。回归分析可以帮助研究人员了解自变量对因变量的影响程度，以及这些关系是否具有统计学意义。回归分析主要包括线性回归和非线性回归。线性回归又分为简单线性回归和多元线性回归。简单线性回归研究一个自变量与一个因变量之间的关系，而多元线性回归则研究多个自变量与一个因变量之间的关系。通过回归分析，研究人员可以建立数学模型来预测因变量的值，从而为决策制定、趋势预测等提供依据。在 SPSS 中，回归分析操作简单，易于理解和应用，是数据分析和科学研究的重要工具。

推断性分析的结论能够帮助研究人员对总体特征进行推断，为研究提供有力的数据支持。然而，重要的是，要意识到推断性分析的结果并非绝对无误，而是伴随着一定的误差和不确定性。因此，在解释和应用这些结果时，必须根据研究的具体目的和需求进行审慎考量。在实际操作过程中，研究人员应根据研究目的和需求挑选合适的推断性分析方法，并与描述性分析结果相结合，再进行综合分析。通过恰当选择和运用推断性分析方法，可以增强研究的精确度和实效性。

对于问卷调查结果的分析，研究人员可以根据自身的研究需求，选择合适的分析工具，对期望测量的结果进行深入分析。

第五节　人工智能辅助问卷调查工具与案例应用

一、人工智能辅助问卷调查工具的概述

随着人工智能技术的深度融合，传统问卷调查工具正经历智能化转型。新一代人工智能辅助问卷调查工具通过自然语言处理、机器学习与自动化技术，显著提升了问卷设计、分发、回收及分析的全流程效率与质量，在广告效果评估领域展现出强大潜力。此类工具不仅能根据用户需求自动生成结构化的问卷内容（如品牌认知度、广告回忆度、购买意向等核心指标题项），还能在数据收集过程中实现动态交互（如基于受访者反馈的智能追问，深度挖掘广告态度与情感倾向），并在分析阶段自动完成目标人群画像细分、ROI 关联挖掘等复杂任务，一键生成可视化洞察报告。

其具体应用价值表现为以下三个方面。

第一，设计智能化。通过语义理解营销目标与广告策略，自动生成适配的效果评估框架与题项，降低调研设计专业门槛。

第二，交互情境化。模拟真人对话逻辑，动态追问广告记忆点、情感共鸣度及转化障碍，提升反馈的真实性与深度。

第三，分析归因化。根据分析报告，生成可行动的营销优化建议。

代表性工具，如问卷星、iForm™智能表单、腾讯问卷、Questgen 等，已成为广告主、市场研究机构及媒介策划团队进行精准效果测量与营销决策优化的高效基础设施。

图 4-1　问卷星自动化问卷设计功能

二、案例应用

（一）以问卷星为例

在自动化问卷设计的应用上，创作问卷时，选择 AI 创建，分别填写调研主题、题目数量、调研目的（图 4-1），AI 将根据相关信息自动生成问卷内容。

不仅如此，还能选择部分题目为“AI 追问”题（图 4-2），AI 将模拟真人调研员，实时根据参与者回复的内容进行有针对性的追问，引导参与者传达更多信息，表明更真实的态度。

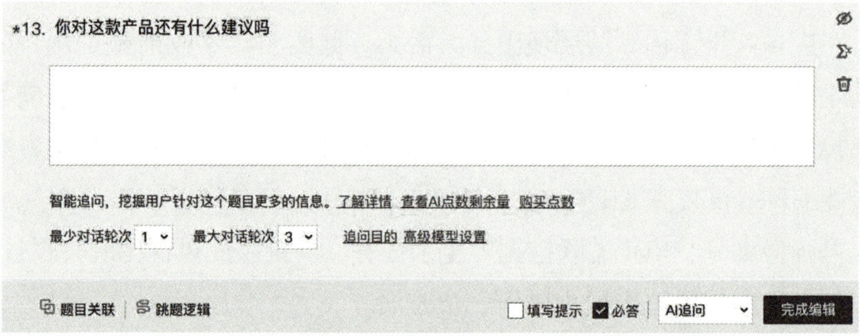

图 4-2　问卷星“AI 追问”功能设计界面

在 AI 问卷分析功能方面，网页端的使用路径为“分析 & 下载—AI 报告—获取 AI 报告”。进入“生成 AI 报告”界面后，广告主等能够进行编辑提示词、挑选合适的 AI 模型、对自变量题目进行交叉分析、阅读“AI 生成问卷报告协议”等操作。

生成后的 AI 报告内容包含整体报告的前言、单题的思考过程、自定义图表及整体报告的总结等多个部分。其中，自定义图表支持表格、饼状图、圆环图、柱状图、条形图、折线图这五种图表展现形式，还能够进行图表数据排序、图表大小缩放、图表外观配色、图表打印与保存等操作。(图 4-3)

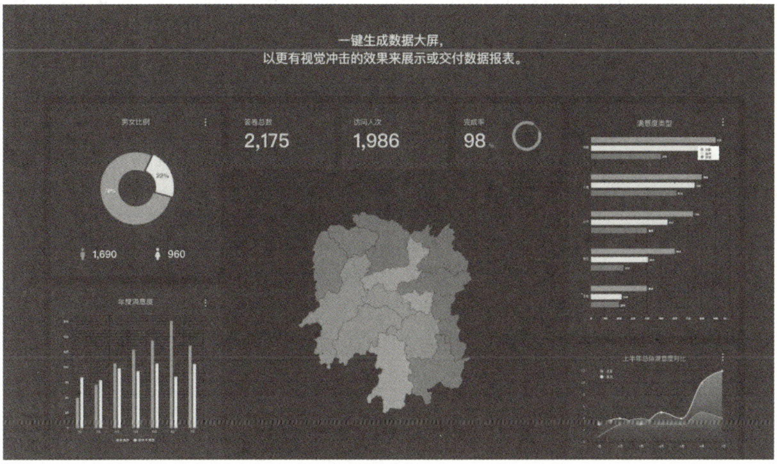

图 4-3　由问卷星工具生成的可视化洞察报告

此外，问卷星还能够从行为意愿、市场偏好、产品独特性、品牌印象、品牌标签、市场需求、可信度、情绪分析等多个维度进行评估，了解影响用户选择喜爱产品的关键原因，辅助广告效果的评估与优化。(图 4-4)

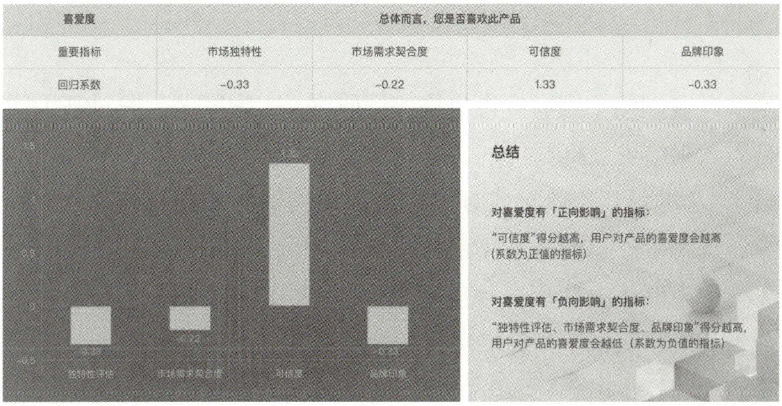

图 4-4　借助问卷星工具生成的产品分析报告

（二）以 iForm™ 智能表单为例

在自动化问卷设计的应用上，进入网页界面后的路径为“工作台—新建表单—创建 AI 对话”或“我的表单—新建表单—创建 AI 对话”，随后在对话框内输入诉求，如“生成一个用户满意度调研”（图 4-5），点击发送后，生成的问卷内容将在编辑区域展示，并且支持对表单字段进行增删改，如增加字段、编辑标题和内容选项等（图 4-6）。

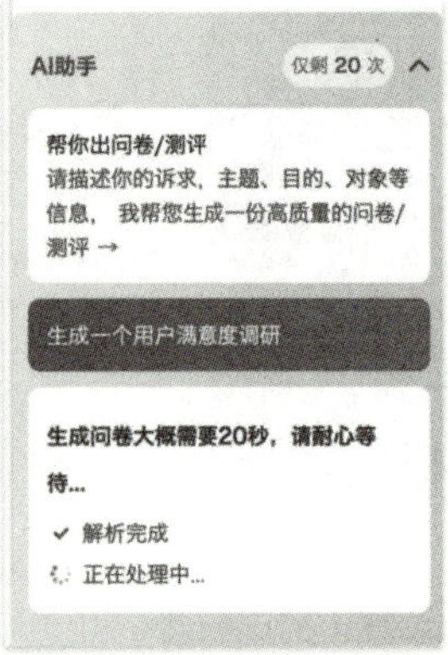

图 4-5　iForm™智能表单自动化问卷设计功能对话过程

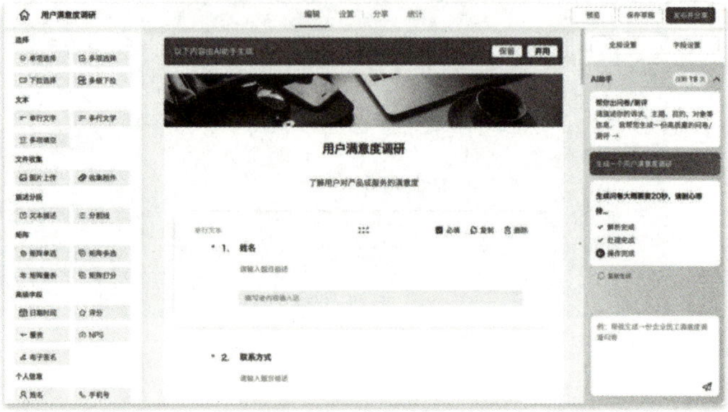

图 4-6　iForm™智能表单生成的问卷在编辑区域显示

第六节　基于问卷数据的广告效果结论分析

本节以《网络小剧场广告效果实证研究》① 为案例，探讨基于问卷数据的广告效果结论分析。

《网络小剧场广告效果实证研究》以网络选秀节目《创造 101》为研究对象，探讨了影响网络小剧场广告效果的因素。研究采用问卷调查法，收集了大学生群体的数据，并使用 SPSS 软件进行数据分析。研究结果表明，广告频率对网络小剧场广告效果具有显著的负向影响，而过高的广告频率会导致观众审美疲劳，引起观众的反感，从而降低广告接受度、观众参与度和购买意愿。此外，专注沉浸、对选手的态度、广告创意对广告效果也具有显著的正向影响。专注沉浸可以增强观众对广告内容的关注和感知，对选手的态度可以激发观众参与广告互动，而广告创意则可以提高观

① 徐增展. 网络小剧场广告效果实证研究［J］. 现代传播，2021，43（10）：141-145.

众对广告的接受度和观众的购买意愿。节目态度对网络小剧场广告效果的影响相对较弱，但仍有正向影响。

一、研究设计

《网络小剧场广告效果实证研究》以网络选秀节目《创造 101》为研究对象，旨在探讨影响网络小剧场广告效果的因素。该研究首先回顾了现有的关于网络剧和网络小剧场广告的研究，发现现有研究主要集中在网络剧领域，而对网络选秀节目中小剧场广告的研究相对较少。此外，已有研究多从定性的角度进行分析，缺乏实证研究的支持。

为了弥补已有研究的不足，该研究结合网络选秀节目的特性，提出了五个主要影响因素：广告创意、专注沉浸、对选手的态度、对节目的态度及广告频率。广告创意是指在广告内容上和形式上的创新程度；专注沉浸是指观众在观看广告时的投入程度；对选手的态度是指观众对选秀节目中选手的喜好程度；对节目的态度是指观众对选秀节目的评价；广告频率是指广告在节目中出现的次数。

基于以上分析，该研究建立了以广告创意、专注沉浸、广告频率、对选手的态度、对节目的态度为自变量，以广告接受度、观众参与度和购买意愿为因变量的研究模型（图 4-7）。该模型旨在揭示这五个因素对网络选秀节目中小剧场广告效果的影响机制。

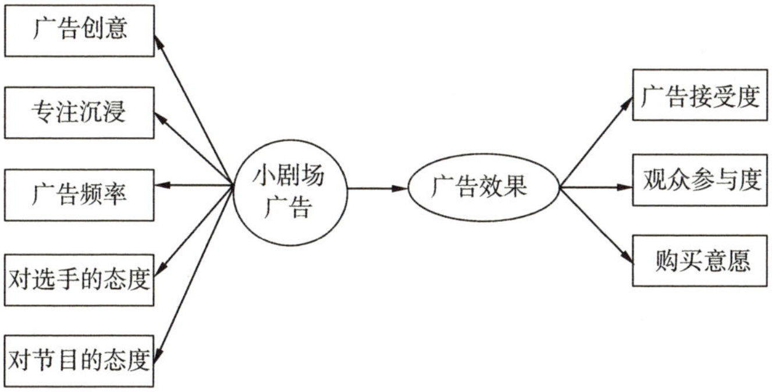

图 4-7　研究模型图

二、数据分析

该研究的调查问卷内容分为三个部分：第一部分用来收集受访者的基本信息，如性别、年龄、专业等；第二部分调查受访者观看网络选秀节目的情况，如观看频率、喜欢的节目类型等；第三部分调查受访者对《创造101》节目中小剧场广告的评价，如广告接受度、观众参与度和购买意愿等。

为了确保数据的可靠性，该研究使用 SPSS 软件对收集到的数据进行分析。首先，进行描述性分析，了解样本的基本特征和变量的分布情况。结果显示，女性更倾向于观看网络选秀节目，且对小剧场广告的关注度较高。其次，进行信度和效度分析，检验问卷的信度和效度。结果显示，问卷的信度和效度良好，可以进行进一步分析。再次，进行相关性分析，探究自变量和因变量之间的相关关系。结果显示，广告频率与广告接受度、观众参与度和购买意愿均呈负相关，专注沉浸与广告接受度和观众参与度呈正相关，对选手的态度与观众参与度呈正相关，广告创意与购买意愿呈正相关，对节目的态度与广告接受度、观众参与度和购买意愿均呈正相关。最后，进行回归分析，进一步验证自变量对因变量的影响程度。结果显示，广告频率对广告效果总体具有负向影响，专注沉浸对广告接受度有较显著的正向影响，对选手的态度对观众参与度有较显著的正向影响，广告创意对购买意愿有较显著的正向影响，对节目的态度对小剧场广告效果总体有较弱的正向影响。

假设检验结果显示，五个假设均得到验证，即广告创意、专注沉浸、对选手的态度、对节目的态度均对网络小剧场广告效果具有正向影响，而广告频率则对网络小剧场广告效果具有负向影响。

三、研究结论

该研究对网络选秀节目中小剧场广告效果的影响因素进行了实证分析，得出了一些有意义的结论。第一，广告频率对网络小剧场广告效果具有显著的负向影响。这意味着，过度投放广告会引起观众反感，从而降低广告接受度、观众参与度和购买意愿。第二，专注沉浸对广告接受度具有显著的正向影响。这表明，设计能够吸引观众注意力和沉浸感的广告，可以增强广告效果。第三，对选手的态度对观众参与度具有显著的正向影响。这说明，利用选秀节目中选手的个人魅力和粉丝基础，可以增强观众对广告的参与度。第四，广告创意对购买意愿具有显著的正向影响。这意味着，具有创新性和趣味性的广告，可以激发观众的购买意愿。第五，节目态度对网络小剧场广告效果具有较弱的正向影响。这表明，观众对节目的喜爱程度可以间接影响他们对广告的态度。

基于以上研究结论，该研究提出了一些实践经验和建议。首先，节目组和广告商需要结合节目定位和产品定位，选择合适的广告内容和形式，以便更好地吸引目标观众。其次，需要结合选手定位和产品定位，利用选手的个人特色进行广告宣传，以提高广告效果。再次，节目组可以根据选手的人气变化和节目热点，及时调整代言广告选手，以增强广告效果。最后，为了提高广告创意并减少广告频率，节目组需要注重广告内容的创新和趣味性，并避免过度投放广告，以免引起观众反感。

延伸阅读

［1］风笑天. 社会科学研究设计［M］. 北京：中国人民大学出版社，2024.

［2］风笑天. 方法论背景中的问卷调查法［J］. 社会学研究，1994（3）：13-18.

［3］徐增展. 网络小剧场广告效果实证研究［J］. 现代传播，2021，43（10）：141-145.

［4］GENDALL P. Can you judge a questionnaire by its cover? The effect of questionnaire cover design on mail survey response［J］. International Journal of Public Opinion Research, 2005,17(3):346-361.

［5］SHAOUF A, LV K, LI X. The effect of web advertising visual design on online purchase intention: An examination across gender［J］. Computers in Human Behavior, 2016(60):622-634.

思考题

1. 描述一个你感兴趣的研究主题，并设计一个至少包含10个问题的问卷，旨在收集与该主题相关的数据。注意：须确保你的问卷中包含开放式问题和封闭式问题。

2. 假设你要进行一项关于大学生对在线教育态度的研究，你会选择哪种抽样方法？并解释为什么这种抽样方法适合这个研究。

3. 讨论你如何评估问卷调查结果的有效性，以及你将如何检查样本偏差、确保数据质量并提高问卷的可靠性和效度。

4. 讨论在设计和实施问卷调查时需要考虑的伦理问题。

第五章

焦点小组访谈与广告效果测定

第五章 焦点小组访谈与广告效果测定

第一节 焦点小组访谈的基本原理与基本操作流程

一、焦点小组访谈的基本原理
二、焦点小组访谈的基本操作流程

第二节 访谈大纲与问题设计

一、访谈大纲的设计
二、问题的设计

第三节 主持人培训与人员招募

一、焦点小组访谈中主持人的主要作用
二、访谈成员的招募

第四节 人工智能机器人访谈工具与案例应用

一、人工智能机器人访谈工具的概述
二、案例应用

第五节 质化数据的编码与处理

一、开放性编码
二、主轴性编码
三、选择性编码

第六节 基于焦点小组数据的广告效果结论分析

一、简要摘要模式
二、详细引语记录模式
三、剪贴技术

导读：

在广告效果评估的多元方法论体系中，焦点小组访谈法以其独特的群体动力机制与深度洞察能力，成为解码消费者潜意识的“社会显微镜”。相较于定量调查的标准化局限，焦点小组访谈法通过小组内的情境化讨论，激发参与者对广告内容的情感共振、符号解读与意义协商。该方法尤其擅长捕捉广告创意的文化隐喻、品牌态度的集体无意识倾向及传播裂变的社交网络逻辑。然而，在数字化浪潮下，传统焦点小组访谈面临多重挑战：线上讨论削弱非语言信息的捕获效率，样本同质化导致“群体迷思”风险加剧，以及主持人对互动节奏的掌控难度升级。对此，本章将从焦点小组访谈法的基本原理和操作流程入手，为大家详细讲解如何在广告效果调查中有效应用焦点小组访谈法，并进一步将焦点小组访谈的结果详细编码用以推断消费者的态度，最终为研究人员提供兼顾理论深度与实践效度的质性研究框架。

本章学习目标：

1. 掌握焦点小组访谈的基本原理与操作流程。
2. 掌握焦点小组访谈中的访谈大纲设计原则。
3. 掌握焦点小组访谈内容的质性编码方法。
4. 掌握广告效果调查中焦点小组访谈法的应用场景与方法优势。

广告主经常思考的一个问题是为什么消费者会购买一定的商品和消费特定的品牌？这是一个非常难以回答的问题。但有一个非常方便的工具叫作“焦点小组”，它可以帮助研究人员厘清这个问题。焦点小组访谈，又称“小组座谈”，它采用小型座谈会的形式，挑选一组同质性的消费者或客户，由一个经过训练的主持人以一种无结构、自然的形式与一个小组的具有代表性的消费者或客户交谈，从而获得对有关问题的深入了解。焦点小组访谈法在广告效果调查中的应用具有多方面的优势。它能够深入了解观众对广告的真实反应和态度。通过开放性的问题和讨论，研究人员可以探究广告内容、广告创意、信息传达效果等方面的细节，了解观众的情感反应和认知过程，同时也能够测试广告创意和概念，帮助广告制作团队评估创意有效性。因此，在广告效果调查中，焦点小组访谈法是经常被使用的一种方法。

第一节 焦点小组访谈的基本原理与基本操作流程

在质的研究中，访谈可以分成个别访谈和集体访谈两种形式。焦点小组访谈便是一种最常见的集体访谈的形式。在这种访谈中，访谈的问题通常集中在一个焦点上，研究人员组织一群参与者就这个焦点进行讨论。

一、焦点小组访谈的基本原理

焦点小组访谈起源于社会学中的群体访谈和历史学中的口述史研究。20 世纪 40 年代，著名社会学家罗伯特·金·默顿（Robert King Merton）便开始使用这种方法对政府发放战争宣传品的效果进行检验。他将一些具有同类社会身份的人聚集在一起，请他们就某类战争宣传品对他们个人和家人的影响进行讨论。通过观察不同参与者对同一主题的交谈，他获得了个别访谈所不能得到的看待问题的多种角度、参与者之间的相互纠正及他们之间的人际互动信息。

从 20 世纪 40 年代到 70 年代的 30 多年间，群体访谈的方式主要被新闻界用来检验社会各界人士对新闻媒体的反应，引出焦点式讨论。同时，一些社会学家也使用这种方法在群体环境里对一些热点问题进行讨论。市场研究人员看到焦点小组访谈在其他方面取得了成功，认为这种方法可以用来探测消费者的心理动力和深层动机，因此在进行市场调查时也广泛使用这种方法，以了解公众对市场上商品的价格、质量、种类、市场人员的营销策略等做出的反应。

直到 20 世纪 70 年代，受种种原因的影响，特别是量的研究在社会科学研究领域占据统治地位，焦点小组访谈法曾经在社会科学界沉寂一时。直到 20 世纪 90 年代，这种方法再度成为社会科学研究领域的一个热门方法。这不仅仅是因为它相对于其他研究方法更加便宜、快捷，更重要的是它注重参与者对知识建构所做的贡献。群体成员聚集在一起，对某些问题进行即兴讨论，其结果往往会超出研究人员事先的预设。集体讨论的方式不仅可以为研究人员提供参与者的个人意见，还可以提供在特定情境下特定社会公众对特定事物的集体性解释。

焦点小组访谈非常依赖协调人的技巧。和个人访谈一样，研究人员设计问题的目的是“呈现语言的艺术”。它不像一对一的访谈，讨论并不依赖访谈者和受访者轮流的一问一答。实际上，它依赖由参与者的问题所激发的组内交流。研究人员变成了协调人和讨论的推动者，帮助小组在一开始就设立基本规则（如每次只有一个人发言，并允许其他人有自己的说法等），然后只需要时不时地提出问题和改变问题，并注意时间以确保各类问题都能得到讨论。就像在个人访谈中一样，焦点小组访谈的推动者经常在访谈的开始提出一个经验性的问题，每名参与者轮流回答，以此提供一些基础数据，并使每个人在交谈的过程中都感到舒服。有时，在结束时每个人都会被要求再次发言，总结其对这个话题的立场。摩根（Morgan）为参与者的水平参差不齐的小组提供了一系列好的协调技巧，如果焦点小组是由习惯于小组管理的教师或者基层组织人员组成的，那么进行少量的指导就能使他们管理好这个小组。

自从默顿使用了焦点小组访谈法后，该方法已成为应用社会科学家在项目评估、营销、健康和通信领域重要的研究工具。焦点小组访谈具有很多个人访谈所没有的优势，可以发挥一些比较独特的作用，其中，比较突出的表现有三：一是访谈本身成为研究的对象；二是对研究问题进行集体性探讨；三是集体建构知识。这对于广告效果调查具有重要的作用。参与者对一些问题存有争议，研究人员可以利用团体访谈的机会激发他们彼此进行辩论。与自己相对平等的人在一起讨论问题（而不是单独面对一名访谈者这样的“权威”），参与者平时意识不到的或者自身压抑的一些情绪及想法也可能会主动“冒”出来。

二、焦点小组访谈的基本操作流程

一般来说，一次优秀的焦点小组访谈的完成要经历若干个步骤，这里我们会选择几个关键的环节先行讲解，其余步骤将在其他小节具体讲述（图 5-1）。

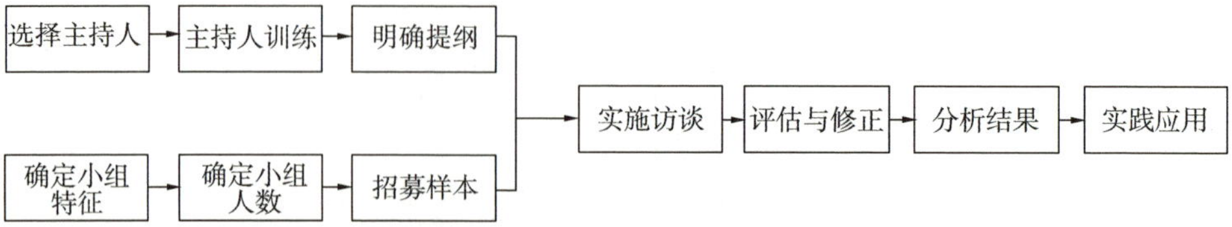

图 5-1　焦点小组访谈的基本操作流程

1. 准备阶段

在所有步骤开始之前，发起人应制订一个计划，包括项目目的、详细的样本选择、焦点小组的数量和研究人员的责任。同时，要严格计划整个访谈的流程（图 5-2），才能保证调查的合理性。由于焦点小组访谈注重了解参与者相互之间的即兴互动行为，其设计相对个人访谈来说应该更加开放一些。一般来说，访谈的结构应该视研究目的而定。因此，在进行焦点小组访谈前，必须明确广告调查的具体目标，例如，是希望了解广告的创意效果、受众情感反应，还是广告对品牌认知的影响。这有助于设计合适的问题和引导讨论的方向。

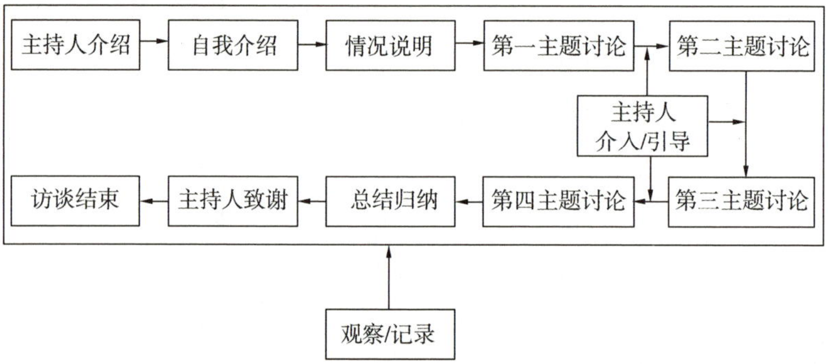

图 5-2　焦点小组访谈的具体操作过程

同时，需要注意的是，在制订访谈计划的时候除了确定研究目的外，也要关注到其他潜在的影响因素。1985 年，可口可乐公司推出了“新可乐”（New Coke）（图 5-3），希望通过这一新品取代原有的可口可乐。然而，“新可乐”的推出引起了消费者的强烈反对，导致公司不得不在短时间内恢复销售原有配方的可口可乐。在这一案例中，可口可乐公司在新产品推出前进行了大量的市场调研，包括使用焦点小组访谈来测试新配方。然而，焦点小组的反馈主要集中在味道的变化上，忽略了消费者对品牌情感的深厚依赖。这一教训表明，尽管焦点小组访谈能够提供详细的消费者反馈，但在设计问题时必须全面考虑各种潜在影响因素。

图 5-3 “新可乐”产品图

2. 确定小组特征并明确小组人数

在焦点小组访谈法中，访谈对象的获取不一定甚至并不主张采用随机抽样方法，因为它对访谈对象的要求不是随机的，而是有较强针对性的。执行焦点小组访谈的目的就在于从清晰界定的一类人群中得到一些特定类型的信息，以及焦点小组访谈不是在一群碰巧可召集到的人中进行的偶然的和随意的讨论，它是一个经过精心计划的研究行为，需要跟其他科学研究一样仔细和严谨。因此，访谈对象的获取一般采取目标抽样法。一般选择那些具有较强讨论能力、较为熟悉所讨论的问题、社会身份类似的人士作为访谈对象。这里的“社会身份类似”，指参与者具有同质性，即个人背景和生活经历相同，或者说社会地位与身份相同。具有同质性的参与者之间更易于沟通，异质性太强可能使参与者相互之间产生戒备心理，对讨论时的自由发言不利。

由于焦点小组访谈法实施的目的主要在于了解参与者对所讨论问题或主题的想法和观点，因此它无法也不必针对较大规模的对象进行，如果每个小组的人员过多，显然会影响交流的深度和观点的真实表达。有研究人员认为，每个小组的人数以 6—12 人为宜。

研究人员只采用一个焦点小组的情形是非常少的，一般会组成多个焦点小组开展研究。这样做的好处是可以对比不同小组的结果，避免抽样不当造成单个焦点小组代表性不足的问题。一般来说，小组的数量以 3—4 个为宜。但最好是根据理论饱和度来判断，而不是墨守某个数字。摩根指出，小组的数目是不确定的，它需要根据另外的讨论是否产生了新的想法来决定。索妮娅·利文斯通（Sonia Livingstone）和伦特（Lunt）也提出，焦点小组数目的决定原则是一直到评论和范式开始重复，很少再有新素材产生出来。这里的“是否产生了新的想法”“新素材产生出来”实际上就是理论饱和度检验，是质性研究中常用到的信度和效度检验方法。这种检验实际上也暗示了可以运用扎根理论法来分析访谈资料。

3. 选择主持人

主持人在熟练进行人际沟通时应保持公正，主持人的责任是从参与者的讨论中收集观点，其作用是营造一个支持性的、非批判性的气氛，鼓励其他人参与进来。主持人应该想办法将谈话的主动权交给参与者，鼓励他们即兴发言、相互对话、积极参加讨论，不要依靠主持人这个“权威”。为了达到让参与者自己交谈的目的，研究人员还要设法使所有在场的人感到轻松、安全，自由地表现自己。要做到这一点，主持人自己首先要放松。不论是在情绪上还是在行为举止上，主持人都应该表现得自然、随和。主持人除了自己保持轻松的心态以外，还应该设法保证在场的每一个人都有发言的机会。

在焦点小组讨论的第一阶段，主持人首先要组织开展友好的介绍，接着讨论一般的问题，然后过渡到具体的问题。主持人使用探索的方法促进互动，缩小讨论范围或扩大到新问题。在访谈的过程中，参与者可能会询问主持人一些问题。如果这些问题只是为了澄清研究目的和有关访谈的规则，主持人可以直接就问题进行解答。而如果这些问题是表达者借以避免表达自身感受而采取的一种转移注意力的策略，主持人则应该采取一些技巧重新引导讨论。同时，主持人应鼓励参与者，如通过眼神接触和点头等方式。在讨论结束时，主持人总结讨论结果，并要求参与者提供他们认为重要却没有讨论的主题。这种方法可以产生一些没有在讨论中出现的有价值的数据。

4. 分析结果

焦点小组产生的数据分析是定性的。当参与者被问及信仰、态度和价值观等时，他们的反应是分析的焦点。分析往往由主持人完成，同时最好有多个研究人员参与分析，以减少主持人的“偏见”。第一阶段的分析发生于主持人和研究人员决定要进一步促进哪一反应或重定向。第二阶段的分析发生于每一个会话中，研究人员与分享意见和看法的小组互动，并确定会议的主题。最后，研究人员审查转录的磁带和注释，再次捕捉关键思想。同时，在广告效果调查中也推荐使用定性和定量相结合的方法，尽管焦点小组访谈提供了深度的定性数据，但结合定量调查（如问卷调查等）可以更全面地评估广告效果。定量数据可以验证焦点小组中发现的趋势和模式。

在广告效果调查中使用焦点小组访谈法时，必须考虑广告效果调查的特殊需求和目标。通过展示广告素材、设计有针对性的讨论问题、选择合适的目标受众及比较不同广告版本，研究人员可以获得更有价值的反馈。这些方法有助于深入理解广告的实际效果，从而为广告策略的优化提供有力支持。

第二节　访谈大纲与问题设计

在广告效果调查中使用焦点小组访谈法时，设计访谈大纲是确保研究有效和深入的重要步骤。本节将阐述一些在设计访谈大纲时需要特别注意的事项，以保证访谈能够获得有价值的数据，并获得参与者对广告的真实反应和看法。

一、访谈大纲的设计

首先，明确访谈的具体目标至关重要。广告效果调查的目标可能包括评估广告的创意、视觉效果、信息传达的清晰度、情感反应、品牌认知和态度变化及对消费者购买意向的影响。只有在明确了这些目标之后，才能设计出有针对性的问题，从而确保讨论始终围绕核心问题展开，这也是制作访谈大纲最重要的一步，确立目标导向，否则广告效果调查将失去重心。

在设计访谈大纲时，需要特别注意问题的设计。问题应尽量开放，避免引导性，以引发深入的讨论和真实的反应。开放式问题可以让参与者自由表达他们的想法和感受，而非简单地回答“是”或“否”。例如，在讨论广告创意时，可以问“你觉得这个广告的创意如何”，而不是问“你喜欢这个广告的创意吗”。前者更能引导参与者详细说明他们的看法，提供更丰富的反馈。在问题的顺序安排上，应遵循由浅入深、由表及里的原则。初始问题应较为简单和宽泛，以帮助参与者逐步进入讨论状态，例如，“你最近看到的最有趣的广告是什么”。随着讨论的推进，问题可以逐渐变得具体和深入，以便探讨广告的各个细节和参与者的深层次反应。

访谈大纲的设计也须包含一些灵活的问题，以应对讨论中可能出现的意外情况或参与者提到的未预料到的主题。例如，参与者可能会提出一些原本未在大纲中涉及的重要观点或反应，这时主持人应灵活调整问题，深入探讨这些新发现的主题。灵活的问题设计可以确保访谈的全面和深入。并且，在广告效果调查中，展示广告是一个关键环节。在展示广告前，应确保参与者了解广告背景和目标。在展示广告时，应给予参与者足够的时间观看和理解广告内容。在展示广告后，应立即询问他们的初步反应，以捕捉他们的第一印象。这些初步反应往往是最真实和直接的反馈，可以反映出广告最直观的效果。

访谈大纲的设计还应有一个总结和反馈环节。在总结环节，可以询问参与者对广告的总体评价，探讨广告的成功之处和改进建议。同时，开放讨论的机会，邀请参与者分享任何他们认为重要但未提到的内容。结束时，感谢参与者付出的时间和做出的贡献，并简要说明接下来的步骤，如数据分析和可能的后续联系。

只有通过精心设计访谈大纲，确保每个环节都能收集到丰富而有价值的反馈，广告效果调查才能更全面地评估广告的实际效果，为广告策略的优化提供有力支持。在整个设计过程中，需要保持灵活性和敏锐度，以确保访谈能够真实反映参与者的观点。

除了访谈大纲外，在焦点小组访谈前明确参与者的基本特征和访谈需求也同样重要。在选择参与者时，确保他们与广告的目标受众相匹配至关重要。这涉及参与者的社会和人口特征，如年龄、性别、收入水平和兴趣爱好等。参与者的选择直接影响到讨论的相关性和代表性，应确保选择的参与者能够真实反映广告的目标受众群体，从而提高研究结果的可靠性和有效性。

参与者的背景和文化差异也须重点关注。广告效果可能因参与者的文化和社会背景的不同而有所差异。在设计问题时，须充分考虑这些背景因素，确保问题的设计能够涵盖不同背景下的人的反应和看法。此外，如果是跨文化广告调查，主持人需要特别注意文化差异对广告理解和接受的影响，如文化语境、刻板印象及一些文化敏感性（如宗教信仰、饮食习惯等），并在访谈过程中灵活调整问题和讨论方式。

最后，确保讨论环境的舒适和无干扰也至关重要。访谈通常在一个舒适、安静且无干扰的环境中进行，这样可以使参与者感到放松和自由，更愿意分享真实的想法和感受。如果条件允许，座位应该尽量排成圆圈，以表示所有在场的人（包括研究人员本人）都是平等的，彼此不分高低。如果研究人员多于一个人，最好坐在一起，不宜分散于圈内，以免参与者围绕着研究人员形成多个小团体，同时各自对话。此外，焦点小组访谈中的偶发事件比较多，讨论环境的选择将直接影响参与者的参与度和讨论质量，因此在设计访谈大纲时也须考虑这一点。

二、问题的设计

在具体的问题设计上，研究人员需要注意以下九个方面。针对这九个方面，给出示例问题，从而帮助研究人员找到提问的思路与方向。

1. 使用开放性问题

开放性问题可以引导参与者提供详细和深入的回答，避免回答简单的“是”或“否”。示例问题：

① 你对这则广告的第一印象是什么？

② 你认为这则广告传达了什么信息？

③ 这则广告让你产生了哪些情感反应？

2. 从一般到具体

问题的设计应遵循由浅入深、由一般到具体的原则，帮助参与者逐步进入讨论状态。示例问题：

① 你最近看过哪些印象深刻的广告？

② 你觉得这则广告的创意如何？

③ 你认为这则广告的视觉效果如何？

3. 探讨广告的各个元素

在设计问题时，应覆盖广告的不同元素，如创意、视觉效果、音效、信息传达和情感诉求等。示例问题：

① 你觉得这则广告的创意是否独特和有吸引力？

② 广告中的视觉效果（如颜色、图像、动画等）是否吸引了你的注意？

③ 广告中的音乐或声音效果对你有什么影响？

4. 评估广告信息传达

探讨广告信息是否清晰、易懂及是否达到了预期的传播效果。示例问题：

① 你认为这则广告传达的信息是什么？

② 你觉得广告中的信息是否清晰、易懂？

③ 广告中是否有任何信息让你感到困惑？

5. 情感反应和态度变化

了解广告对参与者情感的影响，以及是否改变了他们对品牌的态度。示例问题：

① 这则广告让你产生了什么情感反应（如开心、感动、兴奋等）？

② 你对品牌的态度在观看广告前后是否发生变化？

③ 这则广告是否增强了你对品牌的好感？

6. 购买意向和行为

探讨广告是否成功激发了参与者的购买意向或其他相关行为。示例问题：

① 这则广告是否让你产生了购买该产品的欲望？

② 你会因为这则广告而考虑购买该品牌的产品吗？如果不会，为什么？

7. 比较和选择

如果有多个广告版本，可以设计比较性问题，了解不同版本的效果。示例问题：

① 你觉得哪一个版本的广告最能吸引你的注意？为什么？

② 不同版本的广告分别有哪些优点和缺点？

③ 你认为哪一个版本最能有效传达品牌信息？

8. 挖掘深入意见

通过追问和探讨，挖掘参与者的深入意见和具体例子。示例问题：

① 你提到这则广告让你感到开心，能具体说说哪一个部分让你有这种感觉吗？

② 你觉得广告中的某个元素特别出色，可以详细说说为什么吗？

③ 你认为这则广告在哪些方面可以改进？

9. 总结和反馈

在访谈的最后阶段，总结参与者的观点，并邀请他们提出总体评价和建议。示例问题：

① 总体来说，你对这则广告的评价是什么？

② 你认为这则广告最成功的地方在哪里？

③ 如果你是广告的创作者，你会做哪些改进？

通过对以上九个方面的关注，可以设计出全面、深入且有针对性的问题，确保在广告效果调查中能够获得丰富且有价值的反馈。这不仅有助于评估广告的实际效果，还能为广告策略的优化提供有力的支持。

第三节 主持人培训与人员招募

在焦点小组访谈中，主持人扮演着至关重要的角色，直接影响访谈的顺利进行和最终的数据质量。同时，确定招募对象也是不可忽视的一部分，如果说小组成员对主题有抗拒心理，也一定会对调查结果产生影响。

一、焦点小组访谈中主持人的主要作用

主持人的主要职责不仅仅是提问，还要引导、协调和管理整个访谈过程，以确保能够深入了解参与者的真实想法和感受。在广告效果调查中，主持人的主要作用体现在以下五个方面。

1. 介绍基本信息

主持人在访谈开始时需要介绍基本信息。这包括向参与者介绍研究的背景、访谈的目的和流程、处理结果的方式、志愿原则和保密原则、基本规则等。例如，在广告效果调查中，主持人可以说明本次访谈的主要目标是了解观众对某品牌新广告的反应和感受。清晰的介绍有助于建立一个开放和信任的氛围，使参与者了解访谈的整体框架和期望，从而缓解紧张情绪，鼓励他们积极参与讨论。主持人可以这样开场："大家好，感谢你们的参与！今天我们将讨论某品牌新广告的效果，希望大家能够分享你们的真实想法。"

2. 引导话题的进入

引导话题的进入是主持人的一项重要职责。焦点小组访谈中引导话题的进入顺序与个人访谈一样，应该像一个倒置的金字塔，开始时比较宽泛，然后逐步收紧。初期的问题应该是开放性的且容易回答的，以帮助参与者逐渐进入讨论状态。例如，主持人可以问："你们最近看过哪些令你们印象深刻的广告？"这样的问题既能够让参与者放松下来，又能够引导参考者开始思考广告主题，从而为深入讨论做好铺垫。在广告效果调查中，这种逐步引导的方式非常有效，能够激发参与者的兴趣和积极性，使他们更愿意分享对具体广告的看法。

3. 掌握整体访谈的走向

掌握整体访谈的走向是主持人的核心任务之一。主持人需要确保讨论始终围绕核心问题展开，避免偏离主题。同时，转换话题要流畅、自然，避免过分强制、操之过急。追问时应该尽量使用参与者提供的概念线索，而不是生硬地"另起炉灶"。在广告效果调查中，这尤其重要，因为研究人员需要具体的反馈和见解。例如，当讨论开始偏离广告的具体内容时，

主持人可以及时将话题拉回正轨："刚才大家提到了一些相关的话题，现在我们回到广告本身，大家觉得广告中的主要信息传达得清晰吗？"这种掌控能力确保了访谈的有效性，使得每个核心问题都能得到充分的讨论。为了了解参与者的态度和价值观，主持人还可以适当地使用控制式投射法，如问参与者："有人认为……不知你们怎么看？"

4. 控制时间，防止冗长

控制时间和防止冗长也是主持人的重要职责。在有限的时间内，主持人需要合理分配每个话题的讨论时间，确保所有重要问题都能被覆盖。如果某个话题讨论过于冗长或重复，主持人需要及时干预。例如，在讨论广告的视觉效果时，如果参与者开始重复观点，主持人可以说："谢谢大家的意见，我们接下来讨论一下广告中的音效。"这样既能控制时间，又能确保讨论的多样性和全面性，从而提高访谈的效率。

5. 激发参与，尤其是鼓励沉默者发言

激发参与，尤其是鼓励沉默者发言，是主持人需要特别关注的方面。在广告效果调查中，不同的参与者可能会有不同的看法和感受，而一些性格内向的参与者，以及在交谈过程中感到群体压力的成员可能会放弃表达观点。主持人需要敏锐地察觉这些情况，并通过温和的引导鼓励他们参与讨论。例如，主持人可以直接点名并给予鼓励："李女士，您怎么看这则广告？我们很想听听您的看法。"这种方式不仅能激发沉默者的参与热情，还能丰富讨论的内容，获取更多元化的观点，从而确保研究结果的全面性和代表性。同时，在访谈结束的时候，主持人可以请每一名参与者简单地总结一下自己的看法，或者补充自己想说而没有机会说的话。这样做一方面可以使大家进一步厘清思路，另一方面也可以为那些没有机会或机会较少的人提供一个说话的机会。

基于以上主持人的作用，我们需要对主持人进行培训，一般来说，主持人应至少具备三种能力：互动亲和能力、访谈过程中的控场能力、提问和倾听能力。

培养焦点小组访谈中主持人的互动亲和能力，可以通过积极倾听、展示同理心和保持开放的态度来实现。主持人需要通过点头、微笑和眼神接触等非语言沟通方式，表达对参与者的尊重和关注，营造一个信任和舒适的氛围。

访谈过程中的控场能力是确保访谈有序和高效进行的关键。主持人需要制定详细的访谈大纲，并在访谈过程中灵活应对，确保讨论始终围绕核心问题展开。时间管理是控场的重要部分，主持人要使用定时工具，合理分配时间，并及时引导讨论回归主题。此外，处理分歧和冲突的能力也是控场的重要方面，这需要主持人保持冷静和公正。

提问和倾听能力是主持人获取深入信息的核心技能。开放性提问能够引导参与者提供详细和丰富的回答，而追问技巧则能深入挖掘参与者的真实想法。避免引导性问题，可以确保回答的真实性和多样性。积极倾听不仅是对参与者言语的关注，更是对其情感和观点的理解，主持人可以通过反馈和总结来确认理解的准确性。

二、访谈成员的招募

在广告效果调查中使用焦点小组访谈法，招募合适的访谈成员是确保访谈成功的关键步骤。招募过程中需要考虑目标受众、招募渠道、筛选标准和激励措施等多个方面。

1. 确定目标受众

在开展焦点小组访谈前，首先需要明确访谈的目标受众。这取决于广告的目标市场和研究的具体目的。例如，如果研究的是健康饮品的广告，研究人员可能会寻找那些对健康饮食有意识、经常购买相关产品的消费者。明确目标受众有助于确保访谈成员具有代表性，能够提供有价值的反馈。当然，还要考虑的一个问题是应该选择熟人还是生人作为参与者？这个问题至少涉及两个方面的情形：一是参与者对研究人员来说是熟人还是生人？二是参与者相互之间是熟人还是生人？也许除非有特殊要求，最好选择对研究人员和参与者来说都是生人的人。这是因为生人彼此不熟悉，对研究更加有新奇感，可能会比较积极地投入讨论。此外，生人之间不必像熟人那样讲究交情和面子，可以比较坦率地发表自己的看法。从研究人员的角度看，因为对生人的情况不了解，他们提供的信息应该更加有价值。

2. 利用多种招募渠道

为了有效地招募到符合条件的访谈成员，必须利用多种招募渠道。常见的招募渠道包括社交媒体、在线论坛和社区、电子邮件列表、线下活动地点等多种方式。例如，可以通过微博、微信公众号、小红书等平台发布招募广告，快速接触到大量的潜在参与者；可以在与目标受众相关的论坛或社区发布招募信息，如运动爱好者论坛或健康生活社区；如果有现成的客户或订阅者列表，则可以通过电子邮件发送招募邀请；在健身房、运动俱乐部或相关活动的线下活动地点进行招募，直接面对目标受众。

3. 制定清晰的筛选标准

为了确保招募到的访谈成员具有代表性，需要制定清晰的筛选标准。这些标准应基于目标受众的特征，包括年龄、性别、兴趣爱好、消费习惯等。另外，在挑选参与者时，还要考虑这些人对研究的问题是否感兴趣、是否有话可说。明确访谈的目标和预期成果有助于确定需要哪些特定背景和经验的参与者。例如，可以设定以下筛选问题：

① 你在过去一个月内是否购买过运动饮料？

② 你每周进行多少次体育锻炼？

③ 你是否关注社交媒体上的运动品牌广告？

根据这些问题的回答，可以更精确地筛选出与研究目标高度匹配的参与者。这种精准的筛选过程对于提高焦点小组访谈的有效性至关重要。

4. 采取适当的激励措施

为了吸引目标受众参与访谈，需要采取适当的激励措施。激励措施可以是现金奖励、礼品卡、产品样品或其他形式的补偿。激励措施不仅能够增加参与者的积极性，还能提高他们的参与质量。除了物质的激励外，参与者可能更需要心理上的获得感，因此在招募沟通的过程中，最好能让参与者明确知晓此次焦点小组访谈的目的是什么，以及将会带来什么样的对社会或产品的积极效果。

5. 确保多样性和代表性

在焦点小组访谈的招募过程中，需要确保访谈成员的多样性和代表性。多样性和代表性是获取深入、全面见解的基础。这不仅涉及目标受众的核心特征，如他们对健康饮品的偏好和购买习惯，还包括更广泛的社会人口统计学特征。多样性的成员能够提供更全面和多角度的反馈，从而增强研究结果的可靠性。

以一款新型运动饮料的广告效果调查为例，招募过程可以这样展开：

① 明确目标受众：18—35 岁的活跃运动人士。

② 发布招募广告：在健身房、社交媒体和运动社区发布招募广告，说明访谈的目的、时间、地点和激励措施。

③ 筛选问卷：设计一份简短的筛选问卷，包含运动频率、品牌偏好、广告观看习惯等问题。

④ 沟通确认：通过电话或邮件与筛选通过的候选人联系，确认参与意愿和具体安排。

⑤ 备用名单：准备备用名单，确保访谈人数充足。

通过综合考虑这些因素，我们可以构建一个多元化的焦点小组，这样的小组能够提供更全面和多角度的反馈。这种多样性不仅能够增强研究结果的可靠性，还能提高广告策略的包容性和有效性。通过这种方式，我们可以确保广告活动能够触及更广泛的受众，并在不同的市场细分中取得成功。

6. 规避伦理问题

在设计焦点小组之前，应事先考虑伦理问题和潜在挑战，并提前规划解决方案，这样可以确保访谈过程的顺利进行，并保护参与者的权益。尤其是对跨文化市场的适应性的考虑，可以确保访谈结果在全球范围内具有相关性和适用性。

按照以上步骤，不仅能够确保招募到符合条件的访谈成员，而且能够构建一个多元化和具有代表性的参与者群体，这对于广告效果调查至关重要。这样的群体能够提供高质量的反馈和深刻的洞察，因为它们反映了不同的背景，以及经验和观点的广泛性。

第四节　人工智能机器人访谈工具与案例应用

一、人工智能机器人访谈工具的概述

人工智能机器人访谈工具通过对话式交互技术革新传统调研模式，实现自动化、高仿真的定性研究。该类工具基于自然语言处理与生成式 AI，构建可动态响应、多轮追问的智能对话系统，显著提高访谈效率，增加数据深度。其核心突破在于：

第一，拟真对话引擎。模拟人类访谈员的话术逻辑，支持结构化、半结构化、焦点小组等访谈流程，实时优化提问路径。

第二，全流程自动化。从访谈大纲生成、多语言实时交互到对话转录与情感分析，人工智能都能够帮助人工完成操作。

第三，深度洞察挖掘。自动生成带时间戳的访谈纪要，执行语义聚类、情感倾向检测、数据饱和度分析，无缝对接质性分析软件（如 MAXQDA、NVivo 等）。

其代表性工具涵盖问卷星、MiMiTalk 等。目前，这些工具在广告与市场研究领域，如消费者行为洞察、广告概念测试、品牌叙事研究等方面，尤其是在大规模定性样本采集、跨文化研究、敏感话题探索等场景下，具有更强的可操作性。

二、案例应用

（一）以问卷星为例

问卷星的 AI 访谈功能能够将问卷转化为“一问一答”或“一问多答”的对话界面，增强受访者的参与感。对于调研者而言，其 AI 访谈功能的使用路径为“创建问卷—AI 访谈题目”。进入创建界面后，调研者可输入访谈目的，借助 AI 生成访谈题目，亦可根据需求自行添加、编辑访谈题目。(图 5-4)

图 5-4　问卷星 AI 访谈操作效果

在用户参与调研的过程中，系统会按照调研者预先设定的访谈大纲，自动向用户推送题目。受访者以聊天的形式独立作答，能够获得更为自然的体验。

（二）以 MiMiTalk 为例

MiMiTalk 是一款专为定性研究者设计的 AI 访谈工具，其自动访谈功能可依据受访者的回答实时优化下一个问题，引导更深入、自然的对话。此外，MiMiTalk 支持多语言访谈，可根据研究设计自动切换语言，无须手动翻译和多语种访谈员支持。其具体操作如下。

调研者在注册或登录网站后，可通过“My Projects（我的项目）—Creat New Project（创建新项目）”路径创建全新的访谈项目，并填写项目名称与访谈大纲。在此过程中，调研者还能运用平台内置的 AI 优化工具，自动生成或调整访谈大纲。

此外，MiMiTalk 支持结构化访谈（Structured Interview）和半结构化访谈（Semi-structured Interview）这两种访谈类型，以及英语、中文、法语、挪威语、荷兰语等多种灵活的访谈语言。

不仅如此，调研者还可以根据自身需要，自行选择是否开启音频录制，并设置最长访谈时间（1—120 分钟）。（图 5-5）

图 5-5　调研者视角的 MiMiTalk 操作界面

创建项目后，调研者可根据研究需要选择分享标准轮流访谈链接或实时模式链接给参与者。参与者无须注册，直接从桌面或移动设备进入，填写基本信息、选择他们的语言，进行音频和麦克风测试，即可开始访谈（图 5-6）。

访谈过程中，调研者能够在网页内实时追踪访谈，如果使用实时模式，调研者甚至可以旁听或在必要时进行干预。

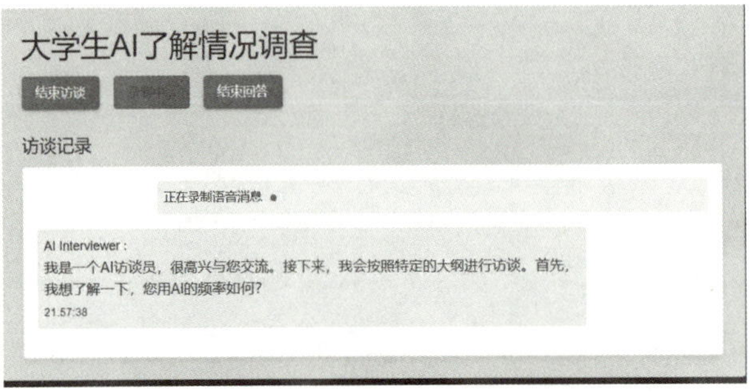

图 5-6 参与者视角的 MiMiTalk 操作界面

访谈结束后，调研者可以以 zip 文件格式获取访谈结果，内容包括音频文件（可选）、完整转录、访谈摘要（包括时间戳和参与者信息）、项目元数据。平台还能进一步直接将转录结果导入分析模块，开展聚类分析、情感检测、检查数据饱和度等文本分析工作，同时能直接导出可用于 MAXQDA、NVivo 或 Excel 的文件。

第五节 质化数据的编码与处理

对质化数据进行编码是分析和解读质化数据的重要步骤，可以通过系统化的方式将大量复杂的文字数据转换为有意义的模式和主题（表 5-1）。

表 5-1 质化数据编码示例表

原始的行为事件访谈记录	行为归纳（行为/能力指标）	指标主题
因为我个人是大大咧咧的，跟客户相处得也尽量像朋友，而不是说你是客户我是什么。相当于两个人的互动，就保持一种比较平和的关系，虽然是我们公司服务他，但是我们大家也尽量能够成为朋友，而不是纯粹的服务与被服务的关系。我可能就是里面加多一层，大家友好相处，就像现在你跟我，我也希望能跟你友好相处	保持平和的心态，将工作中的关系发展为朋友关系	平和心态 建立朋友关系
当时时间紧，只有一个月的时间，我所带的那个小组，加我共 8 个人。我们公司第一到第五都是我们小组的人，我们团队拿到了团体的第一名，还有我们公司也拿到了全省第四名。当时给我的一个感触就是，任务下来，你与其去抱怨它，如干不了这么多或不可能完成，还不如去试一下，基于你自己的本职，尽你的能力，你能完成多少就算多少	在面临任务和压力时，保持积极心态，首先是执行和适应	积极乐观的心态 承担压力 迎接挑战 行动导向

以下是质化数据编码的方法，分为初级编码和高级编码两个阶段，涵盖开放性编码、主轴性编码和选择性编码等。

一、开放性编码

开放性编码是通过对现象的仔细研究，进行命名和分类的分析工作，亦即分析、检视数据并对其进行概念化的归纳、比较的过程。它的目的是从资料中发现概念类属（Category），对类属加以命名，确定类属的属性和维度，然后对研究的现象加以命名，使其类属化。类属包含了概念的特性和维度。特性比较好理解，维度则是指特性的范围。简单来说，就是“打标签”，把原始资料打散，贴上概念化的标签，然后按照它的特点和程度进行归类，相似的就归到一个组里（类属）。开放性编码的过程类似于一个漏斗，由一个较为宽广的范围逐渐缩小和集中。

在开放性编码的阶段，对概念的命名一般采用三种方式：

（1）由研究人员自行创建

研究人员在数据对比测试的背景下，借由事物所唤起的意义或意象，授予能反映该意义或意象的名字。

（2）沿用已存在于学术文献中的名字

这样命名是因为概念本身已包含了极为丰富的分析意义，且都是已经发展得近乎完整的概念，故而非常严谨，但缺点是缺乏弹性，未必能与自己想表达的概念一致。

（3）见实编码

研究人员从受访者本身所使用的话语中撷取字词来命名。

二、主轴性编码

主轴性编码是借由演绎与归纳，通过不断比较的方法将近似编码链接在一起的复杂过程。其主要任务是选择和构建主要类属的内容，并将主要概念类属与次要概念类属连接起来，以重新组织数据。这样的操作会使得两级编码之间形成一个关系网。在合并前面已经形成的概念类属中，发现和建立概念类属之间的相互关系，如因果关系、情景关系、功能关系、过程关系、时间先后关系等。主轴性编码的主要过程包括：

① 检查各次要概念类属与各现象彼此的关系，在这个基础上思考主要概念类属与次要概念类属间可能存在的假设性关系。

② 检验实际资料是否支持上述这种假设性关系。

③ 持续不断地寻找主要概念类属与次要概念类属的性质，并从实际的个案中确认它们在个别面向上的定位。

④ 检验实际应用数据中的证据、事故、事件，并予以解释、说明。通过反复推导和归纳整理，研究人员将开发出一些针对研究现象的概念类属。

三、选择性编码

数据分析的最后阶段被称为选择性编码阶段，这一阶段的主要工作是整合与凝练，在所有命名的概念类属中，这是一种核心类属（Core Category）。核心类属是浓缩所有分析结果后得到的关键词，这几个关键词足以说明整个研究的内涵，即使条件改变导致所呈现出的现象有所不同，其仍具备解释效力。

在选择核心类属后，选择性编码主要通过五个步骤实现：

① 创建一条清楚明确的故事线（Story Line）。

② 通过译码范式模型连接主要概念类属与次要概念类属。

③ 在面向的层级（Dimensional Level）发展派系类型。

④ 通过数据检验各派系中概念类属间的关系。

⑤ 填满可能需要补充或发展的类属。

通过这些步骤，研究人员不仅能够收集和分析数据，还能够深入理解不同参与者的观点和行为模式，从而发展出不同的派系类型。这些派系类型是基于参与者的共同特征、偏好和反应来定义的，它们有助于将复杂的数据简化为更易于理解和操作的分类。

第六节 基于焦点小组数据的广告效果结论分析

在广告效果分析的背景下，焦点小组讨论结束后，通常会有主持人进行总结，这一过程有时被称为“即时分析”。这种即时分析为与会的营销专家和主持人提供了讨论的机会，使营销专家能够立即获取主持人的主要观点并进行回应。在头脑风暴的环境中，这种讨论有助于激发新的想法和见解，进一步优化广告策略。

正式报告的撰写方式由客户需求、研究人员的风格及研究建议书中达成的协议来决定。通常有以下几种模式。

一、简要摘要模式

在市场研究领域，研究人员经常需要将复杂的数据和分析结果转化为易于理解且具有说服力的信息，以便向客户传达。为了实现这一目标，研究人员会精心准备一份简短而令人印象深刻的主要发现摘要。这份摘要主要基于研究人员的直接观察和记忆，旨在捕捉并传达消费者的真实反应，让客户能够直观地感受到消费者的声音和情感。

例如，在焦点小组的广告效果分析结束后，研究人员可能会准备一份摘要，重点描述消费者对广告中视觉元素的即时反应。这可能包括消费者对广告色彩、图像、布局等方面的第一印象，以及这些视觉元素是如何影响他们对广告内容的感知和情感反应的。此外，研究人员还会关注消费者对广告信息传递的初步感受，包括他们对广告主题、信息清晰度和说服力的评价。

通过这种摘要，客户可以获得对消费者反应的“鲜活”印象，这有助于他们更深入地理解目标受众的心理和行为。客户往往会保留这些焦点小组讨论的录音，并在需要时反复听取，以便更细致地分析消费者的意见和反馈。这种做法虽然可能较为耗费时间和资源，但它能够提供深入的洞察，帮助客户做出更准确的市场决策。

然而，这种依赖录音和反复听取的做法也有其局限性。它可能过于依赖个别消费者的即时反应，而忽视了更广泛的市场趋势和消费者行为的长期变化。此外，如果客户过分依赖这些“鲜活”的消费者反应，可能会忽视数据分析的重要性，导致决策过程中的偏见和误判。

因此，虽然这种极端的做法在某些情况下可以提供有价值的洞察，但它应该与其他研究方法和数据分析相结合，以形成一个全面、客观的市场研究视角。通过综合运用多种研究工具和方法，研究人员可以更准确地捕捉和解释消费者的行为与偏好，为客户提供更全面、更可靠的市场洞察。

二、详细引语记录模式

在市场研究的实践中，另一种极端的做法是研究人员深入挖掘焦点小组讨论的录音资料，以获取更深层次的消费者洞察。这种方法要求研究人员不仅要聆听录音，更要反复聆听，以便捕捉和记录下小组成员的每一个重要引言和反馈。这样的过程使得研究人员能够将小组成员的想法和反馈归类，使之与研究目标和社会科学的理论框架相符合。

在这种情况下，消费者对广告内容的详细反馈被赋予了极高的重视。研究人员会细致地记录下消费者对广告的具体词汇选择、情感反应，以及他们对广告元素的个人解读。这种细致入微的记录有助于揭示消费者对广告的深层认知和情感联系，从而为广告效果的评估提供丰富的定性数据。

小组成员的评论在最终的市场研究报告中扮演着至关重要的角色。它们不仅仅是数据点，更是理解消费者内心世界和行为动机的“窗口”。这些评论的作用类似于心理治疗中患者的自由联想对于心理医生撰写病例报告的作用，即通过患者的自由联想，心理医生能够洞察患者的心理状态和潜在问题。

通过这种方法，研究人员能够构建出更为全面和深入的消费者画像，这些画像不仅基于消费者的表面反应，而且深入他们的心理和情感层面。这样的洞察对于广告策略的制定和优化具有重要的指导意义，因为它们能够帮助广告商更准确地把握目标受众的需求和期望。

然而，这种方法也面临一些挑战。首先，它需要研究人员具备深厚的社会科学背景和敏锐的洞察力，以便正确地解读和分类消费者的反馈。其次，这种方法可能会因为过度依赖个别消费者的反馈而忽视更广泛的市场趋势。此外，对录音的反复聆听和分析可能会耗费大量的时间和资源。因此，尽管这种方法能够提供深入的消费者洞察，但它应该与其他研究方法相结合，以确保研究结果的全面性和客观性。通过综合运用定性和定量的研究方法，研究人员可以更准确地理解消费者的行为和偏好，为客户提供更全面、更可靠的市场洞察。

三、剪贴技术

在市场研究中，介于简要摘要模式和详细引语记录模式之间的一种平衡方法被称为“剪贴技术”。这种方法缺乏临床报告的深层心理分析，但仍需要研究人员具备相当的技术和洞察力。首先，需要对焦点小组的讨论进行转录。然后，研究人员评论转录的内容，找出讨论中的一般线索和趋势，并将组与组之间相似的模式剪辑并汇集在一起。例如，研究人员可能会发现，多个小组中都提到广告中的某一元素特别吸引人，于是将这些评论汇集在一起进行分析。最后，研究人员根据内容将相关材料装订成册。

实际报告的撰写通常从描述研究目标、研究报告寻求回答的主要问题、小组成员的性质和特点，以及他们的招募方式等引言部分开始。接下来是2—3页的发现和建议摘要，报告以研究发现的主体部分结束。例如，在广告效果分析的案例中，报告可能会从描述广告效果的研究目的开始，接着列出该研究希望回答的主要问题，如“消费者对广告的第一印象是什么?”“广告中的哪个元素最能吸引消费者注意?”等。焦点小组成员的性质和特点及他们是如何被招募来的也会在引言中提及。随后，以2—3页的发现和建议摘要，概括小组讨论中的主要观点和结论，如“消费者普遍对广告中的色彩运用给予积极评价，但对广告语的记忆度不高”。最后，报告以详细的研究发现结束，包括具体的消费者反馈、研究发现的主要模式和趋势等。如果焦点小组成员的讨论已经很好地细分和分类了，准备报告的主体部分将不会太困难。主要表现为：先介绍主要课题，并概括其主要观点；然后充分引用实际小组成员的意见，如“多位参与者提到广告中的幽默元素让他们印象深刻”。其他课题也可以类似的方法进行。

延伸阅读

［1］张少君. 视听节目市场调查研究方法［M］. 北京：中国传媒大学出版社，2022.

［2］黄丽丽，冯雯婷. 控烟视频广告的恐惧诉求效果评估：基于焦点小组访谈的定性分析［J］. 中国健康教育，2017，33（9）：801－803，824.

［3］冯冉. 审视"真美行动"的中国困境：多芬互联网视频广告意义的建构与解读［J］. 广告大观（理论版），2019（6）：69－83.

［4］RABIEE F. Focus-group interview and data analysis［J］. Proceedings of the Nutrition Society，2004，63（4）：655－660.

［5］MORGAN D L. Focus group interviewing［J］. Handbook of Interview Research：Context and Method，2002，141：159.

思考题

1. 焦点小组访谈在广告效果调查中扮演什么角色？焦点小组访谈又该如何实施？

2. 假设你是一家广告公司的市场研究员，你的任务是评估一款新推出的健康饮品广告的效果。若你决定使用焦点小组访谈作为主要的研究方法，你将如何去做？

3. 如果你获取了一份关于某电子产品上市一个月后的关于用户使用体验的焦点小组访谈资料，你希望分析得出消费者对于该电子产品的便捷性使用体验，你将采用什么样的编码方式处理焦点小组访谈资料？

第六章

宏观市场实验与广告效果测定

第六章 宏观市场实验与广告效果测定

第一节 宏观市场实验的基本原理与流程

一、宏观市场实验的基本原理
二、宏观市场实验的流程

第二节 实验设计与变量控制

一、实验设计
二、变量控制

第三节 实验推进与数据获取

一、实验推进策略
二、数据收集方法

第四节 比较性实验数据的分析

一、方差分析
二、协方差分析
三、多元回归分析
四、差异分析

第五节 基于宏观市场实验数据的广告效果结论分析

一、数据综合评估与关键绩效指标分析
二、消费者行为的深入洞察
三、广告策略效果的实证评估
四、市场趋势和机会的识别
五、风险和局限性的考量

导读：

在数智传播时代，广告的传播渠道与消费者行为日益复杂化，如何科学评估广告活动的真实效果成为营销领域的关键挑战。传统方法如问卷调查、焦点小组访谈等虽能提供一定洞见，但其依赖主观数据、难以控制干扰因素的局限性逐渐显现，尤其是在面对更为宏观的市场运作时，过度聚焦微观消费者心理的测量方法也较难掌握整体的市场动态。因此，需要更为宏观视角的相关调查方法的补充。宏观市场实验法作为一种基于实证研究的科学工具，通过严谨的实验设计、变量控制和数据验证，为广告效果测定提供了可量化、可复现的解决方案。其核心价值在于建立广告投入与消费者行为变化的因果关联，从而帮助从业者摆脱“经验直觉”的束缚，迈向数据驱动的精准决策。

本章学习目标：

1. 掌握宏观市场实验的基本概念与原理。
2. 掌握宏观市场实验的基本流程。
3. 掌握宏观市场实验中的变量控制方法。
4. 掌握方差分析、协方差分析等宏观市场实验中基本的量化统计分析方法。

20 世纪初，市场调研开始受到重视，企业逐渐意识到了解消费者需求和市场趋势的重要性。到了 20 世纪 60 年代，一些学者和企业开始尝试在真实的市场环境中进行小规模的广告效果实验，尽管早期实验的方法相对简单，数据也较为有限，但它们为后来的发展奠定了基础。

随着技术的进步，特别是计算机技术的发展，数据处理和分析能力得到了显著提升，为大规模市场实验提供了强有力的技术支持。与此同时，经济学和市场营销学领域的理论研究不断深入，为宏观市场实验提供了坚实的理论基础。在此背景下，多个行业和地区的企业开始广泛采用宏观市场实验来评估广告效果。

步入 21 世纪后，大数据和人工智能技术的应用使得宏观市场实验更加精确和高效。数字媒体的崛起进一步推动了宏观市场实验的发展，实验开始整合线上、线下多渠道数据，以提供更全面的市场洞察。此外，全球化的市场环境要求宏观市场实验具备跨文化、跨国界的视角，以适应不同市场的特点和需求。随着实验规模的不断扩大，伦理和法律问题也成为研究人员和企业必须关注的重点，须确保实验的合法性和道德性。

宏观市场实验作为一种重要的研究方法，通过模拟真实市场环境下的消费者行为来评估广告效果，为理解和优化广告策略提供独特的视角。在本章中，我们将深入探讨宏观市场实验的基本原理、设计思路及其在广告效果评估中的应用。希望通过本章的学习，读者能够掌握利用宏观市场实验进行广告效果研究的基本技能，并能够在实践中灵活运用。

第一节　宏观市场实验的基本原理与流程

在数字化和全球化的浪潮中，广告已从简单的信息传播工具转变为企业与消费者之间互动的桥梁。随着技术的进步，广告的形式和传播渠道经历了翻天覆地的变化。社交媒体、搜索引擎、移动应用等新兴平台的出现，为广告的个性化和精准投放提供了可能。然而，这种多样化也带来了新的挑战——对广告效果的评估变得更加复杂和多维。尤其是在数智传播时代，对广告效果的测量不再仅仅看简单的销售增长或品牌知名度提升，而是需要综合考虑用户行为、情感反应及社会影响等多维度因素。

宏观市场实验作为一种在真实市场环境中评估广告效果的研究方法，能够提供接近市场实际情况的数据。与微观层面的研究相比，宏观市场实验更注重整体市场的动态变化及不同变量之间的交互作用。这种方法不仅能帮助我们识别出哪些广告策略最为有效，还能揭示这些策略背后的驱动机制，为制订更加精准的市场营销计划提供科学依据。

宏观市场实验通过模拟广告在不受人为控制的自然环境下的表现，能够更准确地捕捉广告对消费者行为和市场动态的影响。通过在实际市场条件下测试广告策略，它可以揭示广告投放的直接和间接效果，包括品牌知名度的提升、消费者态度的改变及销售量的增长。因此，宏观市场实验的研究结果不仅具有现实意义，也具有更高的应用价值。

此外，宏观市场实验还能够适应数智传播时代广告的快速迭代。在数字化环境中，广告的内容和形式可以得到迅速更新和调整，宏观市场实验能够及时捕捉这些变化对市场的影响，为企业提供即时的反馈和策略调整的依据。

一、宏观市场实验的基本原理

宏观市场实验是在自然市场环境中，通过控制和观察广告活动对市场变量的影响来评估广告效果的研究方法。这种方法与传统的实验室实验相比，避免了实验室环境中可能存在的偏差和限制，更贴近实际市场情况，能够提供更为真实和可靠的数据。相对于短期的实验室实验，宏观市场实验通常涉及较长的时间跨度。这种长期观察有助于捕捉广告的长期效应，如品牌忠诚度的建立、市场份额的变化等。宏观市场实验在广告效果研究中的应用，是对广告活动影响的深入探究，主要遵循以下基本原理。

（一）因果关系

在广告效果研究中，确定因果关系是验证广告活动效果的核心任务，其揭示了广告投入是如何影响消费者的决策过程及最终的市场表现的。换言之，因果关系原理揭示了广告活动是否真正导致了销售量的增加、品牌知名度的提升或消费者态度的转变。譬如，针对某饮料品牌的宏观市场实验，将两个地区分为实验组 P 和对照组 Q。实验组 P 地区在一定时间内接受了高频率的广告投放，而在对照组 Q 地区则不投放广告，只维持正常的广告水平。通过对比两个地区的投放效果，观察实验组的销售额等在广告活动期间是否有显著增加，从而确定因果关系。(图 6-1)

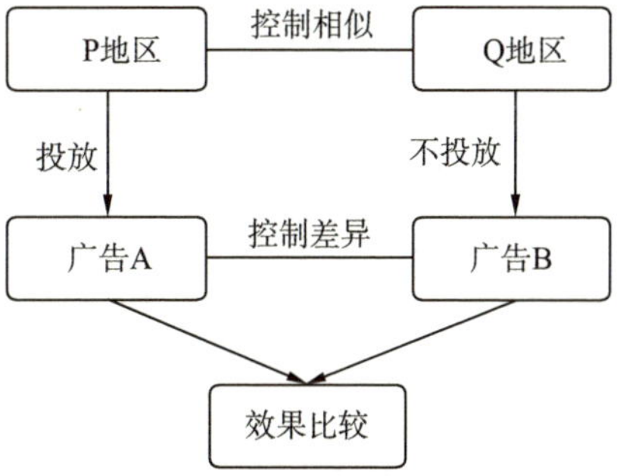

图 6-1　P、Q 两地区投放广告因果关系图

需要注意的是，宏观市场实验不仅关注单一变量的变化，还考虑多个变量之间的相互作用。例如，广告效果可能受到价格、促销、竞争对手活动等多种因素的影响。通过多变量分析，可以更全面地理解广告策略的效果和背后的驱动机制。假设

一家公司想评估广告类型和广告频率对销售额的影响，为此，该公司设置两个自变量：广告类型（传统广告、数字广告）和广告频率（每周一次、每周两次）。通过 2×2 因子设计，创建了 4 个实验组，见表 6-1，组 1 为传统广告—每周一次，组 2 为传统广告—每周两次，组 3 为数字广告—每周一次，组 4 为数字广告—每周两次。

表 6-1　2×2 因子设计表

广告类型	广告频率	
	每周一次	每周两次
传统广告	组 1	组 2
数字广告	组 3	组 4

记录每个实验组的销售额、消费者调查结果、社交媒体反馈等，通过数据分析就可以评估每个变量的广告效果，以及它们之间可能存在的交互效应关系。

（二）可重复性

可重复性是科学研究中的一个关键概念，它确保了实验结果不是偶然发生的，而是可以在相似条件下被其他研究人员复制和验证的。在广告效果研究中，这一点尤为重要，因为它关系到广告策略是否具有普遍适用性和长期有效性。例如，在跨地域的投放广告研究中，无论是在 P 地区，还是 Q 地区，广告投放都能提高用户的购买意愿，这种跨地区的实验结果证明了广告策略的可重复性（图 6-2）。这种广告策略的可重复性表明，社交媒体平台的某些特性，如用户参与度、内容分享机制和个性化推荐，可能是提高广告效果的关键因素。

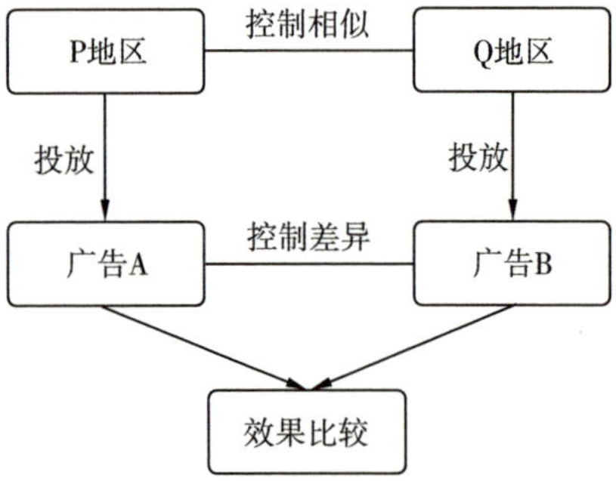

图 6-2　P、Q 两地区投放广告可重复性图

（三）控制变量

控制变量是宏观市场实验设计中的一个关键环节，它确保了实验结果的准确性和可靠性。在宏观市场实验中，通过控制变量，研究人员可以确

保实验结果的内部效度，即实验结果是由实验操作（广告活动）引起的，而不是由其他未控制的因素所导致的。这有助于建立广告活动和市场反应之间的直接因果关系。因此，通过精心设计实验并严格控制外部因素，研究人员能够更准确地评估广告活动对消费者行为的影响，并为广告策略的制定和优化提供科学依据。

（四）统计显著性

统计显著性是科学研究中用以判断实验或观察结果是否具有非随机性的一个关键指标。在广告效果研究中，它帮助研究人员区分广告活动的影响与市场自然波动之间的差异。通过统计分析，研究人员可以确定广告效果是否超出了随机波动的范围。例如，针对广告投放效果的研究，通过统计模型分析广告投放与产品销量之间的关系，以广告投放与销量之间是否存在显著的相关性来判断广告活动的影响与市场自然波动之间的关系。

宏观市场实验作为评估广告效果的重要工具，提供了在真实市场环境中测试和验证广告策略的独特机会。通过遵循科学的原理和方法，研究人员能够深入了解广告活动对消费者行为和市场动态的影响，为广告主、营销决策者提供宝贵的洞察和指导。随着市场环境的不断演变和技术的进步，宏观市场实验将继续发挥其在广告效果评估中的重要作用，帮助企业优化广告投放策略，提高营销效率和效果。

二、宏观市场实验的流程

广告的作用不仅仅是提高知名度，更能驱动销售和塑造品牌形象。为了精确评估广告活动的真实效果，宏观市场实验提供了一种强有力的研究方法。这种方法允许研究人员在接近自然市场条件的环境下，量化和分析广告对消费者行为与市场动态的影响。以下是宏观市场实验的基本流程，它为广告效果的科学评估提供了一个结构化的框架。

（一）需求分析与目标设定

需求分析与目标设定是宏观市场实验的起始步骤，它涉及深入分析市场环境，包括市场趋势和竞争格局。它重在明确实验的方向、目标和具体要求，确保实验设计符合企业的实际情况和市场需求。主要方法包括市场趋势分析、竞争对手评估、目标受众分析、品牌定位、消费者数据收集和目标设定。这要求研究人员首先进行初步的市场调研，分析当前市场趋势和消费者行为，了解市场的需求和变化，了解目标受众的购买行为和消费习惯，评估竞争对手的广告策略和市场表现，了解竞争对手的广告投放渠道，等等。在此基础上，根据 SMART 原则［Specific（明确性）、Measurable（衡量性）、Attainable（可实现性）、Relevant（相关性）、Time-based（时限性）］制定具体、可测量、可达成、相关性强、有时限性的广告活动目标，如提升品牌知名度、改变消费者态度或增加销量等。同时，确定关键绩效指标（Key Performance Indicator，KPI），如销售增长率、品牌认知度、消费者满意度等，以量化广告效果，便于分析和监测。通过这些步骤，宏观市场实验不仅能够提供接近真实市场情况的数据，还能确保广告活动的科学性和有效性，为企业的市场营销决策提供有力支持。

在进行宏观市场实验时，还需要进行风险评估和资源能力评估，确保广告活动的实施既符合企业的实际情况，也遵守市场法规。风险评估应包括对市场风险和操作风险的评估。一方面，要评估市场环境变化可能带来的风险，如经济波动、政策变化等；另一方面，要评估实验设计和实施过程中可能遇到的风险，如数据质量问题、实验对象选择不当等。在资源能力评估方面，首先，要注重预算控制，确保实验的预算合理，避免过度消耗资源；其次，要注意时间管理，合理安排实验时间，确保实验的顺利进行。在广告活动和实验实施过程中，还应确保广告内容符合相关法律法规，避免法律风险。同时，要注意保护消费者隐私，避免误导性广告，确保实验的伦理合规性（具体内容参见本书第二章）。通过这些措施，可以提高宏观市场实验的科学性和可靠性，为企业的市场营销决策提供有力支持。

此外，考虑采用最新技术增强广告效果，建立有效的内部沟通机制，确保各部门之间的信息共享和协调，与企业内市场、销售、产品等其他部门密切协作，以确保广告活动与企业整体运营策略一致。

（二）市场调研与假设发展

市场调研与假设发展是宏观市场实验中构建理论基础和指导实验设计

的关键环节。在这一阶段，通过更加全面的市场调研，收集深入的数据，这些数据涉及目标受众的偏好、购买行为、媒体消费习惯，以及竞争对手的市场表现和策略。市场调研与假设发展重在通过市场调研收集数据，发展基于证据的假设，以构建理论基础，指导实验设计，通过假设的测试和优化，确保广告活动的有效性。主要方法包括市场调研、数据分析、假设发展和实验设计。

市场调研中对市场趋势的洞察还有助于理解行业发展动态和发现潜在的市场机会。利用这些信息，可以发展出一系列基于证据的假设，这些假设能预测广告活动可能对消费者的认知、情感反应、品牌偏好及最终的购买决策产生的影响。通过对这些假设的测试，能够前瞻性地评估和优化广告策略，确保广告投放能够达到预期的市场效应，同时为实验结果的解释提供坚实的理论支撑。

（三）实验设计与方案规划

实验设计与方案规划是宏观市场实验中确保研究目的得以科学实现的重要环节。这一阶段需要精心设计实验框架，明确选择实验类型，如随机对照实验，以增强因果推断的可信度。具体来说，可以采用 2x2 因子设计，创建 4 个实验组。同时，对实验组和对照组进行明确划分，确保它们在广告暴露和其他关键变量上的处理方式有差异。例如，实验组接受特定的广告内容和频率，而对照组则不接受任何广告或接受不同的广告内容。实验设计与方案规划不仅涉及广告内容的创意开发和信息传递的精准定位，还包括选择最合适的媒介渠道和投放时机。例如，可以选择社交媒体、电视、户外广告等渠道，并根据目标受众的媒体消费习惯选择最佳投放时间。

（四）变量识别与控制

在宏观市场实验中，精确地界定自变量和因变量是确保研究结果有效的核心。自变量，即广告活动本身，包括广告的内容、频率、投放渠道和时间等要素，是实验操控的焦点。因变量，如销量、品牌知名度、消费者态度等，是衡量广告效果的关键绩效指标。同时，识别和控制可能影响结果的外部变量，如季节性因素、经济波动、政策变化或竞争对手行为，对于维持实验的内部有效性至关重要（详细内容参见本章第二节）。

（五）预实验与实验执行

在预实验阶段，通过在选定的小规模市场或具有代表性的受众群体中实施广告策略的缩略版，收集关于广告内容、投放渠道和信息传递效果的数据，以便识别和解决潜在问题，并对策略进行必要的调整。例如，可以通过问卷调查、焦点小组访谈和在线测试等方式，收集目标受众对广告内容的初步反馈，评估广告信息的吸引力和说服力。此外，还可以监测广告在不同渠道的表现，如社交媒体、电视和户外广告，以确定最有效的投放渠道。

在实验执行阶段，精准实施广告活动是确保信息传达和市场反应可测量的关键。这一过程要求广告投放策略的严格执行，以保证广告信息的准确性和一致性。具体来说，需要确保广告内容在各个渠道上的一致性，避免信息的混淆或误导。同时，要定期监控广告的投放进度和效果，及时调整投放计划，确保广告活动按计划进行。例如，可以通过销售数据、网站访问量、社交媒体互动等指标，实时监测广告活动的表现，确保广告信息的有效传达。

（六）中期评估与后期评估（中测与后测）

中期评估，或称为“中测”，是宏观市场实验中一个关键的检查点，它允许研究人员和营销团队在广告活动进行中监测与评估广告效果的初步表现。这一阶段的评估重点在于收集实时数据和市场反馈，以便快速识别广告策略的有效性和潜在问题。中测不仅可以帮助研究人员发现问题，还可以为后续的广告优化提供数据支持。

后期评估，也就是“后测”，是广告活动结束后对广告效果进行深入分析的关键步骤。这一阶段的评估不仅关注广告投放期间的即时反应，更加重视广告对品牌和销售的长期影响。通过数据支持的洞察，企业可以调整其市场策略，以更好地满足消费者需求并提高市场竞争力。具体来说，可以通过销售增长率、品牌认知度、消费者满意度等关键绩效指标，评估广告活动的整体效果。此外，还可以进行长期跟踪研究，了解广告活动对品牌忠诚度和市场份额的长期影响，为未来的市场策略提供科学依据。

综合中测和后测的结果，企业能够获得关于广告活动短期和长期效果的全面视角。这种连续的评估流程不仅确保了广告策略的及时优化，而且促进了市场策略的持续改进，使企业能够更有效地满足消费者需求并增强市场竞争力。

（七）数据收集与分析

数据收集作为评估广告效果的基础，需要在广告投放前后系统地进行。这包括定量数据的收集，如销售量、流量统计、点击率等，以及定性数据的获取，如对消费者调查、焦点小组访谈和品牌知名度的跟踪研究。与此同时，利用现代技术手段，如大数据分析、消费者行为追踪和社交媒体分析，可以更深入地洞察消费者的反应，为广告效果的评估提供更丰富的信息。

在数据收集之后，使用统计方法对数据进行分析是不可或缺的步骤。这包括描述性分析（以概括数据的基本特征）、推断性分析（以确定广告效果是否超出了随机波动的范围），以及可能的预测模型（以预测广告活动对销售和品牌的长期影响）。通过这些分析，研究人员可以评估广告效果的统计显著性，并为营销决策提供数据支持。

（八）结果解释与报告

结果解释与报告是宏观市场实验中将数据分析转化为实际业务洞察的关键步骤。在这一阶段，研究人员将结合之前的目标和假设，深入探讨统计分析结果，通过图表、图形等可视化手段清晰展示核心发现，将复杂的数据转化为易于理解的格式和结论，使信息传递更为高效。在此基础上，提供深入的见解与建议，不仅解释当前的现象，还要预测未来趋势并提出应对策略，同时指出研究的局限性，为未来的探索指明方向。

（九）策略建议与优化

策略建议与优化环节是宏观市场实验的成果应用阶段，它直接关联实验数据与实际业务决策。在这一阶段，基于对实验数据的深入分析和结果解释，研究人员和营销专家共同工作，提炼出具有实际应用价值的策略建议，将研究发现应用于实践中，如市场营销策略调整、产品改良或客户服务提升等方面，助力企业的持续发展与创新。

第二节　实验设计与变量控制

一、实验设计

实验设计是确保广告效果评估科学性和准确性的核心步骤。在广告效果的宏观市场实验中，实验设计的每一步都是经过精心策划的，旨在通过控制和测量来精确评估广告对市场动态的影响。实验设计的科学性直接影响到结果的可信度和实用性。同时，也要注意，在进行宏观市场实验设计时，必须遵守伦理和法律规定，确保实验的合法性和道德性。

以下是实验设计的关键要素，它们共同构成了评估广告效果的坚实基础。

（一）目标设定

明确实验目标在宏观市场实验设计中至关重要，它不仅是实验启动的前提，也是确保实验成功的关键。实验目标可能涵盖多个方面，例如，评估广告活动对产品销量的影响，提高品牌知名度的效果，或是改变消费者态度的能力。目标的清晰界定不仅为实验设计提供了方向，还直接影响到后续的数据收集方法、分析模型的选择及最终结果的解释。目标的明确性将指导整个实验的设计和实施，促进整个实验过程有序进行，从而提高实验的效率和结果的实用性。

（二）假设发展

在实验设计中，基于市场理论和预实验数据发展出可检验的假设，是为实验提供明确预测方向的重要步骤。例如，可以假设广告活动将正向影响产品销量，或者新的营销策略能显著提升品牌知名度。这些初步的设想需要转化为具体、可操作的统计假设，以便在实验过程中进行系统测试。通过这种方式，研究人员能够更准确地测量变量之间的关系，验证理论假设是否成立，从而为决策提供科学依据。假设发展不仅增强了实验设计的逻辑性和严谨性，也为后续的数据分析和结果解释奠定了基础，确保了研究过程的连贯性和目标的一致性。

（三）实验类型选择

在实验设计中，选择最适合研究目的的实验类型是非常重要的一步。常见的实验类型包括随机对照试验（Randomized Controlled Trial，RCT）、准实验（Quasi-experiment）和自然实验（Natural Experiment）。每种类型的实验都有其独特的优势和局限性，选择时需要根据研究的具体需求进行综合考虑。

1. 随机对照试验

这是实验设计的黄金标准，通过随机分配参与者到实验组和对照组，可以有效地控制外部变量的干扰，确保实验结果的内部效度。随机对照试验特别适用于评估特定干预措施（如新产品推广、广告活动等）的效果，但实施成本较高，且在某些情况下可能难以实现完全的随机化。

2. 准实验

当无法进行随机分配时，准实验是一种替代方案。它通常利用已有的群体差异或时间序列数据来模拟对照组，如前后测设计、匹配样本设计等。准实验虽然不能像随机对照试验那样严格控制所有变量，但在现实世界中更具操作性，尤其是在市场研究中，当企业已经实施了一定的策略后，通过准实验可以评估其效果。

3. 自然实验

自然实验利用自然发生的变化作为实验条件，如政策变动、自然灾害或市场结构的自发改变。这种类型的实验不需要人为干预，因此可以避免伦理问题和实施难度，但其主要挑战在于难以确定因果关系，因为很多不可控的因素可能同时影响结果。

在选择最合适的实验类型时，研究人员应考虑研究目的、可用资源、伦理限制及研究对象的特点。正确的实验类型不仅能够提高研究的有效性和可靠性，还能为企业的市场决策提供更加精确和有价值的洞见。通过细致的规划和合理的设计，可以最大限度地发挥实验的价值，为商业策略的制定提供科学支持。

（四）样本确定

样本的选择决定了实验结果的普遍性和可靠性。在宏观市场实验的设计中，关键是确定合适的样本量和样本特性，它能确保实验结果准确代表目标市场。具体来说，样本量过小可能导致结果的随机误差增大，影响结论的可靠性；样本量过大则会增加实验成本，使结果更加复杂。因此，需要通过统计方法（如功效分析等）来确定合适的样本量，确保实验结果具有足够的统计效力。同时，样本应具备目标市场的代表性，以避免样本选择偏差。可以通过随机抽样或分层抽样等方法来选择样本，确保样本在关键特征（如年龄、性别、收入水平、地理位置等）上与目标市场一致。例如，如果目标市场主要是年轻人，那么样本中应包含足够比例的年轻人。此外，为了更全面地反映市场情况，样本应涵盖不同类型的消费者，包括不同地域、不同文化背景和不同消费习惯的消费者，以确保实验结果的普适性和可靠性。在实际操作中，还须考虑样本的可操作性，确保能够有效地收集和处理数据。例如，选择易于接触和沟通的样本群体，以提高数据收集的效率和质量。通过科学、合理的样本选择，可以确保实验结果的普遍性和可靠性，为后续的分析和决策提供坚实的基础。总之，样本确定是宏观市场实验设计中的关键环节，需要综合考虑样本量、样本特性、多样性和可操作性，以确保实验结果的准确性和代表性。

（五）实验布局

设计实验布局是宏观市场实验中的关键步骤，需要明确实验组和对照组的分配，以及广告暴露的条件，考虑广告内容、频率、持续时间和渠道等变量的操作定义，以确保实验的科学性和实用性。这种详细的规划不仅有助于科学地评估广告效果，还能为后续的分析和决策提供坚实的基础。

（六）时间安排

综合考虑实验的各个阶段，包括实验准备阶段、广告投放阶段、数据收集阶段、数据分析阶段、报告撰写和反馈阶段，每个阶段可以进一步细分。通过制定详细的时间表，明确每个阶段的关键时间点和任务，可以确保实验的顺利进行和数据的及时收集。这种有序的时间安排不仅有助于提高实验的效率，还能确保实验结果的准确性和可靠性。

（七）预算规划

在宏观市场实验中，预算规划是确保实验的可行性和经济性的关键环节。基于实验设计的复杂性和范围，在规划所需的预算时，需要细致考虑多个方面的费用，以确保实验的顺利进行和预期目标的实现。

首先，广告成本是预算规划的重要组成部分，包括广告制作费用、广告投放费用、媒体购买费用和测试广告费用。广告制作费用涵盖创意设计、视频拍摄、图像制作等，这些费用会根据广告的复杂程度和创意需求有所不同。广告投放费用则根据选定的广告渠道和投放频率计算，如社交媒体广告、电视广告、户外广告等渠道的费用各不相同。媒体购买费用涉及通过第三方媒体购买广告位的费用。测试广告费用是指在预实验阶段制作和投放测试广告以评估广告效果的费用。

其次，数据收集费用也是预算规划的重要组成部分，包括市场调研费用、数据购买费用、数据采集工具费用和人工费用。市场调研费用涉及采用问卷调查、深度访谈、焦点小组访谈等方法而产生的费用，这些费用根据调研的规模和复杂程度有所不同。数据购买费用是指购买第三方市场数据或消费者行为数据所产生的费用。数据采集工具费用包括购买或租赁数据采集工具和软件，如在线调查平台、数据分析软件等的费用。人工费用则包括市场调研人员、数据收集人员的工资和福利等。

此外，预算规划还须考虑其他费用，如项目管理费用、培训费用和意外费用。项目管理费用包括项目管理软件的费用、项目管理人员的工资和福利。培训费用是指对团队成员进行市场调研、数据分析等方面的培训费用。意外费用则是指预留一部分预算用于应对不可预见的开支，如突发事件、额外的数据收集需求等。

通过以上步骤，可以确保宏观市场实验的预算规划科学合理，为实验的顺利进行和预期目标的实现提供坚实的财务保障。具体步骤包括明确实验目标和范围，估算各项费用，制定详细的预算表，进行预算审查和调整，以及监控预算执行。这样，企业可以确保广告活动的科学性和有效性，为市场决策提供有力的支持。

二、变量控制

在广告效果的宏观市场实验设计之后，紧接着的关键步骤是对实验中的变量进行严格的控制。这一步骤要求研究人员对所有可能影响结果的因素有深刻的理解和精确的操作，以确保实验的内部有效性。

（一）自变量操作

自变量既是实验的主动作用因素，也是实验操控的焦点，通常指的是广告活动本身，包括广告内容、频率、持续时间和渠道等。例如，广告内容可以是情感广告或功能广告，广告频率可以是每周一次或每周两次，投放渠道可以是社交媒体、电视或户外广告，投放时间可以是工作日或周末。明确这些要素的操作定义，能确保实验中的一致性和可重复性。

（二）因变量测量

因变量是实验观察的结果，如销量、品牌知名度或消费者态度等，它是衡量广告效果的关键绩效指标。具体来说，销量可以用来反映广告对销售的直接影响，品牌知名度可以用来评估广告对品牌认知的提升程度，消费者态度可以用来衡量广告对消费者情感和购买意愿的影响。需要选择恰当的测量方法和工具，确保收集的数据能够准确反映自变量的影响。

（三）控制变量识别

识别实验中可能存在的外部变量，如季节性因素、经济环境或竞争对手行为。季节性因素可能会影响消费者的购买行为，经济波动可能会影响整体市场环境，政策变化可能会对广告内容和投放方式产生限制，竞争对手的行为可能会干扰实验结果。这些因素都可能对结果产生影响。通过识别这些变量，研究人员可以制定相应的控制策略，避免其对结果的干扰。

（四）随机化过程

随机化是将实验对象分配到不同组别的手段，可以确保各组之间的差异是随机的，而不是系统性的。它有助于平衡各组之间的已知和未知变量，从而减少选择偏差，提高实验结果的可信度，比如，将实验对象（消费者或市场区域等）随机分配到实验组和对照组。

（五）区块设计

当实验对象在某些特征上存在自然分组时，使用区块设计可以确保这些特征在各组中均匀分布，从而有效控制这些特征对实验结果的潜在影响。区块设计通过将具有相似特征的实验对象归类到同一个区块内，然后在每个区块内部进行随机分配，确保每个处理组在这些关键特征上的分布保持一致。这种方法不仅提高了实验的内部效度，还减少了由这些特征的不均衡分布导致的变异，使得实验结果更加可靠和可解释。例如，在市场营销研究中，如果消费者的年龄、收入水平或地理位置等特征会影响对广告的反应，则可以通过区块设计确保这些特征在实验组和对照组之间得到平衡，从而更准确地评估广告活动的真实效果。通过这种方式，研究人员可以更好地分离出实验处理的真实效应，避免混淆变量的干扰，提高研究的整体质量和科学性。

（六）数据监控

在实验过程中，持续监控数据收集的质量和完整性是确保实验结果可靠性的关键环节。通过定期检查数据的一致性和准确性，研究人员可以及时发现并解决数据收集过程中的各种问题。具体来说，数据监控包括以下几个方面。

1. 数据质量检查

定期审查数据的准确性和一致性，确保没有输入错误、遗漏或异常值。可以使用数据清理工具、统计软件来自动检测和修正这些问题。

2. 数据完整性验证

确保所有必要的数据点都已收集完整，没有缺失数据。对于关键变量，特别是那些对实验结果有重大影响的变量，应特别注意其完整性和准确性。

3. 实时反馈机制的建立

建立一个实时反馈机制，让数据收集人员能够及时报告遇到的问题，并获得指导和支持。这有助于快速解决问题，防止错误累积。

4. 数据收集过程中的标准化

制定详细的数据收集指南和操作规程，确保所有数据收集人员都按照统一的标准进行操作。这样可以减少人为误差，提高数据的一致性。

5. 定期审核和评估

定期对数据收集过程进行审核和评估，检查是否存在系统性偏差或操作不当的情况。通过定期审核，可以及时调整和优化数据收集流程，确保数据质量。

数据监控不仅能够提高实验数据的可靠性和有效性，还能增强研究的透明度和可信度。高质量的数据是实验成功的基础，只有确保数据的一致性和准确性，才能为后续的数据分析和结果解释提供坚实的支持。

第三节 实验推进与数据获取

一、实验推进策略

（一）广告投放的实施

广告投放的实施是宏观市场实验中的第一步。实验目标和实验所设置的变量要求对相应的广告内容、广告投放频率、广告投放渠道等有一定的选择和规划，并根据这样的规划来落实广告投放。

（二）监测系统的建立

监测系统的建立是确保广告投放策略得以有效执行并及时优化的关键环节。这一系统利用先进的广告服务器和跟踪代码技术，能够实时监控数字广告的展示次数、点击率及用户互动情况，为广告效果的评估提供即时数据支持。例如，针对在线零售品牌的广告活动，通过集成的监测系统，研究人员能够精确追踪每个广告版本的用户点击路径，从广告展示到用户浏览，再到最终的购买行为，从而评估不同广告创意和投放渠道对消费者行为的影响。此外，监测系统还能够识别用户在网站上的行为模式，如页面停留时间、跳出率和用户来源，这些指标有助于进一步分析广告的有效性和用户体验的质量。通过对这些关键性能指标的持续跟踪和分析，广告主能够迅速做出数据驱动的决策，优化广告投放策略。考虑到市场环境的复杂多变，监测系统应当具有一定的灵活性和可扩展性，能够随着实验条件的变化而调整，以适应新的研究需求。通过这样的设计，监测系统将能够在整个实验过程中发挥重要作用，为宏观市场的深入研究提供坚实的基础。

（三）反馈循环的创建

反馈循环的创建是宏观市场实验中不可或缺的环节，它使得研究人员和营销团队能够收集、分析初步数据，从而快速评估广告效果并据此做出相应的调整。反馈循环的起点是在广告投放之后，研究人员利用社交媒体监听工具和其他数据分析手段来追踪消费者的即时反应及其情感倾向。这些工具能够高效地捕捉公众对广告内容的各种互动行为，包括评论、分享、点赞等，为研究人员提供第一手的市场反馈资料。例如，对于一款新推出的运动鞋广告，研究人员可以通过设置特定的关键词搜索和应用情绪分析技术，实时了解目标消费者群体的兴趣点和反馈意见。这有助于判断广告是否成功吸引了目标受众的注意并产生了正面的情感共鸣。反馈循环的核心价值在于其实现了快速迭代的能力，即依据收集到的数据和消费者反馈，不断对广告策略进行优化。这一过程不仅提高了广告活动的效率和效果，还增强了广告投放对市场变化和消费者需求的适应能力。

二、数据收集方法

在宏观市场实验中，采用多样化的数据收集方法是确保实验全面性和准确性的重要基础。这些方法包括但不限于销售数据记录、消费者调查问卷、社交媒体分析等，旨在从多个角度和层面获取丰富的数据资源。结合这些多维度的数据，研究人员可以运用先进的数据分析技术，如统计建模和机器学习算法，对广告效果进行更加精准和深入的评估。统计建模可以帮助研究人员识别出哪些变量对广告效果有显著影响，而机器学习算法则能够处理大量复杂数据，发现潜在的模式和趋势，预测未来市场表现。通过综合运用这些技术和方法，不仅可以提高对广告效果评估的准确性，还能为后续的市场策略的调整提供科学的依据，助力企业实现更加精细化的市场营销管理。

（一）定量数据的获取

定量数据的获取构成了宏观市场实验中评估广告效果的基石，它依赖精确的测量和统计分析，以量化广告对销售和消费者行为的实际影响。这一过程通常涉及从多个渠道系统地收集数据，涵盖销售点系统记录的交易数据、网站流量分析工具提供的访问量、用户行为路径、页面转换率，以及广告点击率等关键绩效指标。例如，在评估智能手机新广告活动的效果时，研究人员会特别关注广告投放期间的在线销售转化率，细致分析从用户首次点击广告到最终完成购买的整个转化过程，同时评估不同广告渠道对总销售额的具体贡献度。

此外，定量数据的获取还必须考虑广告曝光与实际销售之间的潜在时间滞后效应，即广告的影响可能不会立即体现在销售数据上，而是有一个逐步显现的过程。因此，研究人员往往会采用时间序列分析等高级统计方法来探究广告投放对长期销售趋势的影响，确保对广告效果的评估既全面又准确。通过对这些定量数据的深入挖掘和分析，研究人员可以获得关于广告效果的可靠证据，为广告策略的持续优化和企业的营销决策提供坚实的数据支持。

（二）定性数据的获取

定性数据的获取是宏观市场实验中揭示消费者深层次感受和动机的重要手段。这一过程主要通过调查问卷、焦点小组访谈和深度访谈等方法来实施，旨在收集消费者的第一手反馈和主观意见。例如，精心设计的调查问卷可以帮助研究人员深入了解消费者对广告内容、品牌信息和产品特性的具体看法，以及他们对广告的情感反应和个人态度。通过问卷中的开放式问题，研究人员能够捕捉到消费者个人的思考和感受，为后续分析提供丰富的素材。

在焦点小组访谈中，研究人员邀请一组目标消费者围绕特定的广告或品牌展开深入交流。这种方法不仅能够揭示消费者之间的互动模式和集体意见，还能帮助研究人员发现那些通过问卷调查难以捕捉到的细微差别和深层次见解。焦点小组访谈的非结构化特性，使得参与者可以在较为自由的环境中表达自己的观点，有时甚至能激发出意想不到的讨论方向，为研究带来新的视角。

深度访谈则是另一种重要的定性数据收集方式，它通过一对一的对话形式，深入了解个体消费者的行为动机、偏好和决策过程。相较于其他方法，深度访谈能够提供更加详细和个性化的信息，有助于研究人员洞察消费者内心的真实想法和情感体验。

这些定性数据不仅丰富了对消费者行为的理解，也为定量数据提供了必要的背景和上下文，使得研究人员能够构建更加全面和立体的市场洞察。在广告效果评估和营销策略制定的过程中，将定性数据与定量数据相结合，可以显著提升研究的深度和广度，为广告主提供更为精准和有价值的决策支持。

（三）跨平台数据整合

跨平台数据整合是宏观市场实验中的一项核心活动，它要求研究人员将来自不同渠道和平台的数据汇聚并协调一致，形成一个统一的视图，以深入分析和全面理解广告活动对消费者行为的综合影响。例如，将社交媒体上的用户互动数据（如点赞、评论、分享和提及等）与销售点系统记录的销量数据相结合，可以揭示广告在社交媒体上引发的讨论是如何转化为实际的购买行为的。此外，通过分析网站流量和用户行为数据，研究人员可以评估广告引导的流量对网站参与度和用户转化率的具体贡献，了解广告活动在不同阶段的效果。

整合这些数据还涉及高级分析技术，如数据分层和聚类分析的使用，以识别不同的消费者群体及其特定的行为模式。例如，通过识别那些在社交媒体上高度活跃且购买频率较高的消费者群体，研究人员可以深入理解哪些广告策略最为有效，为未来的营销活动提供精准的定向依据。此外，通过对比不同平台上的消费者行为，研究人员还可以发现跨平台行为模式，比如，某些用户可能在社交媒体上看到广告后，在搜索引擎中搜索相关信息，最终在电商平台上完成购买。这种跨平台的视角有助于企业构建更加完整的消费者“旅程地图”，从而优化广告投放策略，提高广告效果。

通过这种跨平台的数据整合，企业能够获得一个全方位的消费者视角，不仅可以更精准地评估广告效果，还能够根据消费者的实际行为模式制订更有针对性的营销计划，最终实现营销资源的最大化利用和营销目标的有效达成。

第四节　比较性实验数据的分析

在宏观市场实验的宏伟蓝图中，数据的收集仅仅是揭开广告效果神秘面纱的起点。随着多维度、跨渠道的数据被汇聚到分析平台，我们正式步入了实验的核心阶段——比较性实验数据的分析。这一阶段的关键在于，通过对不同广告策略或变体所引发的市场响应进行细致的评估与对比来揭示哪些广告元素或方法在特定的市场环境下表现得更加出色，以及其对消费者行为模式和最终销售成果的具体影响。比较性实验数据的分析不仅是对广告效果深入理解的过程，也是对市场动态响应精确测量的重要手段，更是制定未来营销战略不可或缺的科学依据。通过这一环节，企业能够获得宝贵洞见，不仅有利于优化现有的广告投放策略，还为未来的市场活动提供明确的方向。以下是关于如何高效进行比较性实验数据分析的进一步探讨。

一、方差分析

方差分析是一种重要的统计技术，用于探究三个或更多组别的平均数是否存在显著差异。在宏观市场实验中，尤其是当研究涉及多种不同的广告策略或媒体渠道时，方差分析提供了一种强大的方法来解析复杂的数据集。例如，在一个设计精良的实验中，研究人员可能会选择在电视、广播和互联网等不同平台上投放同一产品或服务的不同版本广告。此时，方差分析不仅可以帮助研究人员评估各个媒体渠道对目标市场销售量的具体贡献，还能确定这些差异是否具有统计学意义。

通过对方差的系统性分析，研究人员能够超越简单的观察，深入理解不同广告策略或媒体渠道背后的机制。具体来说，方差分析通过比较各组之间的平均销售额，识别出哪些渠道或广告变体最能吸引目标消费者群体，从而促进销售增长。如果方差分析的结果显示存在显著的组间差异，这意味着至少有一对组别在广告效果上表现出显著的不同，这为后续的市场策略优化提供了坚实的证据基础。此外，方差分析还能够通过事后检验

（Post-Hoc Tests）来进一步细化分析，指出具体哪两个或多个组别之间的差异达到了统计显著水平，这对于精细化调整营销策略至关重要。方差分析的这种能力，使其成为宏观市场实验中评估和比较广告效果的强大工具。

二、协方差分析

协方差分析（Analysis of Covariance，ANCOVA）是在方差分析基础上的一种扩展，其主要特点是引入了对一个或多个定量或分类协变量的控制能力。这些协变量可能是影响广告效果评估的重要外部因素。例如，在评估不同广告策略的效果时，产品价格可能是一个需要考虑的关键变量。通过运用协方差分析，研究人员能够在分析过程中控制价格因素的影响，从而更加准确地衡量广告策略本身对市场反应的独立效应。

通过协方差分析，研究人员能够有效地调整因价格变动等外部因素而出现的销售量变化，使广告策略的真实效果得以清晰呈现。这种方法尤其适合复杂的市场环境，其中存在多个可能同时影响消费者购买决策的因素。通过控制这些潜在的干扰变量，协方差分析不仅提高了实验结果的准确性和可靠性，也为研究人员提供了更加深刻的洞察力，帮助他们更好地理解不同广告策略是如何在实际市场条件下发挥作用的。

总之，协方差分析作为一种高级统计方法，对于提高宏观市场实验中比较性实验数据分析的精度和深度具有重要意义。它不仅能够帮助研究人员排除非研究变量的干扰，确保广告效果评估的公正性，还能为制定更加精准的市场营销策略提供科学依据。通过合理应用协方差分析，企业可以更有效地优化广告投入，提升市场竞争力。

三、多元回归分析

多元回归分析是一种强大的统计工具，用于评估多个广告因素（如广告频率、预算和创意类型等）对销售量或其他结果变量的综合影响。该方法的灵活性在于它可以同时考虑多个自变量对单一因变量的影响，为研究人员提供一个全面理解广告效果的框架。

通过构建多元回归模型，研究人员不仅能够识别哪些广告因素对消费者的购买决策具有显著影响，还可以量化这些因素的影响程度和方向。例如，多元回归分析可能揭示出，较高的广告频率与销售量的增加之间存在正相关关系；较大的广告预算会对提升品牌知名度产生积极影响。此外，不同类型的创意广告对不同消费者群体的吸引力可能有差异，多元回归分析能够揭示这些细微差别，帮助研究人员更精准地定位目标受众，优化广告内容。

四、差异分析

差异分析是一种基础且直观的统计方法，广泛用于评估广告活动对销售量或其他关键业务指标的影响。该方法的核心在于比较实验组（接受广告处理的群体）与对照组（未接受广告处理的群体）之间的表现差异，并进一步评估这些差异是否具有统计显著性。

具体来说，差异分析通常包括 t 检验和方差分析等统计工具。t 检验适用于比较两组之间的差异，如实验组和对照组的销售数据。而方差分析则适用于比较三组或更多组之间的差异，如不同广告策略或不同媒体渠道的效果。通过合理应用差异分析，企业可以更准确地衡量广告活动的影响，为未来的市场决策提供可靠的依据。例如，研究人员可能会比较广告活动实施前后的销售数据，通过这种前后对比来确定广告投放是否促成了销售的显著增长。

随着比较性实验数据分析的深入，我们掌握了评估广告效果的多种工具和方法。这些分析技术不仅揭示了不同广告策略在特定市场环境中的有效性，还可以帮助识别影响消费者决策的关键因素。通过对实验数据的细致分析，研究人员能够精确地测量广告活动对销售的具体贡献，评估市场反应的广度和深度。

第五节　基于宏观市场实验数据的广告效果结论分析

随着宏观市场实验的深入进行，我们终于抵达了这一探索之旅的关键节点——广告效果结论分析。这一环节标志着从数据收集与分析的详尽工作转向洞察提炼与战略制定。在这个阶段，我们将从复杂的统计分析中提取出简洁而有力的结论。这些结论不仅为广告策略的优化提供了坚实的依据，还为营销决策的精准制定奠定了基础。

一、数据综合评估与关键绩效指标分析

在宏观市场实验广告效果结论分析阶段，首先需要对收集的数据进行全面的评估。利用描述性分析方法，概括广告活动的基本表现，包括但不限于观众的接触频率、广告的点击率及品牌的提及次数。这些初步的统计数据能够提供广告活动整体效果的概览，帮助研究人员快速把握关键信息。

接下来，通过推断性分析，如方差分析和协方差分析，进一步探究不同广告策略对销售量和品牌知名度的影响。这些分析不仅能够识别哪些关键绩效指标得到了显著提升，还能量化广告活动的具体贡献。例如，通过方差分析，研究人员可以确定某个广告策略是否显著提高了销售量；而通过协方差分析，研究人员可以进一步调整其他外部因素（如季节性变化、促销活动等）的影响，从而更准确地评估广告策略的效果。

二、消费者行为的深入洞察

消费者行为的深入洞察是宏观市场实验广告效果结论分析的重要组成部分。对定性数据的深入分析，能够揭示消费者对广告的情感反应和态度变化。通过焦点小组访谈、深度访谈和社交媒体监听等方法，研究人员可以获取丰富的文本数据。这些数据经过内容分析和主题分析，能够揭示消费者对不同广告策略的真实感受和行为倾向。例如，内容分析可以帮助识别消费者对特定广告元素的积极或消极反馈，而主题分析则能够提炼出消费者关注的主要议题和情感共鸣点。这些定性发现不仅有助于理解广告是

如何塑造消费者的品牌认知和购买意愿的，还能揭示广告在情感层面的影响力。通过深入了解消费者的态度变化，企业可以更好地调整广告内容，以更有效地触达目标受众并激发其购买行为。

结合宏观市场实验的数据，可以进一步验证这些定性发现，并评估广告策略在实际市场环境中的具体影响。例如，通过将定性数据与销售数据、品牌知名度指标等定量数据相结合，研究人员可以更全面地评估广告策略的有效性。这种综合分析方法不仅能够确认广告活动对消费者行为的实际影响，还能为广告投放和营销策略的优化提供科学依据。

三、广告策略效果的实证评估

通过多元回归分析，我们深入评估了广告策略的效果，发现广告频率、预算和创意类型等关键因素与销售量之间存在显著的相关性。这些因素不仅能单独影响广告效果，它们之间的相互作用也能对广告效果产生重要影响。例如，高频率的广告投放结合大额预算，能在短期内迅速提升品牌知名度，而富有创意的广告内容则能长期增强消费者的品牌忠诚度。

进一步地，通过宏观市场实验，我们将理论分析与实际市场情况相结合，不仅在理论上探讨了这些因素的综合效应，还在现实市场条件下测试了它们对消费者购买行为和市场反应的直接效应。

这种实证评估与实验验证的双重方法，能够更准确地理解广告策略在不同市场环境和消费者群体中的有效性。通过这种方式，我们不仅能够识别哪些广告策略在特定市场条件下最为有效，还能提供定制化的广告投放建议。例如，针对年轻消费者群体，可能需要更多的创意型广告来吸引他们的注意力；而对于成熟市场，高频率的广告投放可能更有效。这种方法论的结合，可以帮助优化广告投资的回报，增强广告的市场影响力，确保广告策略能够适应不断变化的市场动态，实现最佳的营销效果。

四、市场趋势和机会的识别

研究人员通过对宏观市场数据的细致分析，不仅可以识别广告效果与市场趋势之间的紧密联系，还可以发现新的市场机会。具体来说，数据分析能够揭示特定消费者群体对某类广告内容的明显偏好，以及广告活动在不同时间段的效率变化。这些发现为广告策略的制定提供了宝贵的洞察。结合宏观市场实验，能进一步验证这些趋势和机会。通过在实际市场环境中测试不同的广告策略，观察其对消费者行为和市场动态的影响，研究人员能够更准确地评估广告策略的有效性。

这种实证研究与市场数据分析的结合，能够更准确地预测市场动向，把握时机，为广告投放提供数据支持的决策依据。通过这种方式，企业不仅可以及时调整广告策略以应对市场变化，还能在激烈的市场竞争中抓住先机，实现有效的市场渗透和品牌增长。具体表现为以下四个方面。

1. 市场趋势识别

通过分析销售数据、消费者反馈和市场调研结果，识别当前市场的主流趋势和潜在变化。例如，某些新兴消费者群体可能对特定类型的产品或广告形式表现出更高的兴趣。

2. 机会发现

结合宏观市场实验数据，发现未被充分利用的市场机会。例如，某个广告渠道在特定时间段内的效果显著优于其他渠道，这可能提示企业加大在该特定时间段内的广告投入。

3. 策略优化

基于实证研究的结果，优化广告策略，确保资源的高效利用。例如，调整广告内容以更好地满足目标消费者的需求，或在高效率时间段集中投放广告。

4. 市场渗透与品牌增长

通过精准的市场分析和策略调整，企业能够更有效地进入新市场，扩大市场份额，提升品牌知名度和忠诚度。

五、风险和局限性的考量

在对广告效果进行宏观市场实验的结论分析中，不仅要关注实验结果，还应审慎地考量实验的局限性和潜在风险。评估可能影响结果解释的各种因素，包括样本选择偏差、外部经济环境的波动、广告投放的时机选择等，这些因素都可能对广告策略的评估产生深远的影响。

首先，样本选择偏差是指实验样本不能完全代表目标市场的情况。例如，如果实验样本主要集中在某一特定地区或特定年龄段，其结果可能无法推广到整个市场。为了减少这种偏差，可以通过随机抽样和分层抽样等方法来确保样本的代表性。其次，外部经济环境的波动，如宏观经济政策的变化、行业周期性波动等，都可能影响广告效果的评估。这些外部因素可能导致实验结果出现偏差，因此在实验设计时应尽量选择相对稳定的时期，或通过控制变量的方法来减少这些因素的影响。最后，广告投放的时机选择也是一个重要的考虑因素。不同的时间段，消费者的行为和市场环境可能有所不同，这会影响广告的效果。例如，节假日和特殊日期的广告投放可能比平时更有效。因此实验设计应考虑不同时间段的影响，并通过对比分析来评估广告策略在不同时间段的表现。

通过严格的实验设计和统计方法能减少上述偏差。例如，使用随机对照试验来确保实验组和对照组的可比性，使用方差分析和协方差分析来控制外部变量的影响。此外，通过敏感性分析来评估不同假设条件下的策略效果，确保结论的稳健性。市场动态的不确定性是另一个需要考虑的重要因素。市场环境和消费者行为不断变化，因此需要通过持续监测市场变化和消费者行为，及时调整广告策略。例如，定期进行市场调研和消费者反馈分析，以便快速响应市场变化。

这种综合考虑风险和局限性的方法，能够更全面地理解广告策略的有效性，并使广告主在制定营销策略时更加谨慎和灵活。通过识别和管理潜在的风险，企业可以更准确地评估广告策略的效果，优化资源配置，提高市场竞争力。总之，对风险和局限性的考量是宏观市场实验结论分析的重要组成部分。通过科学、严谨的方法和持续的市场监测，企业能够更好地应对市场变化，制定更加有效的广告投放和营销策略。

广告效果结论分析是宏观市场实验中的重要环节。它不仅提供了衡量广告效果的科学依据，还为企业在不断变化的市场环境中制定有效的营销策略提供了指导。通过这一过程，企业能够更精准地抓住市场机会，优化广告投放，并实现可持续的业务增长。

延伸阅读

[1] 胡晓云. 品牌传播效果评估指标 [M]. 北京：中国传媒大学出版社，2007.

[2] 刘丰波. 自然实验法在相关市场界定中的应用：一个新尝试 [J]. 经济与管理研究，2016，37（11）：48-57.

[3] 林升栋. 实验法在中国市场研究中的应用 [J]. 市场研究，2006（3）：36-39.

[4] CHARLES N N, STEVEN T. A Collection of Surveys on Market Experiments [M]. Hoboken: John Wiley & Sons Ltd, 2013.

[5] BERTRAND M, KARLAN D, MULLAINATHAN S, SHAFIR E, ZINMAN J. What's advertising content worth? Evidence from a consumer credit marketing field experiment [J]. The Quarterly Journal of Economics, 2010, 125(1): 263-306.

[6] ALWITT F L, MITCHELL A A. Psychological Processes and Advertising Effects: Theory, Research, and Applications [M]. Oxford: Taylor and Francis, 2021.

思考题

1. 请简要定义宏观市场实验，并说明其与实验室实验的主要区别。

2. 请描述宏观市场实验的基本流程。

3. 在宏观市场实验中，为什么要控制变量？请列举 3 个需要控制的常见变量，并说明如何控制它们。

4. 解释随机分配在宏观市场实验中的重要性，并举出一个实际应用的例子。

5. 大数据和人工智能技术如何影响宏观市场实验的设计和实施？请结合具体案例进行说明。

6. 你认为未来的宏观市场实验会有哪些新的发展方向？请提出至少 3 个方向并简要说明。

第七章
微观控制实验与广告效果测定

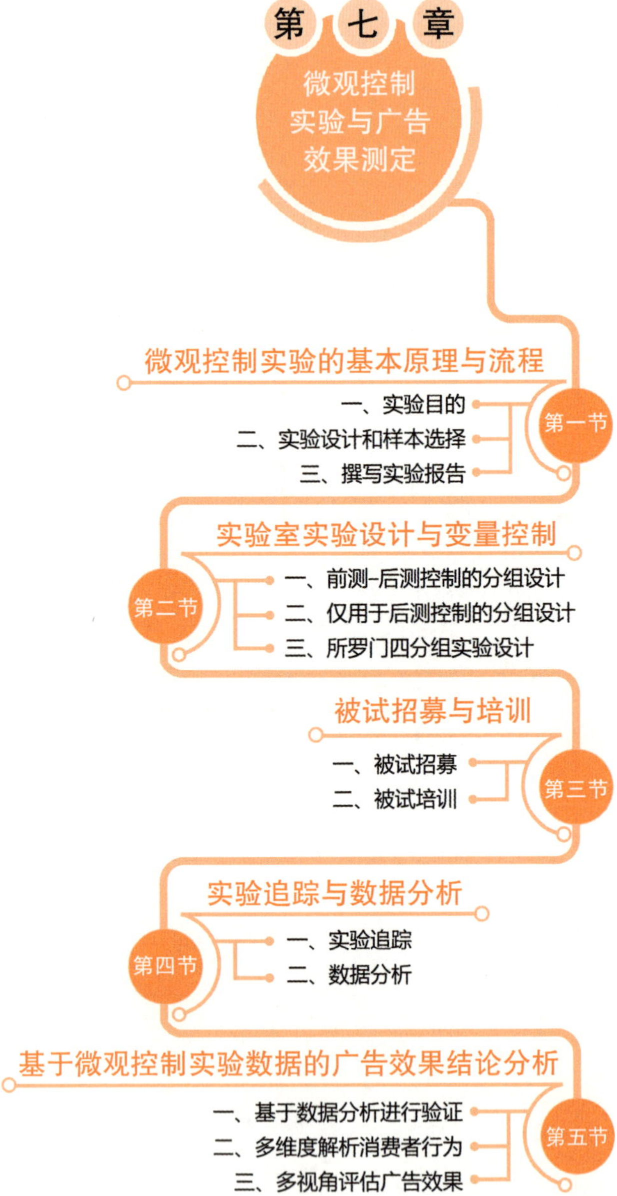
第七章
微观控制实验与广告效果测定
微观控制实验的基本原理与流程
第一节
一、实验目的
二、实验设计和样本选择
三、撰写实验报告
实验室实验设计与变量控制
第二节
一、前测-后测控制的分组设计
二、仅用于后测控制的分组设计
三、所罗门四分组实验设计
被试招募与培训
第三节
一、被试招募
二、被试培训
实验追踪与数据分析
第四节
一、实验追踪
二、数据分析
基于微观控制实验数据的广告效果结论分析
第五节
一、基于数据分析进行验证
二、多维度解析消费者行为
三、多视角评估广告效果

导读：

在数智传播时代，广告的形式日益多元化，消费者行为也日趋复杂，如何科学评估不同类型广告活动的真实效果已然成为广告与营销学界面临的关键挑战。在评估广告效果的时候，除了面向宏观市场数据的实验研究外，更为精准的面向受众消费心理与消费行为的研究也同样重要。因此，基于实验心理学的微观控制实验方法开始大范围进入广告效果研究领域，并逐渐成为当前广告效果学术研究的主流。这种方法可以有效帮助研究人员评估某一种特定的广告诉求策略是否能够引起消费者的心理反应与行为触发，以及更为细致的，在何种心理维度上能够诱发消费者的购买欲望。这些结果能够有效帮助广告主制定广告策略，确定广告方案，从而在广告内容设计与消费者行为变化中建立更为精准的因果联系，帮助广告策划者摆脱“经验直觉”的束缚，迈上数据驱动的精准决策的征途，而这正是基于实验的广告效果测定所希望达到的。

本章学习目标：

1. 掌握微观控制实验的基本流程与注意事项。
2. 掌握微观控制实验中的变量控制方法。
3. 掌握微观控制实验中的被试培训方法。
4. 掌握微观控制实验中基本的数据分析方法，如独立样本 t 检验等。

用以测定广告效果的消费心理实验作为心理学与市场营销的交叉实验，其发展历程与心理学理论、技术革新及商业需求紧密相关。微观实验心理学的诞生为广告效果测定等消费行为研究奠定了方法基础。威廉·冯特（Wilhelm Wundt）于1879年建立了首个心理学实验室，提出内省法，研究感知与情绪。20世纪初，美国心理学家沃尔特·迪尔·斯科特（Walter Dill Scott）将心理学应用于广告，提出消费者可能受暗示性语言的影响，但早期研究多依赖观察与理论推导，缺乏实证。随后，20世纪中叶，行为主义学派兴起，约翰·B. 华生（John B. Watson）与B. F. 斯金纳（B. F. Skinner）强调环境刺激对行为的塑造。商业领域开始通过实验验证“刺激-反应”模型，例如，研究人员操控广告色彩、音乐等变量，观察销量变化。20 世纪 30 年代，霍桑实验揭示“被观察者行为改变”现象，推动实验设计中对控制组的重视。此阶段实验多聚焦外部行为，忽略内在心理过程。而在 20 世纪后期，认知心理学的变革开始促使从对广告效果等消费行为的研究转向消费者决策机制。丹尼尔·卡尼曼（Daniel Kahneman）与阿莫斯·特沃斯基（Amos Tversky）通过“损失厌恶”“框架效应”等实验揭示非理性决策模式。同时，欧内斯特·迪希特（Ernest Dichter）借助深度访谈挖掘潜意识动机，如将口红销售与女性自信关联。实验室模拟购物情境、眼动追踪等技术开始应用，量化分析注意力分配与品牌记忆。而如今，神经科学技术，如磁共振功能成像（Functional Magnetic Resonance Imaging，fMRI）、脑电波（Electroencephalogram，EEG），推动了“神经营销学”的发展。2004 年，塞缪尔·麦克卢尔（Samuel McClure）的可口可乐实验证明品牌认知激活大脑奖赏回路。大数据与 AI 技术则通过 A/B 测试、点击热力图等实时分析消费者的数字行为。研究伦理争议随之凸显，如神经营销是否侵犯隐私、算法推荐是否加剧“信息茧房”等。

用来测定广告效果的消费心理实验历经行为观察、认知解码、神经机制探索，方法论从简单对照走向多模态融合。其发展既受心理学理论的迭代驱动，亦与商业场景革新相互塑造。未来，如何在技术创新与伦理约束间平衡，将成为关键议题。而在本章，我们将详细地学习如何利用这样一种基于实验室的微观心理实验方法来有效测定广告效果，并将其应用于整体的广告策划过程中。

第一节　微观控制实验的基本原理与流程

微观控制实验是一种广泛应用在广告效果评估领域的科学方法，也可以直接称为“实验法”。它通过精确控制实验条件，帮助研究人员观察和分析广告对目标受众行为的影响。关于“什么是实验法”，美国传播学者坦南鲍姆（Tannenbaum）曾经下过一个严谨的定义，即实验法是系统地操纵一至数个假定有关的自变量，并在客观状态下，以及在固定其他自变量的可能干涉影响的条件下，观测其对某些因变量的独立效应和交互效应。

这种方法的核心在于控制变量和随机分配，确保实验结果的可靠和有效。

接下来我们会从实验目的、实验设计和实验的样本选择等方面，结合案例，具体介绍微观控制实验的基本原理。

一、实验目的

在微观控制实验中，研究人员首先需要明确实验目的，这是整个实验的出发点。比如，一家在线健身器材公司想要评估广告展示方式对产品销量的影响，这时需要设定一个假设：包含专业运动员演示的广告 A 是否会比仅仅展示产品特点的广告 B 更能吸引消费者，从而提高销量。在这个假设中，自变量是广告展示方式（专业运动员演示），因变量是产品销量。这个假设将指导研究人员设计实验，包括选择广告内容、确定受众群体，以及收集和分析数据。在假设的同时，研究人员也需要考虑可能的变量和潜在的干扰因素，以确保实验结果的准确和可靠。

二、实验设计和样本选择

实验设计存在不同类型，包括前测-后测控制的分组设计、仅用于后测控制的分组设计，以及所罗门四分组实验设计等，每种设计都有其独特的优势和应用场景。以上述健身器材公司的广告为例，研究人员选择仅后测控制作为实验类型，将设计两种广告：广告 A 以专业运动员的演示为主，强调产品的专业性和高效性；广告 B 则不使用专业运动员演示，仅展示产品。研究人员将通过随机分配的方式，将被试分为两组，一组观看广告 A，另一组观看广告 B，在观看完成后分别向两组被试进行询问。这种实验设计能够比较两种广告策略在相同条件下的效果差异，从而评估哪一种更能激发消费者的购买欲望，进而提高销量。

1. 样本选择是确保实验有效性的关键

在微观控制实验中，需要选择一个具有代表性的消费者群体作为实验样本。在上述案例中，可以选取对健身器材有一定的兴趣和需求的消费者作为样本群体。样本的多样性和广泛性至关重要，在实验中，样本需要涵盖不同年龄、性别、地区等，以此来确保结果的普遍性。样本的大小也需要精心计算。在微观控制实验中，研究人员可以使用统计软件 G-Power 来预估检测出特定效应大小所需的最小样本量。

2. 随机分配是确保实验公正的核心

在微观控制实验中，可以选择使用随机数生成器或其他随机化工具，确保每名被试都可能被随机分配到 A 组或 B 组。这样可以减少选择偏差，确保两组在实验开始前在关键特征上是相似的。在上述案例中，具体现在被试的健身频率、购买力等特征是保持相似的。

3. 数据分析是微观控制实验中的关键步骤

可以使用 SPSS 等软件，结合统计方法来分析收集到的数据。例如，在数据分析阶段使用 t 检验来比较两组之间的销量差异是否具有统计学意义，或者使用方差分析来评估不同变量对销量的影响。在分析过程中，需要注意数据的正态性和方差齐性等假设条件，确保分析结果的准确性。

4. 结果解释是实验过程的最后阶段

根据数据分析的结果，研究人员需要解释广告对目标受众行为的影响。在案例中，如果研究人员发现广告 A 的销量显著高于广告 B，则需要探讨可能的原因，比如，专业运动员的演示是否增加了消费者对产品的信任感。同时，研究人员还需要讨论实验的局限性和可能的改进方向。

三、撰写实验报告

最后，研究人员需要撰写一份详细的实验报告。报告应该包括实验目的、设计、方法、结果和结论。在撰写微观控制实验的报告时，研究人员需要使用清晰、连贯的语言来描述实验的每个阶段。报告应该详细到足以让其他研究人员复制实验，同时也要简洁到能够快速传达实验的主要发现和结论。此外，报告还应该讨论实验的局限性和对未来研究的建议。通过这份报告，其他研究人员或利益相关者可以了解实验的过程和实验的发现，评估实验的有效性，并可能基于实验结论进行进一步的研究或做出商业决策。

微观控制实验的实施需要明确的计划和精确的执行。从实验设计到数据分析，再到结果解释，每一步都需要仔细的考虑和严格的控制。通过这种方法，研究人员可以更准确地评估广告对消费者行为的影响，为广告策略的制定和优化提供科学依据。

总之，微观控制实验为广告效果评估提供了一种严谨的方法论，可以帮助研究人员深入了解广告对消费者行为的影响。通过精确的实验设计和变量控制，研究人员能够深入理解广告对消费者行为的具体影响。在数智传播时代，这种方法的应用不仅提高了广告效果评估的科学性，也为广告策略的优化提供了有力的支持。通过这种方法，研究人员可以更准确地评估广告对消费者行为的影响，为广告策略的制定和优化提供科学的依据。

第二节　实验室实验设计与变量控制

在第一节中，我们已经讨论了微观控制实验的基本原理与流程，揭示了这种实验方法在广告效果评估中的重要性和应用价值。随着数智传播时代的到来，广告的传播方式和受众的接收模式都发生了革命性的变化。在这样的背景下，实验设计的重要性愈发凸显，它能够帮助我们更准确地测量和评估广告对目标受众的影响。接下来，我们将重点介绍三种常见的实验设计类型，以及如何精确控制实验中的各种变量。

一、前测–后测控制的分组设计

前测–后测控制的分组设计是一种经典的实验设计方法，它通过在实验前后对同一群体进行测量来评估广告或其他干预措施的效果。这种设计的基本结构包括对照组和实验组，两组在实验开始前都接受前测，以获取基线数据。实验组在接触到广告干预后，再次接受后测；而对照组则不接触广告，或接受常规广告，但同样进行后测。通过比较两组的前测和后测结果，研究人员可以评估广告对受众行为或态度变化的影响。

这种设计的优势在于能够有效地通过前后测的对比来评估实验干预的实际效果，同时控制诸如历史、测验工具等无关变量的影响，提高研究的内部效度。此外，通过随机分配参与者到实验组和对照组，可以减少选择偏差，增强实验的公正性。然而，这种方法也存在局限性，包括可能的前测与实验处理之间的交互作用，或许会降低实验的外在效度；前测可能引起的练习效应或疲劳效应，会影响后测的敏感性；实验的时间和成本较高，需要进行两次测量；在样本代表性不足时，个体差异较大，可能影响实验结果的准确性；等等。

二、仅用于后测控制的分组设计

与前测–后测控制的分组设计不同，仅用于后测控制的分组设计不进行前测，而是直接对实验组和对照组进行后测。这种设计通常用于那些无法进行前测的情况，例如，当研究人员无法预测实验的具体时间或条件时。在这种设计中，实验组接受广告干预，而对照组则不接受或接受标准广告。后测结果用于评估广告的效果。这种设计的优点是操作简便，节省时间和资源。但它的缺点也很明显，因为没有前测数据，研究人员无法确定实验前后的变化是否仅仅是由于时间的流逝或其他未控制的变量。此外，如果存在测试效应或季节性变化，这种设计可能无法准确评估广告的真实效果。

三、所罗门四分组实验设计

所罗门四分组实验设计是一种更为复杂的实验设计，它结合了前两种设计的优点，提供了更为全面的视角来评估广告效果。这种设计包括四个组：一个实验组接受广告干预并进行前测和后测；一个对照组不接受广告干预，同样进行前测和后测；另外两个组分别只接受前测或后测，但不进行另一次测量。通过这种设计，研究人员可以评估广告的即时效果和长期效果，同时控制测试效应和其他潜在的偏差。所罗门四分组实验设计的优势在于其能够提供丰富的数据，帮助研究人员从多个角度理解广告的影响。然而，这种设计的操作更为复杂，需要更多的资源和时间来实施。此外，由于涉及多个组和多次测量，数据分析也可能更为复杂。

在数智传播时代，广告效果的评估变得更加复杂和多维。通过采用不同的实验设计，研究人员可以更准确地测量广告对受众的影响，并为广告策略的制定和优化提供科学依据。每一种实验设计都有其独特的优势和局限性，选择合适的实验设计，需要结合研究目的、资源和时间等因素综合考虑。通过这些精心设计的实验，我们可以更好地理解广告在数智传播时代的力量，以及如何有效地利用这种力量来影响和激励消费者。

变量控制是实验设计中另一个至关重要的环节，它是确保实验结果有效和可靠的核心。接下来，我们将深入探讨如何在广告效果测定中精确控制和操纵关键变量，以及如何测量和评估这些变量对受众行为的影响。通过精心设计的变量控制，我们可以揭示广告元素如何与消费者心理和行为相互作用，进而优化广告策略，提升传播效果。

首先，我们需要厘清一个概念——实验刺激（Experimental Stimulus）。实验刺激，又称"实验处理"（Experimental Treatment），它是指研究人员为了弄清自变量对因变量产生的效应，对自变量施加的控制行为。在广告效果研究中，实验刺激指的是用于引发消费者特定心理或行为反应的特定广告元素或条件。这些刺激可以是广告的视觉设计、文案内容、音频元素、代言人、产品展示等，它们被精心设计和控制，以便研究人员可以观察和分析这些刺激对消费者心理、行为的影响。在实验设计中，研究人员会通过控制这些刺激变量来观察和测量它们对消费者心理、行为的影响，如消费者的注意力、记忆、态度和购买意愿等。通过这些实验刺激，研究人员可以更好地理解广告是如何影响消费者的，进而优化广告策略和提高广告效果。

在微观控制实验中，自变量之外的其他干扰变量的变化也可能导致因变量发生变化，因此实验的成功不仅仅取决于对自变量和因变量的精确控制，控制其他干扰变量同样至关重要。在广告效果研究中，控制变量可能包括消费者的年龄、性别、教育水平，环境中的噪声、光线，以及广告展示时间、环境条件等。对于其他感染变量的控制可以通过以下四种方法实现：一是将被试随机分配到不同的实验组或对照组；二是在实验开始前，根据某些关键特征将被试进行配对，然后随机分配到不同的组中；三是在实验设计阶段，通过选择特定的参与者群体或在特定条件下进行实验来排除某些控制变量的影响；四是在数据分析阶段，使用统计方法（如协方差分析等）来控制或消除控制变量的影响。

在本节，我们学习了在数智传播时代如何通过实验室实验设计与变量控制，确保广告效果评估的准确性和可靠性。这能够帮助解决实验设计中的潜在挑战，以及如何在实验过程中应对可能出现的偏差和误差。通过这些内容，我们希望能够帮助读者建立起一套系统的广告效果评估框架，为数智传播时代的广告策略制定和优化提供坚实的科学基础。

第三节　被试招募与培训

在微观控制实验中，被试招募与培训不仅关乎实验的顺利开展，还关系到实验结果的广泛适用性和准确性。研究人员首先需要明确实验的目的和假设，在确定目标人群的基础上，精心挑选并邀请合适的个体参与实验。这一过程要求参与者不仅具有多样性，更能够代表广泛的受众群体，从而确保实验结果的普适性和有效性。

一、被试招募

1. 明确实验的目的和假设

在确定目标人群时，研究人员首先需要明确实验的目的和假设。例如，如果广告效果评估聚焦年轻消费者的购买行为，那么目标人群便锁定为年轻人。在明确了目标人群之后，研究人员需要制定详细的招募标准。这些标准可能包括但不限于年龄、性别、教育水平、职业、收入水平、购买习惯等。这些标准有助于确保招募到的参与者不仅能够代表研究的目标人群，而且能够满足实验设计的具体需求。

2. 设计招募材料

设计招募材料是招募过程中的关键一环。研究人员需要制作招募广告、传单或在线问卷，这些材料应能清晰地阐述实验的目的、要求及参与者的权益。招募材料应该吸引人、易于理解，同时要确保信息的准确性和完整性。随后，研究人员需要根据目标人群的特点，选择最合适的招募渠道，如社交媒体、相关专业平台、线下招募等。选择合适的渠道可以提高招募效率，确保信息能够传达到目标人群。

3. 收集招募响应者的资料

发布招募信息后，研究人员需要收集招募响应者的资料，并根据既定标准筛选合适的参与者。同时，研究人员应该准备好回答潜在参与者的咨询，为其提供必要的信息和帮助。在收集到招募响应者的资料后，研究人员需要根据既定的标准筛选出合适的参与者。筛选时应确保过程公正透明，避免任何形式的偏见。筛选出合适的参与者后，研究人员可以与参与者联系，确认他们的参与意向和可用时间，综合考虑实验时间，安排实验的具体日期。

二、被试培训

被试培训是确保实验顺利进行的另一个关键环节。通过培训，参与者不仅能够了解实验的目的和重要性，而且能够明白自己在评估广告效果中所扮演的角色。这一过程对于确保实验的科学性和有效性至关重要。培训的首要目的是确保参与者对实验有充分的了解。研究人员需要清晰地介绍实验的目的，阐明实验对于评估广告效果的贡献，以及每名参与者在其中所扮演的重要角色。这有助于提高参与者的参与度和积极性，使他们意识到自己对整个研究的价值。在培训中，研究人员需要详细解释实验的每一个环节，包括广告观看、问卷填写、可能的访谈等。这一步骤有助于参与者对实验流程有一个清晰的认识，减少在实验过程中的困惑和不确定性。在培训过程中，需要强调保密性原则。让参与者了解他们的回答将被严格保密，会让参与者在提供信息时更加坦诚，有利于提高数据的质量，保证数据的真实性和可靠性。

被试培训可以采用模拟实验的方式展开，它能够有效帮助参与者熟悉实验环境和任务。模拟实验让参与者在预演实验过程中更好地理解实验要求，提前了解可能遇到的情况，从而减少实际实验过程中可能出现的不确定性，缓解参与者的焦虑。在培训过程中，研究人员应鼓励参与者提出问题，并提供清晰、准确的答案，确保他们对实验过程有充分的理解。研究人员可以通过提问或小测验的方式来检验他们的理解程度。这不仅能够及时发现并解决理解上的偏差，还能够进一步强化参与者对实验流程的记忆。此外，为了提高参与者的积极性与实验吸引力，研究人员可以提供小额激励。这种激励可以是金钱奖励、礼品卡或其他形式的回报，它能够有效地提高参与者的参与度和实验的完成率。

在广告效果评估的微观控制实验中，被试招募与培训是不可或缺的环节。它们确保了实验的参与者是合适的，并且参与者对实验过程充分理解。这一步骤对于获取准确和可靠的数据至关重要。数智传播时代，广告行业不断发展创新，消费者行为也在不断演变，研究人员需要不断更新和完善招募与培训的方法，以适应不断变化的研究环境，满足日益增长的研究需求。

第四节　实验追踪与数据分析

一、实验追踪

实验追踪是指在微观控制实验过程中对被试的反应和行为进行监测和记录的过程。这种追踪既可以是实时的，也可以是通过对参与者在实验后进行问卷调查或访谈来完成的。实验追踪的目的是捕捉广告对消费者行为的即时和长期影响，有助于揭示广告效果的持久性，以及消费者对广告信息的长期记忆和态度变化，从而为广告策略的调整和优化提供依据。

实验追踪可以采用多种方法，包括但不限于：① 问卷调查，定期向参与者发送问卷，收集他们对广告的记忆、态度和购买行为的信息；② 行为追踪，利用技术手段，如网站 Cookie、移动应用追踪等，监测参与者的在线行为和购买活动；③ 访谈，通过电话或面对面访谈，深入了解参与者的感受、体验和对广告的深入反馈；④ 生理测量，在某些情况下，可以采用眼动追踪、皮肤电反应等生理测量手段，评估参与者对广告的无意识反应。

在设计实验追踪时，研究人员需要考虑追踪的时间点和频率。追踪的时间点应该由实验目的和广告效果的预期持续时间来确定。追踪的频率则需要平衡数据的详细程度和参与者的负担。过于频繁的追踪可能会干扰参与者的正常生活，导致追踪数据的偏差。

实施实验追踪时，研究人员需要确保追踪手段的可靠和有效。这可能需要对追踪工具进行预测试，以确保它们能够准确反映参与者的真实情况。同时，研究人员还需要考虑追踪过程中的伦理问题，确保参与者的隐私得到保护。

概括起来，实验追踪的步骤大致如下：① 设计追踪方案，根据实验目的，设计详细的追踪方案，包括追踪的时间点、方法和工具等；② 实时数据收集，在实验过程中，可以通过使用眼动追踪、皮肤电反应等技术实时收集数据；③ 后期问卷调查，在实验结束后，通过问卷调查收集实验被试的反馈和感受；④ 深度访谈，对部分参与者进行深度访谈，以获取更深入的见解；⑤ 数据整合，将收集到的数据进行整合，准备进行数据分析。

二、数据分析

数据分析是将收集到的数据转换为有用信息的过程，数据分析可以帮助研究人员评估广告效果并验证实验假设。数据分析需要使用统计方法和数据挖掘技术来识别模式、趋势和关系。总的来说，数据分析可以分为描述性分析、推断性分析、相关性分析等。

1. 描述性分析

描述性分析是数据分析的第一步，它提供了数据的基本特征。通过描述性统计，研究人员可以了解数据的分布情况，识别数据中的模式和趋势。这为后续的推断性分析提供了重要的背景信息。在描述性分析中，对于集中趋势的度量可以用均值、中位数、众数进行表达。其中，均值是所有数据点的总和除以数据点的数量，它提供了数据集中心位置的最佳估计。在广告效果研究中，均值可以用来描述消费者对广告的评分、购买意愿等指标的平均水平。而中位数是将数据集从小到大排序后位于中间位置的数值。当数据分布不对称时，中位数提供了一个更稳健的中心趋势度量。例如，如果广告引起的极端正面或负面反应导致均值偏离，中位数则能更好地反映大多数消费者的普遍态度。众数是数据集中出现次数最多的值。在广告效果研究中，众数可以用来识别最受欢迎的广告特征或消费者最频繁的反应。对于离散程度的度量则通常使用方差、标准差。方差是各数据点与均值差的平方的平均值，它反映了数据点之间的差异程度。方差可以用来衡量消费者对广告反应的一致性或多样性。标准差是方差的平方根，它与原始数据具有相同的单位，便于直观理解。标准差可以用来评估消费者对广告效果的不同反应程度。

2. 推断性分析

推断性分析帮助研究人员从样本数据中推断出总体特征，验证假设，并得出具有普遍性的结论。以 t 检验为例，t 检验用于比较两组数据的均值差异是否具有统计学意义。它基于 t 分布，通常用于样本量较小的情况。t 检验可以分为单样本 t 检验、独立样本 t 检验和配对样本 t 检验。单样本 t 检验用于比较单个样本的均值与已知的总体均值之间是否存在显著差异。独立样本 t 检验用于比较两个独立样本群体的均值是否存在显著差异。配对样本 t 检验用于比较同一组被试在两个不同条件下的均值差异。结合广告效果研究的情景，单样本 t 检验可以用来比较某一新广告策略是否提高了产品的认知度；独立样本 t 检验可以用来比较不同广告策略对两组不同消费者群体的影响；配对样本 t 检验可以用来比较同一组消费者观看广告前后的态度变化。

3. 相关性分析

相关性分析用于评估两个或多个变量之间是否存在一定的关系，以及这种关系的强度和方向。在广告效果研究中，相关性分析可以帮助研究人员了解广告的不同要素是如何与消费者的各种反应相关联的。研究人员在使用相关性分析时必须谨慎，因为相关性并不等同于因果性，需要进一步的实验设计和分析来探索变量之间的因果关系。

需要注意的是，在开始数据分析之前，首先要进行数据清洗。数据清洗包括去除无效或不完整的数据记录、处理异常值和缺失值。这一步骤对于确保分析结果的准确性至关重要。例如，如果某些参与者未能完成问卷或在实验过程中退出，研究人员需要决定是删除这些数据还是采用某种方法进行估算。数据清洗有助于提高数据的一致性和可用性，为数据分析和建模提供一个更加准确和可靠的数据集。

第五节 基于微观控制实验数据的广告效果结论分析

广告效果结论分析是指在微观控制实验结束后，对收集到的数据进行综合评估，以确定广告对目标受众行为的影响程度和性质。这一环节不仅涉及对实验数据的深入分析，还包括对广告效果的全面评估和解释。要求研究人员运用统计学、心理学和营销学等多学科知识，对实验结果进行科学解读。

一、基于数据分析进行验证

广告效果结论分析，首先，需要基于数据分析的结果，对实验假设进行验证，解释实验结果是否支持假设，并讨论结果的意义。其次，需要讨论实验结果对现有理论的贡献与实践应用建议，包括对广告理论的扩展或对特定理论的验证，以及对现实生活、现实社会的实践建议。最后，还应诚实地讨论研究的局限性，并基于这些局限提出未来研究的方向。这有助于后续研究人员在现有研究的基础上进一步探索和深化。

在数智传播时代，对广告效果的深入分析是一个复杂而多维的过程，它不仅涉及技术层面的创新，还包括个性化服务的精准提供、人机耦合的高效协作，以及对市场环境和消费者心理的深刻洞察。

二、多维度解析消费者行为

技术是广告行业发展的引擎。消费者行为的多维度解析实际上是广告效果研究的核心，广告效果本质上是消费者行为选择的反应。在数智传播时代，允许技术通过分析消费者的在线行为、偏好和反馈，构建精细化的用户画像，实现对消费者个性化需求的精准识别。基于这样的用户画像，广告能够推送与消费者兴趣和需求高度相关的信息，从而提高消费者的感知价值和参与度。随着大数据、人工智能、机器学习等技术的应用，广告行业正在经历一场革命。这些技术使得广告投放更加精准，能够根据用户的行为、偏好和上下文信息实时调整广告内容和投放策略。例如，通过机器学习算法，广告系统可以预测用户的潜在需求，并推送相关广告，从而提高广告的相关性和吸引力。同时，自然语言处理技术的应用使得广告文案更加贴近人类的语言习惯，增强广告的说服力。

在信息爆炸的今天，消费者的注意力成为稀缺资源。个性化服务能够为消费者提供与其兴趣和需求高度相关的广告内容，从而在众多信息中脱颖而出。通过分析用户数据，广告商可以构建精细化的用户画像，实现对消费者的个性化推送。这种个性化服务不仅提高了广告的点击率和转化率，也增强了消费者的体验，使消费者感受到被理解和尊重。

人机耦合是广告创作和投放中的重要模式。机器的计算能力和数据分析能力与人的创意和直觉相结合，可以产生出更加出色的广告作品，推动广告行业的创新和发展。机器可以处理大量的数据，发现潜在的模式和趋势，而人则可以根据这些信息进行创意构思和策略制定。此外，人工审核在确保广告内容的合规性和文化适应性方面发挥着不可替代的作用。人机耦合不仅提高了广告创作的效率和质量，也使广告更加贴近人心。

市场环境是广告效果研究的外部因素，它包括经济形势、行业趋势、竞争对手行为等。广告商需要密切关注市场环境的变化，及时调整广告策略。同时，消费者心理是影响广告效果的内在因素。广告商需要深入洞察消费者的需求、期望、态度和行为模式，以便更好地与消费者沟通。通过故事讲述、情感联结等手段，广告可以触动消费者的内心，激发其购买欲望。

三、多视角评估广告效果

广告效果需要从多维度进行评估，包括品牌知名度、品牌形象、用户参与度、点击率、转化率等多个指标。在数智传播时代，它要求我们综合考虑来自不同平台和渠道的多样化数据，运用大数据和人工智能等先进技术，对广告的直接效果（如点击率、转化率等），以及长期效果（如品牌价值、用户忠诚度等）进行全面评估，同时实现对目标受众的精细化划分和实时反馈，以优化广告策略并提升广告的整体效果。而且，广告效果的评估也应考虑到长期效应，如品牌忠诚度的培养和市场份额的增长。

面向未来，广告行业需要不断创新，以适应不断变化的市场环境和技术发展。这包括探索新的广告形式，如增强现实、虚拟现实等；开发新的广告模型，如基于用户行为的预测模型；以及构建新的广告生态系统，实现广告商、消费者和其他参与者之间的共赢。此外，广告行业也需要关注伦理和社会责任，确保广告的健康发展。

基于微观控制实验的广告效果结论分析是一个复杂但至关重要的过程。它不仅要求研究人员具备数据分析的技能，还要求他们能够将分析结果转化为对广告策略的具体建议。这种分析不仅有助于研究人员理解特定广告活动的影响，也为整个广告行业的发展趋势和创新提供了洞见。

延伸阅读

[1] 李娟娟. 心理学实验室：世界上最著名的30个心理学实验［M］. 北京：中国法治出版社，2020.

[2] 陈峰. 消费者行为心理学［M］. 北京：中国纺织出版社，2019.

[3] 宣长春. 光线环境对广告说服效果的影响：基于环境心理学视角的实验研究［J］. 国际新闻界，2024，46（9）：155-176.

[4] FENNIS B M, STROEBE W. The Psychology of Advertising [M]. London: Routledge, 2020.

[5] VARGAS P T, DUFF B R, FABER R J. A practical guide to experimental advertising research [J]. Journal of Advertising, 2017, 46(1): 101-114.

思考题

1. 根据坦南鲍姆的定义，实验法的核心要素是什么？以及如何将这些要素应用于广告效果评估？

2. 在设计一个广告效果实验时，如何设定一个有效的假设？请以健身器材公司的广告效果实验为例，说明自变量和因变量的选择。

3. 讨论在被试招募与培训过程中，如何确保参与者的多样性和代表性，以及这一过程对实验结果准确性的影响。

4. 讨论大数据、人工智能和机器学习等技术如何影响对广告效果的评估和优化。

5. 广告效果评估为何是一个多维度的过程？请列举并解释在数智传播时代评估广告效果时需要考虑的关键绩效指标。

第八章

大数据测量与广告效果测定

第八章 大数据测量与广告效果测定

第一节 大数据
- 一、大数据的含义
- 二、大数据的运用

第二节 大数据的分类、获取与清洗
- 一、大数据的分类
- 二、大数据的获取
- 三、大数据的清洗

第三节 大数据趋势分析
- 一、机器学习化
- 二、海量数据化

第四节 情感分析与广告效果
- 一、情感分析的原理
- 二、情感分析在广告效果中的应用
- 三、情感分析的操作

第五节 语义网络分析、词云分析与广告效果
- 一、语义网络分析
- 二、词云分析

第六节 社会网络分析与广告效果
- 一、社会网络分析的概念
- 二、如何在广告效果测定中运用社会网络分析
- 三、社会网络分析的实施步骤

第七节 基于大数据的广告效果结论分析
- 一、广告曝光度与覆盖率
- 二、受众参与度
- 三、转化率
- 四、投资回报率
- 五、受众画像深度分析
- 六、跨渠道表现分析

导读：

在全球媒体数智化发展的大浪潮下，广告效果研究正经历着从经验驱动向数据驱动的范式转变。大数据方法的引入不仅重构了传统广告评估的底层逻辑，更以其全样本分析、实时反馈和深度洞察的特性，为广告效果的量化评估与优化决策开辟了全新路径。随着社交媒体、移动互联网和物联网设备呈指数级增长，消费者行为数据、媒介接触轨迹和情感反馈信息以前所未有的颗粒度被记录和沉淀，这使得广告主能够突破传统抽样调查和滞后性评估的局限，构建起覆盖广告传播全生命周期的动态监测体系。通过整合结构化与非结构化数据，运用自然语言处理、社会网络分析、语义网络（Semantic Network）分析、情感分析等技术，研究人员得以解构消费者决策“黑箱”，精准识别从广告触达、认知、态度到行为转化的关键节点，甚至预测不同场景下的传播效能。本章将系统梳理大数据方法在广告效果研究中的技术框架与应用范式，探讨多源异构数据的融合机制、算法模型的构建逻辑及可视化分析工具的创新实践，为构建科学、可信、可持续的广告效果评估体系提供方法论支撑。

本章学习目标：

1. 掌握大数据方法在广告效果测定中的基本运用流程。
2. 掌握大数据分析中的社交媒体数据采集方法及基本软件工具。
3. 掌握大数据分析中的情感分析方法及基本软件工具。
4. 掌握大数据分析中的社会网络分析方法及基本软件工具。
5. 掌握大数据分析中的语义网络分析与词云分析的基本操作方法。
6. 掌握大数据分析结果应用于广告效果测定的基本原理。

随着我国数字媒介环境的快速发展和互联网覆盖率的持续提高，大数据在广告效果测量领域的应用潜力日益增大，但同时也伴随着挑战。在这样一个数字媒介高度集成的时代背景下，大数据测量与分析，尤其是在广告效果方面的测量，变得尤为重要和复杂。中国网民数量的增长及网民行为的日益多样化，为广告主制定精确、个性化的广告投放策略带来了新的机遇，也提出了新的挑战。互联网不仅改变了人们获取信息和沟通交流的方式，同时也彻底改变了广告行业的运作模式。在这种情况下，对广告效果的测量需要借助先进的大数据技术来实现。通过收集和分析来自各种渠道的海量数据，包括用户的在线行为、消费习惯、内容偏好等，企业可以更加深入地了解目标客户群体，从而设计出符合用户需求和预期的广告内容。同时，通过实时监控广告的传播效果，企业可以及时调整广告策略，优化广告资源分配，以实现广告效益的最大化。

第一节　大数据

借助大数据来分析广告效果的第一步，是掌握“大数据”这一基本对象的含义，并进一步明晰在当前数字媒介环境下大数据的应用场景。

一、大数据的含义

大数据，是指体量巨大、种类繁多、增长速度极快的数据集合。通常，传统的数据处理软件无法在合理时间内对其进行捕捉、管理和处理。因此，需要借助新型的数据处理技术和模型来捕捉大数据，从而获取有价值的信息。大数据的核心特征通常用“4V”模型来概括，即 Volume（数据量）、Velocity（速度）、Variety（多样性）、Value（价值）。为了更深入地描述大数据的本质特征，可以将原有的“4V”模型扩展为“7V”，除上述 4 个特征外，还包括 Veracity（真实性）、Variability（可变性）、Visualization（可视化），详述如下。

1. 数据量

这是大数据最为直观的特征之一。随着数字化信息的爆炸式增长，产生的数据量在 ZB（ZettaByte，泽字节）的级别不断攀升，远超普通数据库所能处理的范畴。

2. 数据增长速度

在互联网、物联网和移动通信等技术的推动下，数据以前所未有的速度被创建和传播。涉及实时数据流的处理和分析，需要高速数据处理技术。

3. 数据类型多样性

大数据涵盖了结构化数据、半结构化数据、非结构化数据等多种形式，如文字、图片、视频等，这种多样性给数据的存储、管理和分析带来了挑战。

4. 数据价值

数据本身的价值不在于其量的大小，而在于通过分析和处理后所能提取到的有价值的信息，这要求研究人员具备高效的数据分析方法和工具。

5. 真实性

大数据的质量和准确性对于数据分析的结果至关重要。数据的真实性、一致性、清晰度和信用度直接影响到数据分析的有效性和可靠性。

6. 可变性

数据的含义在不同的上下文中可能存在变化，对数据的理解和分析需要考虑到数据的可变性，比如，社交媒体中信息的真实性和时效性。

7. 可视化

对大数据进行有效的可视化处理，能够帮助用户更直观地理解和分析数据，特别是在探索性数据分析和数据呈现方面。

总的来说，大数据的本质特征不仅体现在其庞大的量级和增长速度上，更在于数据类型的多样性、数据的真实性挑战，以及从数据中提取有价值信息的能力。通过进一步关注大数据的可变性、可视化及挖掘深层价值，我们能够更全面地把握和利用大数据，以数据驱动决策，推动社会和技术的进步。

在面对日益复杂的数据环境时，理解并应用这些扩展的大数据特征，是赋能未来创新与解决挑战的关键。在数字营销领域，广告效果是衡量广告活动成功与否的关键。在这个过程中，大数据起到了至关重要的作用。通过对大数据的收集、处理和分析，研究人员能够准确评估广告活动的绩效，优化广告策略，提高投资回报率。

二、大数据的运用

在当今数据驱动的营销环境中，大数据技术的运用极大地增强了营销活动的精准度，提高了营销的效率。通过深入分析潜在客户的喜好、消费习惯、在线行为和社交媒体互动等信息，研究人员能够构建更加精细化的用户画像，实现高度精准的广告定位，从而显著提高广告的触达率。同时，借助大数据技术对用户针对不同广告内容的实时反应进行跟踪，企业能够灵活调整广告内容、投放时间和渠道，以优化广告投放策略，确保广告能够达到最佳效果。进一步地，大数据技术能够实时追踪和分析广告支出与收益之间的关系，为研究人员提供准确的投资回报率度量，有助于评估当前营销策略的成效，并指导未来的广告投资决策，以实现预算的最高效运用。在多渠道营销策略的执行中，大数据的应用同样发挥着不可替代的作用，它使研究人员能够跨渠道追踪广告效果，深入理解消费者的跨渠道行为，评估并优化不同渠道对总体广告效果的贡献度，从而实现全渠道营销的最优化配置。利用机器学习和人工智能技术，大数据不仅能够分析和评估广告活动的当前表现，还能预测其未来的效果，这为企业在广告创意和投放策略的调整上提供了强有力的预见性支持。总的来说，大数据技术在现代营销领域内的应用，为企业提供了一个全方位、多维度的广告投放和分析工具，不仅优化了广告效果，还提高了营销策略的智能化水平，确保了企业在激烈的市场竞争中保持领先。

大数据在广告效果测定中的应用极大地增强了广告策略的科学性和有效性。通过对大数据的深入分析，企业不仅能够精准地衡量和优化广告效果，还能够预测市场趋势和消费者行为，持续提升广告活动的综合表现。在数据驱动的营销时代，大数据已经成为增强广告效果不可或缺的工具。

第二节　大数据的分类、获取与清洗

在明晰“大数据”的基本定义后，我们还需要进一步掌握大数据的分类，以及对于广告效果实操而言更为重要的步骤——大数据的获取与清洗，从而为后续所要进行的大数据分析打下基础。

一、大数据的分类

对于大数据的分类，可以依据不同的标准来进行，以便更有效地管理和分析这些数据。其中一个常见的分类方法就是根据数据的结构化程度来区分，这种方法将大数据分为三个主要类别：结构化数据、半结构化数据和非结构化数据。

（一）结构化数据

结构化数据是指那些遵循固定格式或模式的数据，例如，存储在数据库表中的客户信息、销售记录和库存管理数据。这类数据因为具有明确的结构，使得查询、分析和处理变得相对简单、直接。一个客户信息数据库可能包含姓名、地址、电话号码和电子邮件等字段，而销售记录则详细记录了产品名称、销售日期、销售数量和销售总额等关键信息。这种高度组织化的数据格式为数据管理和分析提供了极大的便利。

（二）半结构化数据

半结构化数据虽然不那么严格遵循结构化数据的模式，但仍含有用于标识数据结构的标签或其他特征，使得它们比非结构化数据更易于解析和理解。这类数据的例子包括 XML 和 JSON 文件，它们不像结构化数据那样有固定格式，但仍然包含了一些用于标识数据结构的标签或特征。例如，电子邮件中标准的部分包括发件人、收件人和主题等，尽管邮件正文可能是非结构化的文本。

（三）非结构化数据

非结构化数据则是指那些没有预定义数据模型的数据，这种数据的形式多样，不容易被计算机程序直接读取或处理。这类数据包括社交媒体帖子、视频文件、图片和照片及研究报告和 PDF 文件等。社交媒体帖子可能包含用户发布的文本、图片或视频内容；视频文件、图片和照片是视觉信息的载体，没有明确的结构来描述其内容；研究报告和 PDF 文件虽然可能信息丰富，却因缺乏统一的数据结构而难以自动化地分析和理解。

从结构化数据的严密组织到非结构化数据的灵活多变，这三种主要类型的数据各具特色，有各自的应用场景，它们在信息技术和数据分析领域扮演着独特的角色。结构化数据以其规范性、可预测性便于存储和处理，而非结构化数据则因其丰富性和复杂性为研究人员提供了更广泛的信息维度。半结构化数据介于二者之间，提供了一定的灵活性，同时保持了部分结构化特征。

理解这些数据类型之间的差异及它们各自的优势，对于有效地管理和分析数据至关重要。结构化数据因其所具有的高效查询和分析能力强的优点，在需要精确和一致性信息处理的场景中非常有用，如金融交易记录和客户数据库管理。非结构化数据因其所具有的广泛性和深度，成为洞察消费者行为、探究社交媒体趋势和分析文本等领域的重要资源。半结构化数据因其所具有的灵活性，适合被用来处理那些既需要结构化查询又需要一定自由度的数据，如日志文件和网络内容。

掌握这些数据类型的特性，能够帮助数据科学家、分析师和 IT 专业人员选择最合适的工具与技术，以实现数据潜力的最大化，支持更明智的业务决策。

二、大数据的获取

（一）数据来源

在当今信息爆炸的时代，获取和分析大数据变得非常重要。无论是用于学术研究、商业分析还是公共政策的制定，公开数据集、API（Application Programming Interface，应用程序接口）及精确的搜索查询已成为收集和处理信息的重要工具。

公开数据集提供了一个广泛且易于获取的数据库，它们为研究人员和分析师提供了丰富的信息资源。例如，在新冠疫情防控期间，多所国际知名高校合作发布了有关新冠疫情微博讨论的数据库集，这不仅促进了疫情相关研究的深入，也成了当前学术研究的常见数据来源。这些数据集通常包含大量的原始信息，可以用于各种统计分析和模型构建，从而帮助研究人员更好地理解社会现象和人类行为。

API 作为一种技术工具，提供了一种在无须访问源代码或深入理解内部工作机制的情况下，便捷地访问某些软件或硬件功能的方法。在网络舆情大数据采集中，API 尤为重要，它可以直接从社交媒体平台、新闻网站和其他在线资源中提取实时数据。这种能力使得数据收集过程更加高效，同时也确保了数据的时效性和相关性。

搜索查询，或称“搜索关键词”，在进行网络舆情大数据搜集的过程中起着至关重要的作用。它们是研究人员确定搜索内容、定位特定信息的关键。为了获得更全面的公众意见或讨论信息，需要尽可能详尽且全面地设置搜索关键词。这不仅涉及关键词的选择，还包括对搜索结果的筛选和排序，以确保收集到的数据能够准确反映公众的情绪和观点。

（二）常用的中英文网络数据采集工具

1. 后羿采集器

后羿采集器是由杭州快忆科技有限公司开发的一款网络数据采集软件，可以实现网页数据的自动化采集及基础的数据清洗，支持 Windows、Mac 及 Linux 操作系统。其数据采集过程简单，只要输入需要采集的特定网址就可以识别网页中的具体内容，无须配置任何采集规则。

扫一扫

扫码查看各工具使用流程

2. 集搜客采集器

集搜客采集器是由深圳市天据信息技术有限公司于 2007 年开发的大数据搜集与分析软件，它是一个集大数据搜集、基础语义分析、内容聚合、网络爬虫生成等功能于一体的软件服务平台。与后羿采集器等软件平台相似，集搜客采集器也可以有效帮助缺乏必要编程基础的学生进行数据采集与分析的工作。但其绝大部分功能均需要付费使用。

3. TAGs

TAGs 是一款建立在谷歌表格（Google Sheet）基础上的面向 Twitter（推特）平台的数据采集软件。它允许用户根据所设置的搜索关键词，返回一定量的 Twitter 数据。由于该软件是建立在谷歌表格基础上的，因此用户在使用时需要提前注册个人谷歌账号。

4. Python

Python 作为一种开源编程语言，具有较强的面向对象实现编程目的的功能。使用 Python 语言编写网络爬虫代码，也是目前从微博、Twitter 等各类社交媒体平台上获取数据的常见方法。

三、大数据的清洗

大数据清洗是数据分析过程中的一个至关重要的预处理步骤，它涉及对数据集进行彻底的审查和修正，以提升数据的整体质量。这一过程的核心目标是识别并纠正数据集中的不准确、不完整或不相关信息，从而为后续的数据分析打下坚实的基础。数据清洗通常包括以下七个关键环节。

（1）删除重复数据记录

识别并消除数据集中的重复条目，以避免在分析中产生偏差。

（2）处理缺失值

对于数据集中的缺失值，可以选择填补（如使用均值、中位数或众数等统计方法等）或直接删除含有缺失值的记录，以保证数据的完整性。

（3）处理异常值

识别并处理数据集中的异常值或离群点，这些值可能是错误输入或极端情况造成的，需要通过业务逻辑或统计方法进行处理或移除。

（4）数据标准化

确保数据格式的一致性，如统一日期格式、货币单位或度量衡单位，这有助于数据的比较和分析。

（5）转换非结构化数据

将非结构化数据（如文本、图像等）转换为结构化数据（如表格等），以便进行更深入的分析和处理。

（6）数据整合

如果数据有多个来源，数据清洗还可能包括数据整合的工作，即将不同来源的数据合并为一个统一的数据集。

（7）数据验证

检查数据的准确性和一致性，确保数据符合业务规则和逻辑。

通过这些细致的数据清洗措施，可以显著提高数据分析的准确性和可靠性，从而使得分析结果更加值得信赖。大数据清洗不仅能够减少数据分析中的错误，降低结果的不确定性，还能够提高模型的性能，是实现高质量数据分析不可或缺的一环。

大数据的分类、获取与清洗成了构建高效数据处理流程的三大支柱。精确且细致的数据管理，为深入分析和制定关键决策奠定了坚实的基础。这使得企业能够从“数据海洋”中提炼出宝贵的信息，进而揭示市场动向、优化产品与服务，并推动以数据为驱动的业务的增长。这一流程不仅有赖于高效的技术解决方案，更要求我们对数据质量及处理过程中的细节进行严格的监督和控制。

第三节　大数据趋势分析

大数据趋势分析的应用广泛且深远，尤其在广告效果研究领域，通过深度分析大数据，我们不仅能够把握市场和消费者的当前状态，更能洞察未来趋势，为广告策略的调整提供科学依据。此过程涉及对广泛的数据来源进行挖掘，包括社交媒体互动、网站访问量、在线购买行为及用户反馈等，通过对这些数据进行综合分析，研究人员可以揭示消费者的偏好变化，识别新兴的市场机会，甚至预测特定广告活动的效果。

一、机器学习化

大数据趋势分析涉及从大规模的数据集合中提取有价值的信息，以便理解历史趋势和预测未来发展。这一过程不仅包括量化的数据分析，还包括对数据背后因素的理解，如用户行为、市场变化和技术进步。在广告效果研究中，将分析结果转化为易于理解的形式，如图表、报告等。基于分析结果，决策者制定策略或采取具体行动。为了提高分析的准确性和效率，越来越多的研究人员开始采用人工智能和机器学习技术来处理、分析大数据。这些技术能够通过自我学习的算法，识别数据中的模式和趋势，提供比传统数据分析方法更深入、更个性化的见解。例如，机器学习算法可以通过分析历史广告数据和消费者互动行为，预测特定广告内容对不同目标受众的吸引力，从而帮助广告制作者创造更具针对性和吸引力的广告内容。此外，大数据趋势分析在优化广告投放策略上也显示出其不可或缺的价值。通过分析不同广告渠道和广告形式的表现数据，决策者可以确定哪些广告渠道和广告形式最有效，而哪些需要改进或替换。这不仅能够帮助广告主在争夺消费者注意力的过程中保持竞争优势，还可以大幅提高广告的投资回报率。

二、海量数据化

并非所有的大数据都与广告效果紧密相关。要从海量数据集中提炼出有价值的洞察力，关键在于高效识别与广告目标最为紧密相关的数据，并将其转化为切实可行的策略。在这一过程中，跨学科合作显得尤为重要，数据科学家、市场分析师和广告创意人员必须携手合作，将技术洞察与创意思维相融合，以推动广告策略的持续创新和优化。通过综合运用大数据趋势分析，广告主能够更精准地把握市场和消费者动态，这不仅可以提升广告内容的相关性和吸引力，还有助于优化广告资源的配置，实现更高效、更精准的广告投放，最终达到提升广告效果的目的。

第四节　情感分析与广告效果

情感分析，亦称为“意见挖掘”，是一种深入挖掘文本内容的技术，目的在于理解和解析文本中所蕴含的主观信息。它不仅超越了基础的数据提取，更深入地探索了语言背后所隐藏的情感内容。这项技术依托自然语言处理、文本分析和计算语言学等领域的先进知识，建立在对语言深刻理解和机器学习算法的坚实基础之上。通过这些技术，计算机能够识别并提取文本数据中的情绪倾向，如积极、消极或中性的情感，为分析和理解人类交流的情感维度提供强大的工具。

一、情感分析的原理

情感分析是一种通过分析文本内容来识别和提取其中的情绪倾向的复杂技术，它在多个领域，如市场研究、客户服务和社交媒体监控中扮演着重要角色。情感分析主要包含两种方法：基于规则的情感分析方法和基于机器学习的情感分析方法。

（一）基于规则的情感分析方法

基于规则的情感分析方法依赖预先定义的情感词典和情感得分系统。这种方法通过计算文本中正面与负面词汇的出现频率来评估整体的情感倾向。它的优势在于简单、直观，并且可以快速部署。然而，这种方法的有效性高度依赖情感词典的质量和对特定语言及语境的深入理解。情感词典需要定期更新以反映语言的演变和特定领域的术语变化。

（二）基于机器学习的情感分析方法

基于机器学习的情感分析方法通过训练监督学习或深度学习模型来识别和预测文本的情绪。这种方法需要将大量已标注情绪的文本数据用于训练，使算法能够学习并准确判断文本中的情绪。基于机器学习的情感分析方法在处理复杂、含糊或多维度的情绪表达时更为灵活和强大，能够捕捉到基于规则的情感分析方法可能遗漏的细微情感差异。

两种方法各有其优势和适用场景。基于规则的情感分析方法在那些语境清晰、情感表达直接的场景中可以直接应用，如简单的产品评论分析。而基于机器学习的情感分析方法则更适合处理复杂多变的文本情绪识别任务，如社交媒体帖子的情绪分析，这些文本往往包含讽刺、双关语和复杂的情感交织。

随着技术的进步，基于机器学习的情感分析方法正变得越来越精准，能够更好地理解和解释人类语言的复杂性。同时，基于规则的情感分析方法也在不断进化，结合机器学习技术来提高其准确性和适应性。综合运用这两种方法，可以更全面地捕捉和分析文本中的情感信息。

二、情感分析在广告效果中的应用

情感分析与广告效果评估的结合使用，能够为研究人员提供深刻的洞察力，使他们能够理解广告内容是如何影响目标受众的情感反应的，从而评估并优化广告策略。以下四种方法能有效将情感分析融入广告效果评估。

（一）广告内容的情感调性分析

通过情感分析，可以评估广告内容（如文字、社交媒体帖子、视频脚本等）的情感调性，判断它是积极的、消极的，还是中性的。理解广告所引发的情感反应，可以帮助研究人员调整其内容，使之更能引起目标受众的积极情感，从而提高广告效果。

（二）用户反馈和评论的情感分析

深入分析用户在社交媒体、在线论坛、评论区等平台上对广告的反馈和评论，可以帮助品牌洞察广告对受众情感的实际影响。这种分析能够揭示广告的受欢迎程度、受众的偏好及他们的不满点，为广告策略的调整和优化提供有力的数据支持。

（三）情感分析辅助的 A/B 测试

在执行 A/B 测试的过程中，运用情感分析来比较不同广告版本所诱发的情感反应，对于发现哪一版本更能唤起目标受众的积极情绪至关重要。这种方法有助于精准识别并选择出效果更优的广告版本，从而提升广告的影响力和吸引力。

（四）定位和个性化广告

情感分析能够揭示不同受众对广告的情感反应差异，为品牌提供更精准的目标用户定位。借助这些洞察，广告主可以设计更具针对性的个性化广告内容，从而有效提升广告的吸引力和影响力。

将情感分析融入广告效果评估，不仅能提升广告的有效性与投资回报率，还能加深品牌与受众的情感纽带，促进更深层次的用户参与和忠诚度构建。情感分析的核心目标在于理解文本背后的情感内涵，并将其量化以供实际应用。这一过程涉及复杂的语言特征提取，并需要充分利用上下文信息，以捕捉语言的微妙差异和复杂性。然而，情感分析也面临着挑战，尤其是在处理自然语言的多样性和复杂性方面，如讽刺、双关语、否定句和依赖上下文的情感表达等，这些都需要高级的自然语言处理技术和较高的语言理解能力。

三、情感分析的操作

SnowNLP 是一个简洁而强大的 Python 库，专门用于完成中文文本的自然语言处理任务，尤其在情感分析方面表现出色。该库通过分析文本的情绪倾向，能够输出一个 0 到 1 的分数，分数越接近 1 代表文本所表达的情绪越正面，而越接近 0 则表示情绪越负面。这种直观的评分机制为评估和理解中文文本情感提供了一种有效的工具。以下是使用 SnowNLP 进行情感分析的基本步骤。

（1）安装和导入库

首先，需要确保 Python 环境中安装了 SnowNLP 库；然后通过 Python 的包管理器 pip 轻松安装；安装完成后，通过简单的导入命令将 SnowNLP 集成到项目中。

（2）文本预处理

在进行情感分析之前，通常需要对文本进行预处理，包括去除无用的符号、停用词，以及执行分词等步骤。SnowNLP 提供了便捷的文本预处理功能，可以简化这一过程。

（3）执行情感分析

将预处理后的文本输入 SnowNLP 的情感分析功能中。库将自动分析文本，并返回一个表示情绪倾向的分数。

（4）解释结果

根据返回的分数，可以判断文本的整体情绪倾向。接近 1 的分数表明文本表达了较强的正面情绪，而接近 0 的分数则表明文本表达了较强的负面情绪。

（5）应用分析结果

得到情感分析结果后，可以将其应用于多种场景如市场研究、客户反馈分析、社交媒体监控等中，帮助企业或研究人员做出基于数据的决策。

SnowNLP 的易用性和高效性使其成为中文文本情感分析的优选工具。它不仅能够提供快速的情感分析结果，还能够通过其丰富的 NLP 功能，如文本摘要、词性标注等，为深入的文本分析提供支持。使用时需要注意的是，SnowNLP 默认的情感分析模型是基于其内置的语料库进行训练的。如果需要对特定领域的文本进行情感分析，可能需要使用更专业或更贴近目标领域的文本来训练模型以提高准确性。

情感分析在广告效果评估中发挥着举足轻重的作用。通过深入剖析目标受众的情绪反应，企业可以洞察其广告内容是如何触动消费者情感的，并据此调整和优化广告策略。这种分析不仅有助于判断广告引发的正面或负面情绪反应，而且提供了评价广告传达效果的深层次见解——广告是否真正与消费者建立起情感联系。基于这些洞察，广告商能够设计出更具个性化和情感共鸣的广告内容，有效提升广告的吸引力和影响力，最终实现提高品牌认知度和促进销售的目标。因此，情感分析已成为衡量广告效果不可或缺的一部分。

扫一扫

扫码查看分析步骤

第五节　语义网络分析、词云分析与广告效果

对于大数据中所内嵌的消费者态度的分析，除了上述的情感分析维度外，我们同时还需要进一步窥探大数据中所包含的消费者的认知及其偏向。面对这一维度，本节所介绍的语义网络分析方法与词云（Word Cloud）分析方法将有效帮助我们挖掘消费者面对特定产品或品牌时的认知重点。

一、语义网络分析

语义网络是一种图形化工具，它通过节点（Node）和边（Edge）来表示词汇之间的语义联系，用以描绘实体、事件、属性等概念间的复杂语义关系。在这个网络中，每个节点象征着一个概念，而节点之间的连线则代表这些概念间的关系。语义网络的应用范围广泛，它不仅能够支持信息检索、文本理解、知识发现等复杂任务，还可以在广告效果评估中发挥重要作用。

在广告效果测定中，语义网络的应用尤为显著。通过对社交媒体上的讨论、用户评论或客户反馈进行细致分析，可以构建出一个能够反映公众

情感和态度的语义网络。这个网络能够帮助研究人员识别出广告信息中最受关注的元素，同时揭示不同受众对同一广告的不同感知和反应。这种洞察力使得广告制作者能够更精准地调整广告的语言风格和信息传递策略，以更好地吸引和影响目标受众。

通过这种方式，语义网络不仅揭示了广告内容的内在结构，还提供了一种量化公众反应并使其可视化的方法。广告商可以利用这些信息来优化广告创意，强化广告信息的共鸣点，以及调整广告投放的时机和渠道。这种对广告效果的深入理解有助于提高广告的吸引力和说服力，从而使广告在竞争激烈的市场中脱颖而出，实现广告的最终目标——推动销售和增强品牌影响力。

（一）创建和操作语义网络的一般路径

1. 概念识别和关系定义

（1）概念识别

确定想在语义网络中表示的关键概念。概念可以是事物、事件、属性等。

（2）关系定义

识别概念之间的关系。这些关系可以是层级的（如“是一种”等）、功能的（如“能够”等）、属性的（如“具有”等）等。

2. 构建网络结构

（1）节点创建

在网络中，每个概念作为一个节点表示。

（2）边连接

根据概念之间的关系，在相应的节点之间连接边。边可以是有向的（表示关系的方向）或无向的。

3. 数据填充

（1）信息编码

将具体的信息、数据或属性添加到网络中的相应节点或边上。这个步骤需要收集和整理相关数据。

（2）网络更新

根据获取的新信息，不断更新和扩充语义网络，以反映新的知识或关系。

4. 网络分析

（1）查询与检索

通过语义网络，可以查询特定概念、探索概念之间的关系，或检索与特定概念相关联的信息。

（2）连接路径分析

分析概念之间的连接路径，以理解不同概念之间的联系和相互作用。

（3）网络度量

根据网络的特征（如节点的度、网络的密度、中心性等）分析网络的结构和特性。

5. 可视化展示

（1）网络绘图

通过图形化工具将语义网络绘制出来，概念之间的关系和网络结构一目了然。

（2）交互探索

开发交互界面，允许用户通过点击、拖动等交互方式探索和分析语义网络。

（二）推荐使用工具

① 图形数据库：如 Neo4j，专门用于存储和操作图形数据，适合复杂的语义网络。

② 可视化软件：如 Gephi、Graphviz 等，可以用来绘制和分析网络图。

③ 编程库：如 NetworkX（Python 库），提供丰富的网络构建、分析和可视化工具。

例：

“文化语境”（Context of Culture）理论着重阐述了“话语”与“环境”之间的深刻联系，“话语和环境互相紧密地联系在一起，一个单词的意义，不能从对这个单词的消极的冥思苦想中得出来，而总是应当参照特定的文化，对该单词的功能进行分析后才能推测出来”。语义网络图则为揭示这种联系提供了有效的可视化工具。从节点属性来看，在新世纪台湾闽南语歌曲高频词语义网络图（图8-1）中，核心并非以最高频词“人生”为中心向外发散。相反，核心圈是由“希望”“永远”“知道”“生活”“未来”“青春”“孤单”等词组成的，核心词的主次关系较为模糊。通过计算各节点的中心度值，得出中心度值前三位的词语依次是“希望”“永远”“生活”。可见，“希望”才是最核心的关键词，与“永远”“生活”紧密关联，体现了闽南文化中积极向上的价值观。“打拼”一词与“理想”“注定”“世人”紧密联系和相互影响。这表明在台湾地区的闽南歌曲中，为理想而打拼的主题作为台湾民众的精神奔赴，与闽南族群固有的奋斗内核是相承的。

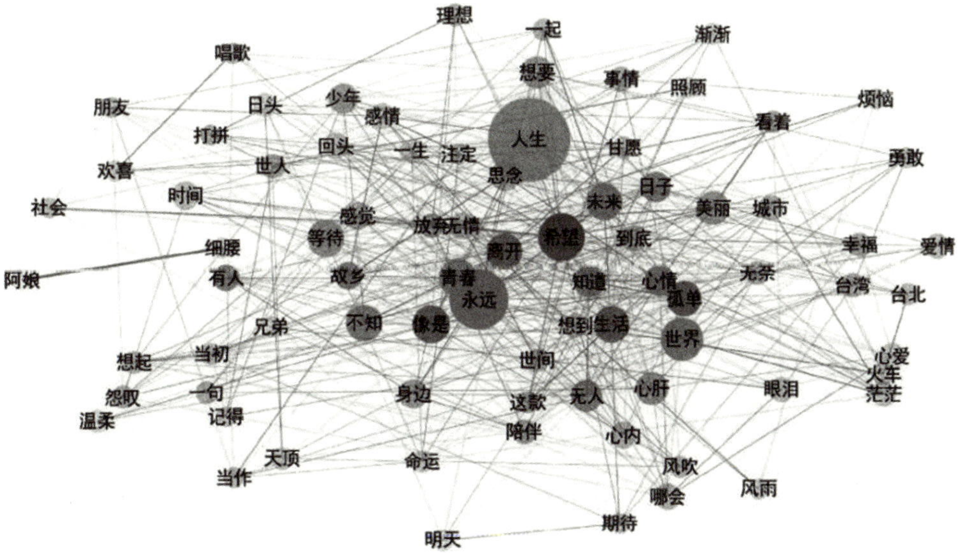

图8-1 新世纪台湾闽南语歌曲高频词语义网络图①

---

① 刘涛，殷琴. 数字人文视域下新世纪两岸闽南语歌曲语义网络分析［J］. 南京艺术学院学报（音乐与表演），2024（3）：103-109.

二、词云分析

词云是一种文本数据的可视化技术，它通过视觉化的方式展示文本集中词语出现的频率。在词云中，频繁出现的词语以较大的字号呈现，而不常出现的词语则以较小的字号呈现，这种直观的呈现方法让观察者能够迅速识别出文本的核心主题和显著词汇。词云的布局和色彩可以根据需要进行个性化定制，以吸引视觉焦点。它常用于展示社交媒体上的热门话题、演讲或文章中的关键信息等。在广告效果测定中，词云能够迅速揭示广告反馈或社交媒体讨论中的关键词，帮助研究人员理解公众对广告的初步反应。更重要的是，词云能够揭示观众最关注的方面、可能引发讨论的议题，甚至有助于发现潜在的负面反馈点。利用这些信息，广告从业者可以优化广告内容，强化积极信息，避免可能引起误解或负面反应的内容。词云的生成通常包括以下三个步骤。

① 文本预处理：包括去除停用词（如“的”“是”等不携带具体意义的助词）、标点符号，进行词干提取或词形还原等。

② 词频统计：计算文本中每个词的出现频率。

③ 可视化展现：根据词频选择字号大小，随机分布词汇进行布局，生成词云。

例：

图 8-2　词云图①

在图 8-2“词云图”中，首先对第三方评论文本进行分词、自定义词典和去除停用词等处理，根据 TF-IDF 原理对文本进行关键词提取。再利用 Python 和 jieba、词云库分

① 曹晨，张卫国，黄俊. 职场辱虐管理如何影响第三方情绪和行为?：基于文本挖掘以及 LDA 主题模型的大数据分析［J］. 海南大学学报（人文社会科学版），2022，40（2）：137-147.

别对各类情感进行词云分析，利用 jieba 库对评论文本进行分词和自定义词典等操作，然后将分好的词语用空格连接起来，最后利用词云库生成词云图来分析拥有不同情感的第三方人群会采取哪些动作和行为。图 8-2 中，左图代表提取多种词性的词而生成的词云图，右图代表只提取动词词性关键词而生成的词云图。

结合语义网络分析和词云这两种强大的工具，研究人员能够从宏观和微观两个层面深入剖析广告内容与受众之间的互动关系。语义网络分析揭示了广告内容和受众反馈之间的复杂联系，它通过展示概念之间的语义关系，帮助研究人员识别广告中的核心主题和受众反馈中的关键点。而词云则以直观的方式突出显示文本中频繁出现的关键词，使研究人员能够迅速把握受众讨论的热点和广告中最引人注目的信息点。这种综合分析方法使研究人员能够更精准地测量广告效果，并据此进行优化。通过识别受众反馈中的正面和负面词汇，研究人员可以评估广告的情感影响，调整广告语言和信息传递策略，以更好地吸引目标受众。同时，通过分析受众讨论中的关键词，研究人员可以发现受众最感兴趣的广告要素，以及可能引发讨论的议题，进而强化这些要素，提高广告的吸引力和说服力。

此外，语义网络分析和词云的结合使用还能够帮助研究人员发现潜在的问题点，比如，受众对广告中某些信息的误解或负面反应。这些信息对于避免在未来的广告活动中出现类似的问题至关重要，有助于构建更积极的品牌形象和提升广告的整体影响力。语义网络分析和词云的结合为研究人员提供了一个强大的分析框架，使他们能够全面理解广告内容和受众反应，从而提升广告的整体影响力和效率，实现更精准、更有效的市场沟通。

扫一扫

扫码查看分析步骤

第六节　社会网络分析与广告效果

除了在语义文本层面上探究消费者对于特定产品或品牌的态度与认知外，广告效果调查的另外一个重要维度是探究在广告传播过程中，哪些传播节点发挥了什么样的作用，比如，我们所合作的KOL是否有效地将广告信息传递给了消费者？消费者更偏向于从哪些媒体中获取产品信息？这些问题的回答都有赖于社会网络分析方法的引入。

一、社会网络分析的概念

社会网络分析是一种对于结构化网络数据或关系数据进行探究的方法，旨在揭示网络中的关系结构及其属性。与传统定量分析或统计分析处理的数据属性不同，该方法专注于分析关系数据，这些数据涵盖了接触、关联、联络、群体依附、传播互动、相互影响等方面的情况。这些关系数据将一个能动者与另一个能动者联系在一起，而非仅关注能动者自身的属性。例如，学生之间的交往、企业间的合作、组织间的互动等，都属于关系数据。如果将一个能动者与另一个能动者之间的关系视为一条线，当这些线足够多且存在能动者之间的重叠时，大量能动者之间的关系便会形成一个网络。纳德尔（Nadel）将这类网络描述为各种关系的交织，其中一种关系中的互动决定着其他关系中的互动。在网络中，能动者被称为“角色”，而角色在网络中的位置和互动结构形成了网络的“秩序”。这些“角色”“互动”“秩序”“结构”是网络分析的核心要素。在具体的网络分析过程中，这些能动者或元素被称为“节点”，节点之间的关系则被称为“边”（图8-3）。

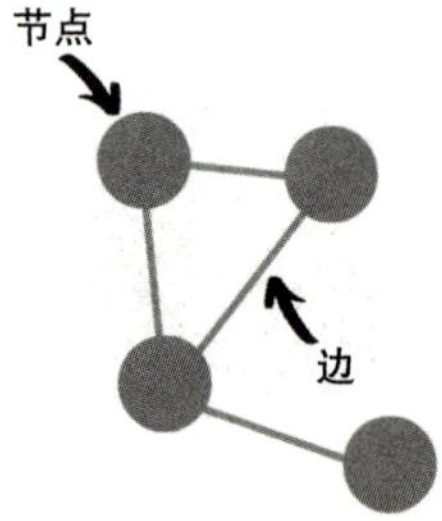

图8-3　社会网络分析中的节点与边

二、如何在广告效果测定中运用社会网络分析

社会网络分析与广告效果测定的结合为研究人员提供了一种深刻理解广告传播和受众反应的新途径。这种结合能够揭示广告是如何在不同的社

会网络中传播的，以及这种传播对受众行为的具体影响。使用社会网络分析工具可以帮助绘制广告内容在社会网络中传播的路径，确定是哪些关键节点（如具有较高影响力的个体或机构等）加速了传播，从而评估广告传播的深度和广度，以及确认广告效果的关键社会节点。

此外，通过分析社交网络上的互动模式和关系强度，可以识别出目标受众所处的特定群体或社区，并利用这些信息定制广告内容，使其更贴近目标受众的兴趣和需求，从而提高广告效果。在广告传播的社会网络中，不同节点对广告的反应可能会影响他们的社交圈，通过社会网络分析，可以识别出哪些节点由于其处于中心位置而对广告传播尤为重要，并了解他们对广告的具体反应（如积极或消极），从而精确调整广告策略。

广告效果不仅体现在销售数据的增长上，还包括品牌知名度和品牌形象的改变。通过社会网络分析，研究人员可以评估广告传播对社交网络中品牌提及量、情感倾向及网络讨论主题的影响，深入理解广告是如何塑造品牌形象的。

利用这些分析结果，还能优化广告投放策略，识别最有效的传播路径和节点，在未来投放广告时选择更有影响力的 KOL 或在效果最好的平台上增加预算，以实现最大化的广告投放效果。总体而言，通过社会网络分析，研究人员可以全面地了解广告在网络传播中的行为模式和影响因素，从而进行更精准、更高效的广告投放策略调整，实现广告目标的最大化。

三、社会网络分析的实施步骤

社会网络分析大致可以分为以下七个步骤，包括明确分析目标、数据收集、数据处理和清洁、构建网络图、分析网络图、解读和实施、报告和分享发现。这些操作步骤要求相关人员同时具备一定的理论知识和技术技能。以下是较为详细的操作流程。

（一）明确分析目标

在开始之前，非常重要的一步是确定要通过社会网络分析解决或探究的具体问题或目标。明确分析目标将有助于决定哪种类型的数据是必需的，以及如何收集这些数据。

（二）数据收集

（1）定义节点和边

节点通常代表网络中的个体或实体，而边代表节点之间的连接或关系。

（2）选择数据收集方法

可以通过问卷调查、查询社交媒体平台、查询公开的数据库等多种方式来收集数据。

（三）数据处理和清洗

收集到的数据往往需要预处理，包括清洗错误的数据、使数据格式标准化、转换数据结构等，以便于分析。

（四）构建网络图

使用软件工具（如 Gephi、UCINET、NetDraw 等），根据收集到的数据构建网络图。这包括创建节点列表和边列表，可能还包括设置节点和边的属性（如权重、类型等）。

（五）分析网络图

（1）计算网络指标

分析网络的结构特性，包括网络密度、中心性（度中心性、接近中心性、中介中心性）、聚集系数、小世界属性等。

（2）识别社群结构

以社区检测算法（如模块度优化等）识别网络中的群体、社区。

（3）分析网络动态

如果数据是动态的，则须分析网络是如何随时间变化的。

（六）解读和实施

解读网络图的结构和模式，并将这些洞察应用到实际问题的解决或决策中。

（七）报告和分享发现

编制分析报告，包括可视化网络图和关键指标，以及共享发现和建议。

社会网络分析在深入理解和提高广告效果方面扮演着关键角色。通过细致地描绘广告内容在社交网络中的传播路径和识别关键影响节点，研究人员不仅能评估广告信息的传播深度和广度，还能精确识别并定位目标受众群体，进而优化广告内容，以更好地符合其兴趣和需求。这种分析使研究人员能够洞察广告信息是如何在社交网络中流动的，哪些节点（个体或群体）在传播过程中起到了关键作用，以及这些节点是如何影响广告信息的扩散的。通过识别这些关键节点，广告商可以更有效地将资源集中在最具影响力的传播者上，从而提高广告的传播效率和效果。

此外，通过分析个体或节点对广告的反应，我们可以精确调整广告策略，以增强广告的社会影响力。这种调整可能涉及改变广告信息的呈现方式、调整广告投放的时间或渠道，甚至是重新定位广告的目标受众。通过这些细致的调整，广告不仅能够吸引更多的注意力，还能够在受众中激发更深层次的情感共鸣。

这些分析的结果不仅限于销售数据的增长，它们还深刻影响着品牌的知名度和形象塑造。一个成功的广告活动能够提升品牌的市场认知度，增强消费者对品牌的忠诚度，甚至从长远来看，能建立起品牌的正面形象。社会网络分析提供了一种量化和可视化这些影响的方法，使广告商能够基于数据做出更明智的决策，实现广告传播效果的最大化。

总之，社会网络分析为研究人员提供了一个强大的工具，使他们能够在复杂的社交网络环境中找到方向，优化广告策略，并最终实现广告传播效果的提高。通过这种分析，广告商能够更深入地理解受众，更有效地传播广告信息，从而在竞争激烈的市场中脱颖而出。

扫一扫

扫码查看分析步骤

例：

在微博健康医疗领域信息交互网络中，节点的度数代表该健康医疗博主具有的互相关注的好友数量；网络的密度表示微博健康医疗领域交互的紧密程度；网络的距离实际代表两名博主需要通过几名好友实现交互；平均距离代表整个网络中两名博主实现交互需要的平均好友数量，表明网络交互的通畅程度；社群图是通过可视化的手段，对微博健康医疗博主之间的关联进行的最直观的观察。

第七节　基于大数据的广告效果结论分析

在撰写基于大数据的广告效果结论分析报告时，应当深入挖掘并精准聚焦几个关键领域，以确保能够全面而深刻地理解广告活动的效果。首先要关注的是广告活动的整体表现，这不仅包括基本的曝光量和点击率数据，还包含对特定广告创意和频道选择的有效性评估，以便理解哪些元素最受受众欢迎、哪些可能需要调整。受众的反应和互动是衡量广告成功与否的重要指标。通过分析具体的互动行为，例如，在社交媒体上的转发、评论数量，以及与广告相关的负面或正面反馈，可以获得关于广告与目标受众契合度的深刻见解。这种分析帮助揭示受众的真实反馈和行为动机，为针对性的内容优化提供依据。

广告始终需要有实际收益或者有带来收益增长的趋势，投资回报是衡量广告效果不可或缺的一环。通过计算投资回报率，可以清晰地了解每一元的广告支出所带来的具体收益或价值。这既包括直接的销售增长，也包括品牌知名度和受众忠诚度等较难量化的长期价值。重点是要借助大数据的力量分析和解释数据，找出提高投资回报率的关键因素，而这不仅限于短期内的经济收益，还要考虑到品牌的长远发展。最后，同样重要的是未来优化建议。

结合上述分析，我们在撰写基于大数据的广告效果结论分析报告时应提出基于数据和分析结果的建议，这些建议旨在指导未来的广告活动以实现更高的传播效率和效果。这可能包括建议试验新的广告渠道、调整目标受众策略、优化现有广告内容。目的在于不仅总结过去和现在的广告活动表现，而且为未来的决策提供具有前瞻性的指导，确保广告策略能够不断适应变化的市场环境和消费者行为。通过如此全面而具体的分析，基于大数据的广告效果结论分析不仅能够提供历史和即时的表现回顾，更能够洞察未来的趋势，引导品牌制定更有力和更高效的广告投放策略。以下是一些在撰写基于大数据的广告效果结论分析报告时应重点分析的点和相关指标。

一、广告曝光度与覆盖率

① 指标：曝光次数、覆盖人数、频次（单个用户看到广告的平均次数）。

② 分析：测量广告到达的目标受众规模，以及平均每个受众看到广告的次数，从而评估广告投放的宽度和深度。

二、受众参与度

① 指标：点击率、互动率（包括评论、点赞、分享）、视频观看完整率。

② 分析：评估广告内容与目标受众的互动水平，了解广告内容引发的受众行为响应。

三、转化率

① 指标：转化次数、转化率（转化次数与点击次数的比率）、每点击成本（Cost Per Click，CPC）。

② 分析：衡量广告引导的最终目标动作（如购买、注册等）的效率，以评估广告的直接效益。

四、投资回报率

① 指标：总收益、广告支出、投资回报率［（收益-成本)/成本］。

② 分析：整体评估广告投入产出比，这是评价广告效果的关键绩效指标。

五、受众画像深度分析

① 指标：人口统计特征（如年龄、性别等）、地域分布、兴趣偏好。

② 分析：深入了解广告影响的受众特征，评估广告是否精准触达目标受众群体。

六、跨渠道表现分析

① 指标：不同平台或渠道的表现比较，如社交媒体、搜索引擎、邮件营销等。

② 分析：评估各个平台或渠道的贡献和效率，优化多渠道广告策略。

在结论分析阶段，至关重要的是对广告活动的各项指标和分析结果进行综合考量，以全面总结广告传播的整体表现和效果。这一过程不仅需要评估广告活动的成功要素，还须识别存在的不足和潜在的改进空间。在分析中，应明确指出哪些策略有效、哪些策略需要调整，以及如何调整，以确保广告活动能够更好地达成既定目标。

此外，结论分析应当提供具体的优化建议和未来的行动方向，这些建议应基于数据分析的结果，并与业务目标紧密结合。通过这种方式，分析结论将不仅仅是理论上的总结，而是具有实际应用价值的指导方案，能够直接转化为行动和改进措施。

延伸阅读

［1］李达军. 为什么红不久？网红商店的形成机理研究：基于多案例与语义网络分析［J］. 营销科学学报，2024，4（2）：139-157.

［2］李曼宁，于晶芸，蒋忠中，等. 基于网络视频弹幕情感分析的广告插入机制对消费者冲动购买意愿的影响［J］. 系统管理学报，2021，30（6）：1187-1197.

［3］秦雪冰. 消费者洞察的 NKP 模型：社会网络分析在智能广告中的应用［J］. 当代传播，2020（3）：77-80.

［4］HUH J，MALTHOUSE E C. Advancing computational advertising：Conceptualization of the field and future directions［J］. Journal of Advertising，2020,49(4):367-376.

［5］ZHANG K，BHATTACHARYYA S，RAM S. Large-scale network analysis for online social brand advertising［J］. Mis Quarterly，2016,40(4)：849-868.

思考题

1. 讨论与传统调查方法相比，大数据测量的优势和局限性。
2. 情感分析如何帮助理解消费者对广告的情感反应？
3. 讨论如何利用语义网络分析来优化广告信息。
4. 词云在广告效果测定中扮演了什么角色？
5. 讨论社会网络分析在广告策略调整中的作用。
6. 在使用大数据进行广告效果探究时，应如何保护消费者隐私？

第九章

广告效果调查报告撰写

第九章 广告效果调查报告撰写

第一节 广告效果调查报告的基本框架与格式

一、封面
二、索引
三、引言
四、广告基本信息
五、调查方法
六、调查结果与分析
七、结论与建议
八、附录
九、封底

第二节 广告效果调查报告撰写的要点

一、注重逻辑结构，确保层次分明
二、坚持客观真实，以数据分析为基础
三、内容全面，兼顾多方视角

第三节 广告效果调查报告实例剖析与借鉴

一、案例学习：《某含乳饮料跨媒体广告效果评估研究报告》
二、撰写广告效果调查报告的技巧和思路

导读：

在广告策划活动的全流程中，广告效果调查报告是连接数据洞察与决策优化的核心纽带。它不仅仅是对上一轮广告活动的有效总结，更是下一轮广告活动的重要参考。因此，有效地将各类广告效果调查数据及分析结果进行整合并合理地呈现出来，是广告效果调查的最终目标。对此，我们需要更全面地了解广告效果调查报告的撰写方法。在本章中，我们将系统解析如何将庞杂的调查数据转化为具有战略价值的报告文本，帮助大家掌握广告效果评估的最终呈现逻辑。首先，详解报告的结构范式，从封面、目录到结论、建议，逐层剖析专业报告的必备要素，重点解析数据呈现的基本法则。其次，聚焦数据解读的逻辑链条，通过典型案例示范如何避免“数据堆砌”，建立广告效果推导过程中的因果关系逻辑，从而培养学生独立完成规范化的广告效果调查报告的撰写，以及进一步通过数据洞察驱动广告优化的战略性思维，为未来的从业实践奠定方法论基础。

本章学习目标：

1. 掌握广告效果调查报告的基本框架及每一部分的核心内容与要求。
2. 掌握广告效果调查报告撰写的要点。
3. 掌握广告效果调查报告撰写过程中的文本技巧。
4. 掌握广告效果调查报告在整个广告策划活动中的重要性。

第一节　广告效果调查报告的基本框架与格式

广告效果调查报告是对广告投放后的结果进行检验、评估的重要文件，它的基本框架通常包括封面、索引、引言、广告基本信息、调查方法、调查结果与分析、结论与建议、附录、封底等。

一、封面

广告效果调查报告的封面是读者了解报告的第一窗口，其信息力求简洁、直观，通常包含标题、制作人和生成日期三个核心要素。

其中，报告标题用于标明文章的研究对象和主旨，其重要性不言而喻。为了帮助读者快速了解报告的主要内容和研究焦点，广告效果调查报告的标题通常采用简洁明快的偏正短语或述宾短语结构，如“××公司2024年Q1广告效果调查报告”，并在10个词以内清晰地传达报告的核心信息。制作人是指报告的主要撰写者，既可以是个人姓名，也可以是团队或部门名称。生成日期则是指报告完成或最后一次修订的日期，一般以“年—月—日”的格式呈现，如“2024年6月20日”。封面上的生成日期能够让读者清楚地了解报告的时效性，方便读者根据自身需求判断报告的参考价值。(图9-1)

图9-1 《某含乳饮料跨媒体广告效果评估研究报告》的封面

二、索引

当报告内容较为复杂时，可以考虑使用索引列出报告中的主要章节或部分。索引页通常位于报告的开头部分，紧跟在封面之后，主要作用是列出报告的主要章节或部分，并标明每个部分的标题和对应的页码。例如，“一、引言……1”“二、广告信息……3”等。索引不仅有助于读者理解报告的整体结构，也方便读者查阅特定信息。

三、引言

引言部分写作的目的通常是简短介绍广告、调研目的和整体布局，通常包含研究背景、研究目的、研究方法、报告结构等要素。

具体而言，引言部分应简洁地给出该项研究的背景，比如，为什么要进行这项调查，以及调查的重要性和现实意义是什么。这部分需要描述广告投放的商业背景，并解释为何广告效果评估是一个重要的研究议题。例如，广告作为公司推广产品和提高品牌认知度的重要手段，其效果如何，对公司促销策略的决策有何重要影响。

随后明确提出本次研究的目的，例如，分析广告投放的有效性，提高广告传播效果等。例如，“本研究旨在通过定量和定性的方法，评估××公司最近广告传播的效果，以获得关于其品牌知名度和销售额等重要指标的变化情况”。

继而概述本次调查的调研方法，比如，是通过问卷调查、面试还是数据分析等方式得出的结论。例如，“我们通过纵向的问卷调查，收集了广告投放前、中、后不同阶段消费者的意见反馈，并使用 SPSS 进行数据的描述性分析和推断性分析”。

此外，引言部分还可以为读者概述该报告的总体架构，比如，“报告的后续部分将会先描述广告的基本信息，然后详细介绍我们的调查过程，接着分析和解读我们的调查结果，并在最后得出结论、给出建议”，让读者对报告的整体内容有一个基本的了解。

四、广告基本信息

该部分写作的目的是介绍广告的基本信息，如广告描述、投放渠道、预算与损益等。

其中，广告描述部分，通常需要详细介绍广告的形式（如是电视广告、网络广告还是印刷广告等）、主题（广告的中心内容是什么，如新产品推广、品牌形象塑造等）、创新性（广告策略或设计中的新颖元素，如独特的视觉元素、捕获人眼球的广告词等）和希望达到的效果（如提高品牌知名度、增加产品销售额等）。每个元素应详细描述并提供足够的支持证据或例子。

广告投放这部分应涵盖广告投放的所有细节，包括所选的媒体渠道（如电视、互联网、社交媒体等）、投放的时间段（如在电视黄金时段或在特定事件发生期间），以及投放的频率（这可以是定期的，如每天在特定时段投放，也可以根据市场活动而变动）。此外，还需要描述目标受众，包括他们的年龄、性别、地理位置、消费习惯等。

预算与损益部分，首先，要包含广告的预算，详细列出各项支出，如媒体购买成本、广告制作成本、营销团队成本等。然后，评估广告投放后的效益。这可以包括一系列指标，如广告投资回报率、增长的销售量或市场份额、提高的品牌认知度等。所有的数据都应根据研究数据进行准确计算，并在可能的情况下，提供与行业平均水平的比较。

坚持以上的写作规范，可以确保广告基本信息部分呈现的信息全面且准确，为后续的分析提供基础。

五、调查方法

（一）调查方法分类

具体的调查方法包括问卷调查法、实验法、数据分析法、访谈法等。

1. 问卷调查法

基于受众反馈理论，该方法认为受众对广告的主观感受和反馈是衡量广告效果的重要依据。通过收集受众的大量意见，可以了解广告在目标群体中的传播效果和影响力，从而推断广告对消费者行为的潜在影响。通过设计合理的问卷，以邮寄、线上发放、现场发放等方式，收集受众对广告的态度、认知、购买意愿等方面的信息。问题可以包括是否看到过该广告、对该广告的印象如何、是否因为该广告而增加了对产品或品牌的兴趣、是否有购买行为等。

2. 实验法

实验法包括实验室实验和实地观察。实验室实验基于实验心理学的理论，通过控制变量来研究广告对消费者的单一影响因素，以便更准确地评估广告的效果。该方法可以排除现实环境中其他干扰因素的影响，从而更纯粹地研究广告本身的作用机制和效果。具体操作：在实验室环境中，选取一定数量的被试，控制其他变量，让他们接触特定的广告，然后观察他们的行为和心理反应。例如，可以通过眼动仪等设备监测被试对广告的关注重点、注视时间等，或者通过心理测试等方法了解被试对广告的情感反应、记忆程度等。

而实地观察依据对比实验的原理，通过设置对照组和实验组，对比分析广告对不同组别的影响差异，从而确定广告的实际效果。这种方法更接近实际的市场环境，能够更真实地反映广告在现实场景中的作用。在操作过程中，选择两个或多个相似的地区、群体或时间段，将其中一些作为实验组（投放广告），另一些作为对照组（不投放广告或投放不同版本的广告），然后对比两组的相关指标变化。例如，在不同城市的超市中，对同一产品分别进行有广告宣传和无广告宣传的实验，观察产品的销售情况、消费者的关注度等。

3. 数据分析法

数据分析法基于大数据理论和数据分析模型，认为海量的数据中蕴含着消费者的行为模式和广告效果的信息。通过对大量数据的分析，可以发现广告与消费者行为之间的关联和趋势，从而更全面、准确地评估广告的效果。这种方法能够处理大规模的数据，并且可以实时监测广告效果的动态变化。在操作数据分析法时，需要收集与广告相关的各种数据，如广告的曝光量、点击率、转化率、社交媒体上的互动数据（如点赞、评论、分享等）、网站流量、搜索数据等，然后利用数据分析工具和技术对这些数据进行挖掘、分析。例如，通过分析电商平台上广告投放前后产品的搜索量、浏览量、购买量等数据的变化，评估广告对消费者购买行为的影响。

4. 访谈法

该方法基于定性研究理论，强调通过深入了解个体的主观体验和观点来揭示广告对消费者的深层次影响。与问卷调查法相比，访谈法可以更灵活地探索受众的想法和感受，发现一些潜在的、不易通过问卷回答的信息，从而为广告效果的评估提供更丰富的视角。

具体操作：选取具有代表性的受众进行深度访谈，了解他们对广告的看法、感受、记忆及对产品或品牌的认知变化等。访谈既可以是一对一的形式，也可以是小组访谈的形式。在访谈过程中，访谈者可以根据受访者的回答进一步提问，以获取更详细的信息。

（二）数据收集和分析的说明

在确定了具体的调查方法之后，需要详细解释并说明收集和分析数据的具体方法，通常包含调查方法的说明、样本人群选择、数据收集和处理途径。

首先，介绍本次调查的数据收集方式，明确描述用于收集数据的工具和途径，如问卷调查法、焦点小组访谈、大数据测量等。同时，需要详细说明这些工具是如何帮助收集到所需要的信息的。例如，若描述的是问卷调查法，就需要解释问卷是如何设计的，包括问卷的问题类别、为什么选择这些问题，以及它们是如何帮助达到研究目标的。

其次，样本人群选择部分，需要详细描述调查的样本人群，包括他们的人口统计特征（如年龄、性别、地理位置等），以及为什么选择这个群体作为样本。例如，如果广告针对的是18—25岁的大学生，那么收集样本应尽可能包含这个群体。此外，还需要指出样本的规模大小，以及这个样本是否能够代表总体群体。

再次，也需要明确说明数据收集的时间（例如，在广告投放结束后的两周内进行调查）和地点（可分为在线调查或实地调查，如学校、购物中心等）。时间和地点的选择，应与研究目标和广告信息相契合。

最后，描述如何处理收集到的数据。例如，制作了线上调查问卷，使用电子形式对数据进行预处理，包括清理无效数据、核对异常值等。又如进行了面对面的访谈，把访谈录音转化为文字稿，然后进行编码处理。这部分需要具体描述调查所采用的统计方法或模型，以及使用的任何特定的软件或工具。

六、调查结果与分析

调查结果与分析是评价广告效果调查报告的基石。这部分详细呈现了所有从调查中收集到的数据和信息，并通过深度分析，形成了关于广告效果的实证结论。

对于收集到的原始数据，首先要进行统计和分类，将其整理成容易理解的格式。这包括开展描述性分析，如计算数据的均值、中位数或者模数等，以便提供一个宏观的数据概览。同时，图形演示如条形图、饼图、散点图等也是十分重要的工具，它们使得数据变得更加直观、易懂，从而更清晰地揭示数据背后的信息和趋势。

在收集及分类完成原始数据之后，接下来就是通过适当的分析方法进行深度剖析，以理解这些数据的深层含义。如果采集的数据来自问卷调查，那么可能会用对比分析法，以便研究广告投放前后消费者行为的转变。如果收集的是销售数据，那么可以通过趋势分析法找出广告活动对销售额的实质影响。另外，为了揭示结果背后的根本原因，可能还需要探讨一系列有影响力的因素，例如，消费者对广告内容的接受程度，不同广告形式和投放渠道对广告效果的具体贡献，等等。

总的来说，进行全面且深入的数据分析并从中得出有说服力的解释，是广告效果调查报告能够达到其目的的关键。在撰写这部分时，充分展示分析技能和问题解决的能力是非常重要的，这些都对研究结果的可靠性有着重要影响。

七、结论与建议

该部分依据对广告效果的分析进行总结，并提供未来广告投放策略的推荐方向。这既是为了提炼出研究的关键观察成果，也是为了指导企业进行更精准有效的广告运营。

结论应简洁、重点地反映分析的主要发现，如广告投放对销售额的实际影响、目标受众对广告内容的接受程度等。需要注意的是，结论必须基于研究数据和分析结果，避免出现无根据的断言。

建议部分则需要根据结论提供专业的战略建议。如果数据显示广告效果达到预期，可能会建议保持现有策略；如果广告效果欠佳，则可能需要提出改进措施，包括调整广告的宣传内容、修改广告的投放时间和频率、寻找新的目标受众等。建议应具有可操作性，即明确哪些行动需要采取，以及如何操作才能改善广告效果。

此外，对于预期或未来的展望也可以作为结论与建议的一部分。例如，基于广告效果和市场变化趋势，对公司未来广告策略的发展方向进行预测和设想，体现出报告的前瞻性。在撰写这一部分时，需要确保所有的结论与建议都是基于研究数据和研究分析的，以保证其客观性和准确性。

八、附录

附录部分包含了报告中可能未详细展示但有助于理解研究过程和结果的相关材料。例如，如果报告主体部分对数据进行了概括或筛选，附录部分就可以提供完整的数据集，以供读者参考。如果研究中使用到了问卷调查法，就可以在附录中附上完整的问卷样本，包括所有的问题和选项。此外，还需要列出在研究和撰写报告中引用的所有资料和文献，应确保格式正确（如 APA 格式或 MLA 格式），以尊重原作者的知识产权。

九、封底

封底一般包括对读者的感谢语或总结语，报告制作人的联系信息，以及报告的完成日期。报告结束语可以是对读者的感谢，或者回顾整份报告的要点，也可以是对未来研究的期待。作者信息需要列出报告制作人的姓名和联系方式（如电子邮件地址等），方便读者在有需要时进行联系（图 9-2）。报告完成日期一般是制作结束时的具体日期，以标记报告完成的时间点。这样，一份专业的、完整的广告效果调查报告就完成了。

图 9-2 《某含乳饮料跨媒体广告效果评估研究报告》封底

最后需要强调的是，对于报告的框架和格式，虽然有一些基本的指导原则可以遵循，如包含引言、广告基本信息、调查方法、调查结果与分析、结论与建议、附录与封底等。但重要的是，应当根据实际情况进行合理的调整。这意味着，可以根据研究的特点、数据的性质及受众的需求和阅读习惯等因素，灵活地设计和修改报告的内容与结构。总的来说，撰写广告效果调查报告既是一项需要严谨态度和扎实技能的工作，也是一项具有挑战与乐趣的创造性活动。只要遵循科学的方法，尊重数据的事实，关注读者的需求，就能够写出一份优秀的报告。

第二节　广告效果调查报告撰写的要点

撰写广告效果调查报告是检验广告实践成果的关键步骤。精准有效的报告不仅能帮助我们理解广告的实际效果，也能为未来的广告策略提供科学依据。下面，我们将详细介绍广告效果调查报告撰写的要点。

一、注重逻辑结构，确保层次分明

清晰的逻辑结构是保证报告内容易于理解和接受的关键。一份结构清晰、逻辑严谨的报告能够引导读者快速抓住重点，理解研究思路和研究结论。

撰写报告时，首先需要明确报告的整体框架，并按照一定的逻辑顺序组织各个部分的内容。如前文所述，广告效果调查报告的基本框架包括引言、广告基本信息、调查方法、调查结果与分析、结论与建议、附录等部分。合理的框架能够使报告内容更具条理性和层次感，便于读者理解和阅读。在组织各个部分的内容时，应注重逻辑顺序和层次递进的关系。例如，在“引言”部分，可以先介绍研究背景，引出研究问题，然后阐述研究目的、意义和方法；在“调查结果与分析”部分，可以先对数据进行描述性分析，然后进行更深入的对比分析、相关性分析等，逐步揭示数据背后的规律和趋势。

此外，为了使报告更易于理解，还须注意语言表达的清晰、简洁，避免使用过于专业或晦涩难懂的词汇。在保证准确性的前提下，将复杂的分析结果用简洁明了的语言表达出来，便于更多读者理解和接受。

总而言之，注重逻辑结构，确保层次分明，是撰写高质量广告效果调查报告的重要原则。一份结构清晰、逻辑严谨、语言流畅的报告，能够更好地传达研究成果、体现研究价值。

二、坚持客观真实，以数据分析为基础

广告效果调查报告的价值核心在于其客观性和准确性，它并非主观臆断的产物，而是依赖于严谨的数据收集、分析和解读。

数据收集是整个研究的基础，其质量直接关系到最终结论的可靠性。因此，在数据收集阶段，必须采用科学、规范的抽样方法，确保样本能够有效地代表目标总体，避免样本偏差对研究结果造成影响。同时，所选取的数据收集工具也需要具备良好的信度和效度，以保证数据的真实性和准确性。

在获取到可靠的数据后，需要采用合适的统计分析方法对数据进行处理和分析。常用的分析方法包括描述性分析、对比分析、相关性分析、回归分析等。选择何种分析方法需要根据研究目的、数据类型和样本特征等综合考虑。

数据分析的结果需要借助图表等形式进行直观、清晰地展示，以便于读者理解数据的变化趋势和规律。常用的图表类型包括柱状图、饼图、折线图、散点图等，不同的图表类型适用于表现不同的数据特征和关系。

最终的结论必须建立在对数据进行科学分析的基础上。任何结论的得出都应有充分的数据支持和逻辑论证，切忌无依据的猜测和主观臆断。在反映广告效果时，需要充分利用收集到的各类数据和信息，给出全面、客观和准确的描绘。不仅要关注数据的表面现象，也要深入其背后，探求更深层次的含义和规律。避免主观判断和片面之见，依据严格的数据分析和合理的逻辑推理，给出科学、可信的结论。

总而言之，坚持客观真实，以数据分析为基础，是撰写高质量广告效果调查报告的基石。只有确保每一个环节的科学性和严谨性，才能使报告具有可信度和参考价值。

三、内容全面，兼顾多方视角

广告效果调查报告的撰写目的是全面评估广告活动的成效，因此报告需要全面反映广告投放的各项细节及各类效果，并兼顾多方视角，如此才能确保评估结果的客观性和完整性。具体来说，撰写一份全面、客观的广告效果调查报告需要从多个维度、多个层次对广告活动进行评估，既要关注数据指标，也要关注用户反馈；既要分析短期效果，也要关注长期影响，从而为广告策略的优化和改进提供有价值的参考。

首先，广告效果是多维度的，不能仅仅依赖单一指标进行判断。例如，点击率高并不能完全代表广告效果好，因为最终目标可能是提升品牌知名度或促进销售转化。因此，需要构建一套指标体系，从多个维度对广告效果进行综合评估。

其次，除了量化的数据指标外，定性的分析也是不可或缺的。用户的反馈意见、市场趋势的变化、竞争对手的广告策略等定性信息，都能为广告效果评估提供更全面、深入的视角。例如，既可以通过用户调研，了解用户对广告内容的喜好、对品牌的印象等；也可以通过市场分析，了解行业发展趋势、竞品动态等；还可以通过专家访谈，获取专业的意见和建议。

再次，广告效果评估不能只关注短期效益，也要考虑长期影响。有些广告可能在短期内无法带来明显的销量提升，但能够提升品牌形象，为未来的发展奠定基础。因此，需要根据广告目标设定不同的评估周期，分别评估短期效果和长期效果。例如，有关新产品的推广广告，可以关注短期内的销量变化；而品牌形象广告，则需要更长的观察周期，评估其对品牌知名度和用户忠诚度的影响。

最后，一份全面的广告效果调查报告应该既要分析广告活动的成功之处，也要分析其不足之处。例如，分析哪些因素促成了广告的成功，包括精准的目标受众定位、优秀的创意设计等。又如，找出广告活动中存在的问题和不足，包括广告投放渠道选择不当、广告内容与目标受众需求不匹配等。

总而言之，撰写广告效果调查报告既需要综合运用多方面的知识和技能，也需要兼顾科学性与实用性，做到逻辑清晰、内容全面、数据可靠、分析深入、建议可行。只有这样，才能使报告真正发挥其应有的价值，为广告活动的优化和改进提供科学的决策依据，助力企业实现更好的营销效果。

第三节　广告效果调查报告实例剖析与借鉴

为了帮助大家更直观地了解如何撰写广告效果调查报告，我们以艾瑞咨询集团发布的《某含乳饮料跨媒体广告效果评估研究报告》为例，详细解读一份优秀的广告效果调查报告是如何呈现的。这份报告以百度 TV 网络广告投放为例，详细分析了其在目标受众、传播深度、品牌影响力等方面的表现，并与传统电视广告进行了对比分析，数据翔实，逻辑清晰，结论具有很强的参考价值。接下来，我们将结合这份报告，深入浅出地讲解一份优秀的广告效果调查报告应该具备哪些要素，并从中提炼出可供借鉴的写作技巧和思路，帮助大家在今后的学习和工作中写出更出色、更专业的调查报告。

一、案例学习：《某含乳饮料跨媒体广告效果评估研究报告》

（一）研究背景和发现

在当今数字化广告蓬勃发展的背景下，广告投放模式正经历着深刻变革。百度 TV 作为唯一基于百度搜索行为数据的定向型 AD Network（在线广告联盟）2.0，在网络广告领域展现出独特的运作模式，其彻底突破了传统网络广告“预购广告位”的固有模式，创新性地依据特定分类逻辑，聚焦购买具有某种共性的网络人群的关注，为广告投放提供了更为精准、定向的新途径。

在此背景下，百度 TV 委托艾瑞咨询集团开展了一项具有重要实践意义的跨媒体广告效果评估调查，旨在探究某含乳饮料在百度 TV 平台进行广告投放后，百度 TV 网络广告相对于传统电视广告所呈现出的补充效果。

通过严谨的研究分析，获得了一系列具有价值的数据发现。

其一，就受众特征而言，百度 TV 网络广告的受众呈现出较为集中的分布特点，主要聚焦中青年白领人群。这一群体在网络使用习惯、消费偏好及信息接收方式等方面具有一定的共性，对广告传播效果的影响具有独特的研究价值。

其二，从受众网络使用习惯角度来看，百度 TV 网络广告能够对互联网重度用户产生有效的影响。此类用户在网络环境中的活跃度高、停留时间长，在网络广告的接触频率和接受程度方面与其他用户群体存在差异。因此，该广告对这一群体的影响值得深入剖析。

其三，在广告传播效果维度上，百度 TV 网络广告展现出较高的传播深度。这意味着该广告在信息传递、受众认知深化及潜在行为引导等方面，相较于其他类型广告具备一定优势，值得进一步探讨其背后的作用机制与影响因素。

（二）研究方法说明

本研究采用了多途径的调查方法（表 9-1），旨在全面且客观地了解百度 TV 网络广告和电视广告各自的传播效果，并深入对比二者之间的差异。

表 9-1　研究方法说明

监测媒体	网络媒体	电视媒体
调查方法	在线调查（Online Survey）	电话调查（CATI）
广告效果	网络广告效果 ＝ 测试组 － 对照组	电视广告效果 ＝ 测试组 － 对照组

1. 在线调查

在线调查作为重要的数据收集途径之一，主要依托艾瑞咨询集团基于全体网民调研社区及百度 TV 网络广告投放渠道来广泛收集调查问卷。在具体操作过程中，依据用户是否观看过相关广告进行科学分组，将未看过广告的用户定义为对照组，而已看过广告的用户则被定义为测试组。基于此分组逻辑，将测试组的调查结果减去对照组的调查结果，所得差值即网络广告效果。通过这种严谨的对比分析，能够较为精准地量化网络广告在不同受众群体中所产生的实际影响。

2. 电话调查

电话调查同样是本研究获取数据的关键方式，通过随机拨打用户电话的方式来收集调查问卷。在对收集到的数据进行处理时，遵循与在线调查相同的用户分组原理，以此来区分不同广告接触情况的用户群体，进而得出电视广告效果。采用电话调查方法，能够覆盖到不同地域、不同年龄段及不同社会背景下的广泛用户群体，为全面评估电视广告效果提供丰富的数据支撑。

（三）广告效果调查模型说明

艾瑞咨询集团发布的《某含乳饮料跨媒体广告效果评估研究报告》中的广告效果调查模型，从目标受众人群属性、媒体接触、广告认知、广告接受和广告影响等多个方面进行了全面的分析和评估，为广告主提供了科学、客观的广告效果评估方法和决策依据。(图 9-3)

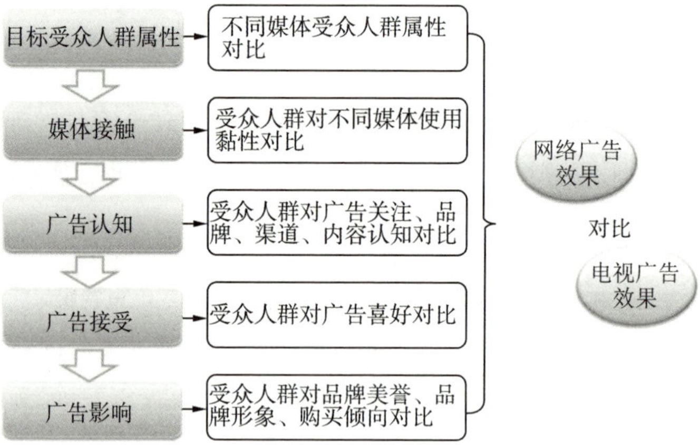

图 9-3　广告效果调查模型图

（四）调查小结

1. 媒体受众分析

网络广告受众主要是中青年白领人群（图 9-4），即年龄在 20—35 岁、中高收入、受过高等教育的人群。网络广告的受众人群与电视广告受众人群属性存在明显差异，二者面对不同目标人群，但是又呈互补现象。

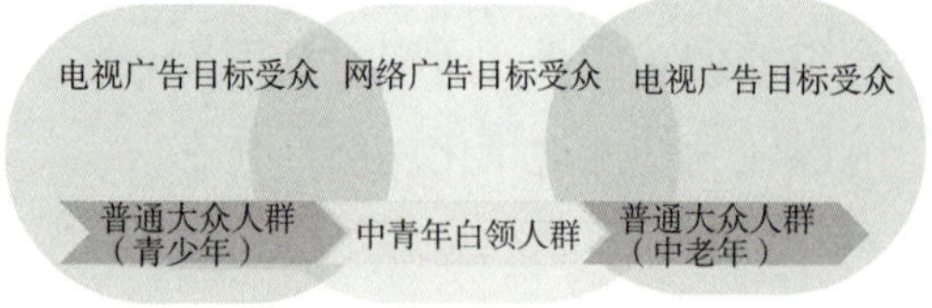

图 9-4　媒体受众分析图

2. 对互联网重度用户的影响

这主要基于媒体接触优势。网络广告受众更多的是对互联网依赖度较高的、平均接触网络超过 6 年、平均每天上网超过 3 小时的中重度网民。网络广告的受众人群日常接触媒体以互联网为主（传统电视媒体对此人群影响力有限）。

3. 网络广告的传播深度

受众对某含乳饮料网络广告的关注，使该品牌的品牌认知度提升到 68.5%，广告接受度达到 85.6%，品牌美誉度提升到 40.1%，产品预购率提升到 34.6%。对于广告内容记忆度呈现明显的明星效果，有 70.3% 的网民记住了明星代言人。对于品牌形象有良好的印象提升，广告中其充满活力（71.1%）、健康（63.4%）、年轻（61.1%）的形象深入网民心中。

（五）网络和电视的对比结果——广告效果

据表 9-2 可以发现，通过网络媒体渠道接触到该则广告的用户更集中于中青年白领人群，他们受到广告的影响较大。品牌曝光后的美誉度、预购率和品牌形象提升明显。而通过传统电视媒体接触到该则广告的用户则分布更为广泛，其对于广告的认知广度较高，但对于提升广告影响力的效果较差。因此，网络渠道不仅适合面向互联网依赖程度较高的中青年白领人群，更适合产品深度内容传播；而电视等传统媒体渠道则更适合面向普通大众，以提高品牌的初始认知。

表 9-2　网络和电视的对比结果

分类	通过网络看到广告的用户	通过电视看到广告的用户
受众人群	中青年白领人群	普通大众
媒体接触	互联网接触程度较深，同时接触电视等传统媒体	以接触电视等传统媒体为主，互联网接触程度较轻
广告认知	广告认知广度较低，广告内容认知度较高	广告认知广度较高，广告内容认知度较低
广告接受	接受度较高	接受度较高

续表

分类	通过网络看到广告的用户	通过电视看到广告的用户
广告影响	广告影响力较高，品牌美誉度、预购率、品牌形象明显提升	广告影响力相对较低
广告效果	更适合与互联网接触较深的中青年白领人群信息渠道；广告传播深度较高，更合适产品深度内容传播	更适合与传统媒体接触较深的普通大众信息渠道；广告传播广度较高，但深度内容传播力较低，更合适品牌认知传播

（六）品牌美誉度提升对比分析

受众对该网络广告的关注，使该含乳饮料的品牌美誉度提升了19.1%，品牌美誉度达到40.1%。

受众对该电视广告的关注，使该含乳饮料的品牌美誉度提升了16.6%，品牌美誉度达到44.2%。（图9-5）

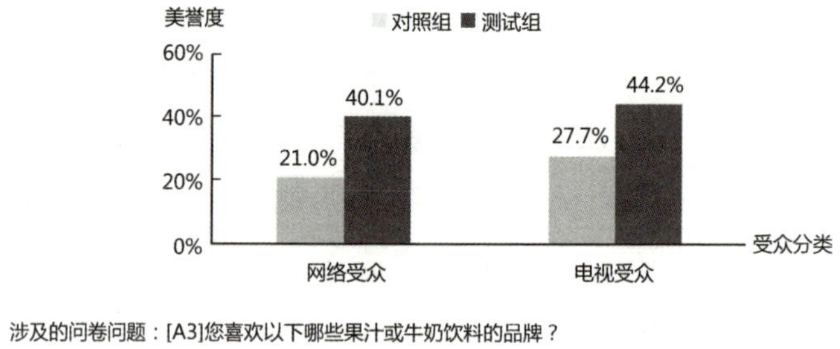

图9-5 品牌美誉度提升对比图

（注：网络受众的数据采集样本为3022个，2009年11月通过用户在线调查获得；电视受众的数据采集样本为315个，2009年11月通过用户电话调查获得。图9-6至图9-9同）

（七）品牌印象改变的对比分析

通过关注网络广告，网民对某含乳饮料的品牌印象和对产品的兴趣加深。

通过关注电视广告，用户对某含乳饮料的品牌印象加深，但有28.9%的用户并没有受到广告的影响。（图9-6）

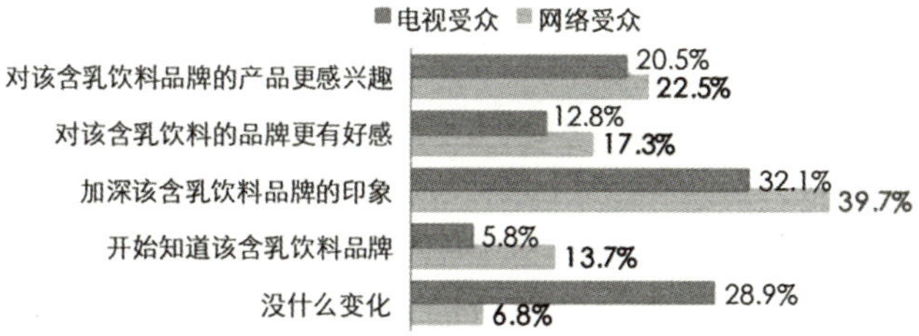

涉及的问卷问题：[B6]在看过以上广告后，您对某含乳饮料品牌的印象有什么变化？

图 9-6　品牌印象改变对比图

（八）购买倾向提升对比分析

通过网络广告传播，某含乳饮料的产品购买倾向提升了 14.4%，产品预购率达到 34.6%。

通过电视广告传播，某含乳饮料的产品购买倾向提升了 8.0%，产品预购率达到 23.1%。（图 9-7）

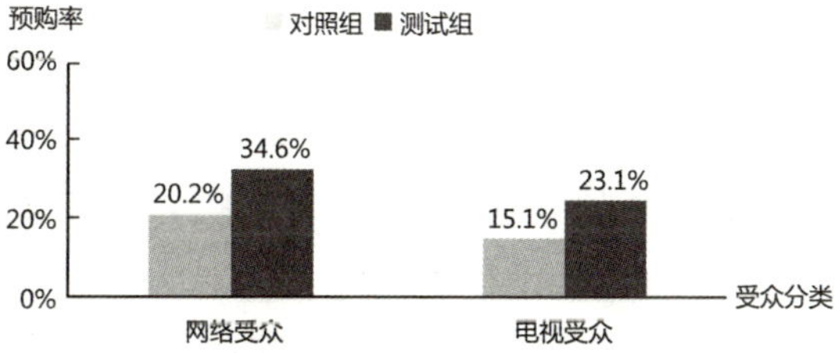

涉及的问卷问题：[A5]您下一次打算购买什么品牌的果汁或牛奶饮料？

图 9-7　购买倾向提升对比图

（九）附录：目标受众的对比分析

1. 目标受众的年龄和学历对比分析

通过网络和电视看到广告的用户的年龄分布与学历分布呈现良好的互补现象。

相对而言，通过网络看到广告的用户集中在 20—35 岁的中青年人群；通过电视看到广告的用户更集中在 20 岁以下的青少年人群和 35 岁以上的中老年人群。

相对而言，通过网络看到广告的用户集中在大专以上高等教育人群；

而通过电视看到广告的用户更集中在大专以下学历人群。(图 9-8)

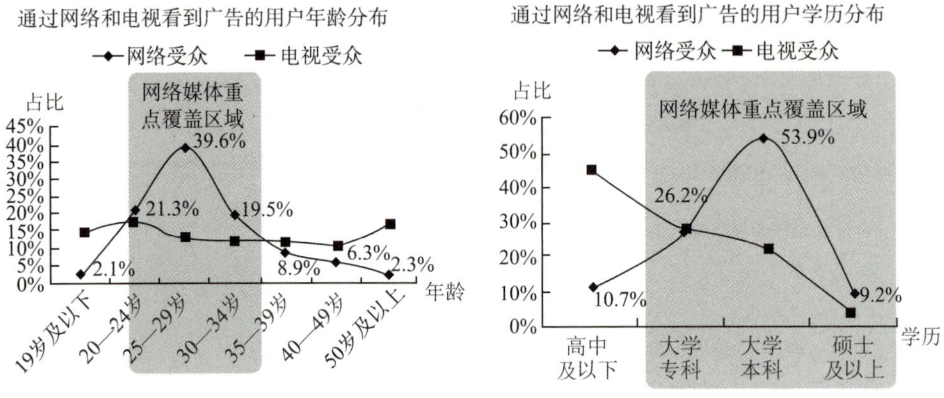

涉及的问卷问题：[Y2]请选择您的出生年份。　　[Y4]请选择您的受教育程度。

图 9-8　目标受众的年龄和学历对比图

(注：左右两幅折线图上标注的百分比为“网络受众”折线的，原案例中并未对“电视受众”折线图标注百分比，此处维持原样，不做修改。图 9-9 同)

2. 目标受众人群收入对比分析

图 9-9 中，通过网络和电视看到广告的用户个人月收入分布存在部分差异。相对而言，通过网络看到广告的用户个人月收入在 3000—10000 元这个大区间内比较突出，尤其在 5000—8000 元这个区间，通过网络看到广告的用户要明显多于通过电视看到的。而通过电视看到广告的用户个人月收入在 1000 元以下及无收入区间，表现比较突出，其多为低收入人群。

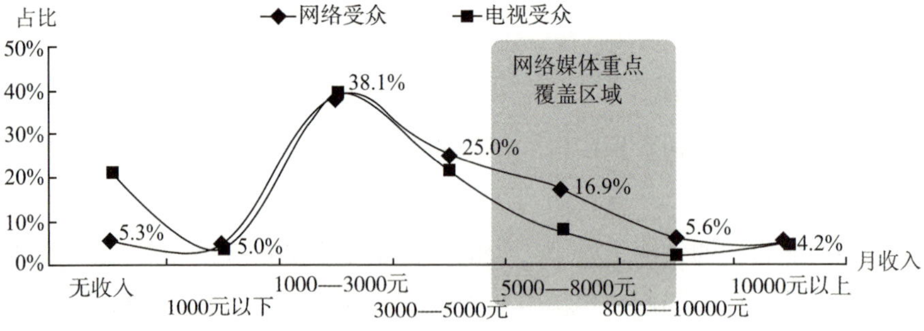

涉及的问卷问题：[Y6]请选择您的个人月收入。

图 9-9　目标受众人群收入对比图

二、撰写广告效果调查报告的技巧和思路

这份《某含乳饮料跨媒体广告效果评估研究报告》较为完整地呈现了百度 TV 网络广告投放的效果，并与传统电视广告的投放效果进行了对比分析，从中可以学习到一些撰写广告效果调查报告的技巧和思路。

（一）结构完整，逻辑清晰

一份优秀的广告效果调查报告，其结构应该完整且逻辑清晰，使读者能够快速了解报告的主要内容。我们可以将该报告的结构概括为：① 开头，即简要介绍研究背景、目的和方法，引出研究主题。② 主体，即从多个维度对广告效果进行分析，包括受众分析、媒体接触分析、广告认知度、广告接受度、影响力及购买倾向等方面，并用数据和图表进行佐证。③ 结尾，即对研究结果进行总结，并提出相应的建议。④ 附录，即提供必要的数据补充与说明。这样的结构安排使得整篇报告层次分明、逻辑清晰，读者能够轻松地跟随报告的思路，理解研究发现。

具体而言，开篇部分，报告首先阐述了研究背景，指出百度 TV 作为新型定向广告平台的优势，以及该研究旨在评估百度 TV 网络广告对某含乳饮料的投放效果，并探究其相对于传统电视广告所呈现出的补充效果。开篇也明确指出了研究发现的关键结论，例如，网络广告受众集中于中青年白领人群、网络广告对互联网重度用户影响显著、网络广告传播深度较高等。同时，报告详细说明了研究方法，包括对比研究网络媒体和电视媒体，分别采用在线调查和电话调查的方式收集数据。此外，报告还解释了如何通过测试组和对照组的设计，以及相应的计算方法，得出网络广告效果和电视广告效果，保证了研究结果的可靠和可信。在报告的主体与结果分析部分，报告运用大量的图表和数据分析，清晰地呈现了网络广告和电视广告在受众特征、媒体接触习惯、广告认知度、品牌美誉度、购买倾向等方面的对比分析结果。基于上述研究发现，报告针对该含乳饮料的广告投放策略提出了具体的优化建议。例如，建议根据目标受众特征选择更精准的媒体平台，针对网络广告和电视广告的特点进行差异化内容设计，以及将网络广告和电视广告进行整合营销，以实现传播效果最大化，等等。

最后，在附录部分，报告详细说明了本次调查的目标受众对比分析，有助于读者更全面地了解研究的背景和数据分析过程。

《某含乳饮料跨媒体广告效果评估研究报告》案例，展示了一份优秀的广告效果调查报告应具备的要素和呈现方式。其结构完整、逻辑清晰、分析透彻，结论与建议具有很强的针对性和指导意义，为我们提供有价值的参考。

（二）数据翔实，图表辅助

优秀的广告效果调查报告，离不开翔实的数据，而图表则能将数据更直观地呈现出来，从而增强报告的说服力和可读性。《某含乳饮料跨媒体广告效果评估研究报告》在这两方面都做出了很好的示范。

其一，报告以数据支撑结论，拒绝主观臆断。报告在分析网络广告和电视广告效果时，并没有使用模糊的定性描述，而是采用了具体的百分比数据进行量化说明。例如，在描述网络广告对品牌认知度的提升效果时，报告明确指出“品牌认知度提升到 68.5%”；而在描述网络广告对产品预购率的影响时，则使用了更为具体的“产品购买倾向提升了 14.4%，产品预购率达到 34.6%”。这种使用具体数据的做法，避免了主观臆断，使结论更具说服力，也体现了研究的严谨性。

其二，报告以图表辅助呈现，提升可读性。报告在呈现数据时，并非只是简单地罗列数字，而是结合了柱状图、折线图等进行分析，使数据呈现更加直观、易懂。例如，在对比分析网络广告和电视广告的受众年龄分布时，报告使用了折线图，清晰地展示了不同年龄段用户在两个平台上的分布差异。通过图表与数据的结合，读者可以更轻松地理解研究结果，同时也提升了报告的视觉吸引力和专业度。

总而言之，《某含乳饮料跨媒体广告效果评估研究报告》在数据呈现方面，做到了数据翔实、图表辅助，既保证了结论的客观性和可靠性，又提升了报告的可读性和说服力。

（三）注重对比，突出优势

为了更直观地展现特定广告平台或策略的效果，广告效果调查报告常常会采用对比分析的方法。《某含乳饮料跨媒体广告效果评估研究报告》

就充分运用这一技巧，突出了百度 TV 网络广告的优势。

首先，报告通过多维度对比分析，全方位呈现优势。报告并非孤立地分析网络广告的效果，而是将其与传统电视广告进行了多方面的对比，如受众特征、媒体接触习惯、广告认知度、品牌美誉度、购买倾向等。这种全方位的对比分析，能够更清晰地展现网络广告和电视广告之间的差异，以及网络广告在哪些方面更具优势。

其次，报告精准定位目标群体，突出差异化优势。通过对比分析发现，网络广告和电视广告的受众群体存在显著差异。网络广告在中青年白领人群中具有更高的覆盖率和影响力，而这部分人群正是含乳饮料的主要目标消费者。该报告以此为切入点，突出了网络广告在精准触达目标用户方面的优势，为广告主选择更有效的广告投放平台提供了依据。

最后，该报告通过量化指标对比，强调效果优势。报告在对比分析网络广告和电视广告对品牌美誉度、品牌印象和购买倾向的影响时，使用了具体的百分比数据进行量化说明，并强调了网络广告在提升品牌形象和促进产品销售方面的优势。例如，报告指出，通过网络广告传播，某含乳饮料的品牌美誉度提升了 19.1%，产品购买倾向提升了 14.4%；而通过电视广告传播，这两项指标的提升幅度则分别为 16.6%和 8.0%。这种量化的对比分析，使网络广告的效果优势更加突出，增强了报告的说服力，也为广告主决策提供了更直观的参考依据。

总而言之，《某含乳饮料跨媒体广告效果评估研究报告》通过多维度、精准化的对比分析，有效地突出了百度 TV 网络广告的优势，增强了广告主的信心，同时也为其他广告效果评估报告提供了值得借鉴的写作思路。

（四）客观公正，简洁明了

广告效果调查报告的语言风格，直接影响着报告的专业性和可读性。在这一点上，《某含乳饮料跨媒体广告效果评估研究报告》为我们做了良好的示范。

第一，该报告在描述研究结果和结论时，使用了严谨、客观的语言，避免使用主观臆断或夸大其词的表述。例如，在对比网络广告和电视广告受众群体差异时，报告使用了“相对而言”“更集中于”等词语，而非

“绝对是”“只有”等绝对化的表述。这种严谨的措辞，体现了报告撰写者实事求是的态度，避免给读者造成误导，也更符合学术规范。

第二，该报告也做到了平衡分析优劣，避免刻意贬低。报告在突出网络广告优势的同时，也较为客观地指出了传统电视广告的优势，如受众范围广、品牌认知度高等。例如，报告指出，“通过关注电视广告，用户对某含乳饮料的品牌印象加深”，并未刻意贬低电视广告的作用。这种平衡分析优劣势的做法，体现了报告的客观公正性，也更具说服力。

第三，该报告使用简洁明了的语言表达调查结果和结论，避免了过多的专业术语和复杂的句子结构，即使是非专业人士也能轻松理解报告内容。例如，在描述网络广告对品牌美誉度的影响时，报告直接使用“品牌美誉度提升了19.1%”，简洁清晰，一目了然。

总而言之，《某含乳饮料跨媒体广告效果评估研究报告》在语言风格上做到了客观公正、简洁明了，既保证了报告的专业性和严谨性，又兼顾了可读性，为其他研究报告的撰写提供了参考范例。

这份《某含乳饮料跨媒体广告效果评估研究报告》，不仅较为完整地呈现了百度TV网络广告投放的效果，并与传统电视广告进行了细致的对比分析，更重要的是，它为我们提供了一个学习撰写广告效果调查报告的良好范例。从报告中，我们可以学习到如何清晰地阐述研究背景、如何科学地设计研究方法、如何有效地利用数据和图表来支持结论，以及如何针对不同媒介的特点进行差异化的效果评估。总的来说，这份广告效果调查报告为我们提供了一个学习和借鉴的范例。通过学习这些写作技巧和思路，我们可以更好地撰写广告效果调查报告，提高报告的质量和实用性，为广告营销决策提供更有力的支持和指导。

延伸阅读

［1］段鹏. 传播效果研究：起源、发展与应用［M］. 北京：中国传媒大学出版社，2008.

［2］程士安. 广告调查与效果评估［M］. 2版. 上海：复旦大学出版社，2015.

[3] FINK A. How to Report on Surveys [M]. Washington DC: Sage, 2003.

[4] MCNABB L, LARAMEE R S. How to write a visualization survey paper: A starting point [M]//Eurographics (Education Papers), 2019.

[5] BOWDEN J.Writing a Report: How to Prepare, Write & Present Really Effective Reports [M]. London:Hachette UK, 2011.

思考题

1. 广告效果调查报告的基本框架包括哪些主要部分？请简要说明每个部分的作用。

2. 以艾瑞咨询集团发布的《某含乳饮料跨媒体广告效果评估研究报告》为例，简述该报告中网络广告效果的调查方法，包括调查途径、分组方式及效果计算方法。

3. 请阐述撰写广告效果调查报告时为何要坚持客观真实，以数据分析为基础，以及在数据收集和分析阶段应分别注意哪些要点。

4. 假设你是一名广告效果调查员，根据本章中提到的广告效果调查报告撰写要点，谈谈你将如何设计一个完整且高质量的关于某电子产品广告效果的调查方案，并撰写相应的调查报告框架（包括各部分应涵盖的主要内容）。